高等职业教育公共课精品教材
“互联网+”新形态立体化教学资源特色教材

大学美育

主　编　　唐慧妮　张　伟　周旭婷
副主编　　孙　婵　邓位华　谢雨佳　谢　芳
参　编　　欧　语　张玉洁　欧阳鸣　岳文韬　李　诗

中国轻工业出版社

图书在版编目（CIP）数据

大学美育 / 唐慧妮，张伟，周旭婷主编. -- 北京：中国轻工业出版社，2024. 10. --（高等职业教育公共课精品教材）（“互联网+”新形态立体化教学资源特色教材）. -- ISBN 978-7-5184-5021-3

Ⅰ. G40-014

中国国家版本馆CIP数据核字第20240PZ213号

责任编辑：李金慧

文字编辑：刘　晶　姜瑞雪　　责任终审：劳国强　　设计制作：锋尚设计

策划编辑：张文佳　李金慧　　责任校对：晋　洁　　责任监印：张　可

出版发行：中国轻工业出版社（北京鲁谷东街5号，邮编：100040）

印　　刷：艺堂印刷（天津）有限公司

经　　销：各地新华书店

版　　次：2024年10月第1版第1次印刷

开　　本：787 × 1092　1/16　　印张：15.5

字　　数：400千字

书　　号：ISBN　978-7-5184-5021-3　定价：49.80元

邮购电话：010-85119873

发行电话：010-85119832　010-85119912

网　　址：http://www.chlip.com.cn

Email：club@chlip.com.cn

240939J2X101ZBW

前言

党的二十大报告指出："教育是国之大计、党之大计。培养什么人、怎样培养人、为谁培养人是教育的根本问题。育人的根本在于立德。全面贯彻党的教育方针，落实立德树人根本任务，培养德智体美劳全面发展的社会主义建设者和接班人。"

美育，即审美教育或美感教育，是人类在从愚昧走向文明、从低级走向高级的历史进程中逐步形成的一种自我完善的教育方式。学校美育是培根铸魂的工作，可以提高学生的审美水平和人文素养。在当下来说，全面加强和改进美育是高等教育很长一段时期的重要任务。

本书精心设计了十一个模块，旨在引导学生全面深入地探索和理解美育的内涵与价值。从"走进诗意人生：美育导学"开始，引导学生踏上美育的旅程，理解美育的重要性和意义；通过"感知美的存在：审美活动"，让学生学会在日常生活中发现美、感受美；再到"倾听旋律之声：音乐艺术""表现心灵本真：绘画艺术"等模块，深入探索各种艺术形式的美，培养学生的艺术鉴赏能力和审美情趣。同时特别设置了"领悟职业魅力：职业美育"模块，引导学生探索不同职业中的美育元素，最后以"不忘理想初心：人生之美"作为收尾，引导学生思考人生的美学意义，不断完善人格修养。

本书将各模块整合为"美的探寻""美的赏析""美的实践"3个审美环节进行学习与体验，并以主题教学的形式支撑每个教学环节。既对审美的过程进行分析，又通过各种艺术实践将审美活动具体化；既引导学生欣赏美，又引导学生将审美活动融入自己的生活，努力使学生提升审美素养、陶冶情操、激发创新创造活力。

本书的编写特色如下。

1．多元融合

本书涵盖了诗歌、音乐、舞蹈、绘画、建筑以及数字媒体等多种艺术形式，全面反映了不同文化背景和现代科技条件下的视听叙事与创新实践，展现了艺术的多元魅力，通过跨学科的视角，促进文化多样性的理解和尊重。

2．栏目创新

本书通过设立"美感体验"核心栏目，引领学生深入探索美学世界的广阔与细腻，使美学理论变得具体可感。“美感体验”着重于具体审美对象的欣赏，通过丰富的图文资料和情感引导，让学生在体验中领悟美的真谛。

3．实践导向

本书“美的实践”环节注重培养学生的艺术实践能力和创新思维，鼓励学生通过艺术体验、动手创作等多种形式，将审美知识转化为实际操作，从而在实践中深化对美的理解和感悟。

4．资源精良

本书是湖南省职业教育在线精品课程的配套教材，在智慧职教同步建课，配备了微课、课件、教案、动画、音频、习题等丰富的数字化资源。配套微课制作精良，巧妙融合自然美景、人文景观、经典艺术作品等元素，并精选部分优质微课在教材中展示。

本书既可以作为各类院校开展美育教学的教材，也可以作为广大读者发现美、了解美、欣赏美的参考书。

本书由永州职业技术学院大学美育课程团队集体编写，并特邀湖南省美术馆副馆长、副研究馆员孙婵参与编写工作。在编写过程中，我们参考并引用了部分相关书籍和资料，在此向所有原作者表示衷心的感谢。为了便于读者更为直观地欣赏美，我们在文字阐述之余，配上了许多古今中外优秀的绘画、书法、建筑、剧照图片等，同时也对这些资料的作者和提供者表示诚挚的谢意，但仍有少数作者由于信息不详，暂时未能联系上，敬请这些作者与我们联系。由于时间及知识水平所限，书中难免存在不足之处，恳请广大师生在使用过程中批评指正，并提出宝贵的意见和建议。

编者

目录

模块一 走进诗意人生：美育导学

模块导言

美，是人类永恒的主题，追求美是人的天性。人们在社会中从事各种活动的根本动力源于满足其自身的需要，而满足审美需要就成为人们追求美、欣赏美、创造美的内驱力。然而，审美能力的形成不是一蹴而就的。车尔尼雪夫斯基认为：“与其说美是稀少的，毋宁说大多数人缺少美感的鉴别力。”因此，当代学生需要通过审美教育来陶冶活泼、敏锐之性情，养成高尚纯洁之人格，体验审美活动所带来的精神享受。

学习目标

- 知识目标

  1. 了解美的表现形式。
  2. 掌握美的特征。

- 能力目标

  1. 能够分辨美的表现形式。
  2. 能够对美的特征进行归纳和分析。
  3. 能够理解和感知自然美、生活美、艺术美等美的类别。

- 素质目标

  1. 培养感知和体验自然美、生活美、艺术美等各类美的热情。
  2. 培养高尚的审美情操，树立正确的审美观念。

美的探寻

主题
美在哪里——美的踪迹

生活中感受美的方式和途径是多样的，人们可以看到美、听到美、触摸到美、品尝到美、体会到美。美是事物的属性，不同的事物也有着不同的美的表现形式。

美在哪里
——美的踪迹

一、美的表现形式

总体来看，美的表现形式主要有以下几种：视觉形象、真实情境、文化意象、感官知觉和心理感受。

1. 视觉形象

视觉形象是事物存在的一种基本形态，也是美的主要表现形式之一。无论是自然美、生活美，还是艺术美、科技美，都以其直观的视觉形象来表现美。例如《击鼓说唱俑》(图1-1)，通过极为生动的面部表情和憨态可掬的动作造型，为人们展现了东汉时期的民间气息和地方风情。

图1-1 击鼓说唱俑

2. 真实情境

真实情境是自然美和生活美的一种表现形式，是现实生活中真实存在的场景。例如，自然界中，如黛的远山、和煦的晨光、清澈的溪水，都给人带来心旷神怡、轻松愉快的感觉；生活中的热闹场景、欢乐氛围，都能让人感到幸福、快乐。

3. 文化意象

文化意象是人的一种情感符号，是人们思想美和精神美的主要表现形式。人们以客观事物为依托，通过想象和联想，赋予客观事物一定的思想和精神内涵，从而使其成为一个个抒发情感的文化意象。例如，“圆”是中国文化中的一个重要精神符号（图1-2），它寄托着中国人对圆满、团圆的美好期望。在设计中，经常会看到一些中式圆的运用，使作品展现出含蓄、古典的中式风情。

图1-2 中国古典园林中的“圆”

4. 感官知觉

感官知觉是人们通过品尝、触摸、聆听等亲身体验获得的，它是香甜之美、舒适之美、快意之美的主要表现形式。例如，品尝水果感受到甜美，春风拂面感受到凉爽，触摸棉被感受到柔软和温暖等。

5. 心理感受

心理感受是情感美的表现形式。心理感受既可以在日常生活中体会到，也可以在文学和艺术作品中感受到。

> 他用两手攀着上面，两脚再向上缩；他肥胖的身子向左微倾，显出努力的样子。这时我看见他的背影，我的泪很快地流下来了。我赶紧拭干了泪。怕他看见，也怕别人看见。
>
> ——朱自清《背影》

阅读朱自清散文名篇《背影》时，人们总会被字里行间浓浓的父爱所感动。这就是以心理感受形式存在的情感美。

二、美的特征

美具有形象性、感染性、认同性、时空性和创造性等特征。

1. 形象性

图1-3 桂林山水

美的事物是可感知的，无论自然美、生活美还是艺术美，都有一种感性的具体形态，因此，美具有形象性。例如，桂林山水的美是通过青山、秀水相掩映的优美形态呈现出来的，这些自然元素构成的感性形象也是人们认为桂林山水（图1-3）美的原因。

2. 感染性

图1-4 演奏贝多芬《第九交响曲》

色美以感目，音美以感耳，意美以感心。无论是登上山顶观赏壮丽奇观，还是聆听贝多芬的《第九交响曲》（图1-4），都会使人陶醉。这是因为无论是自然形象还是音乐形象，它们的美都具有巨大的感染力。

3. 认同性

世间事物都有美丑和优劣之分。作为一种事物的属性，美也有其判断和评价标准。与事物的优劣评价标准不同的是，美的评价标准没有定量性，只有文化的认同性。同一个文化背景之下，人们的价值观和审美观等决定其对美丑的判定与评价标准。例如，崇尚自然是中国人自古以来普遍的审美趣味，因此在园林艺术上，人们不断追求自然美与人工美的高度统一，偏好山水与建筑融为一体的园林风格。反映在人的外表方面，不加任何粉饰的浓眉毛、双眼皮、黑头发和红润的嘴唇等被人们一致认为“天然去雕饰”之大美；浓妆艳抹、衣着怪异等却是人们各持己见、缺乏审美认同性的一些待认同的审美现象。又如，在中国传统文化的大背景下，直呼老师或家长的姓名被认为是不礼貌的，自然，给老师起外号更是不美的行为。

4. 时空性

任何事物都是在一定的时空中存在的，所以作为事物属性的美具有时空性的特点。例如，百花争艳的春天景象只有在春季才能真实地看到，硕果累累的金秋实景只能在秋天里观赏，这是美的时间性；金色的胡杨美景只有到北方去看，美丽的西湖风景只有到江南去找，这是美的空间性。换一个角度看，很多美是在特定的时空中存在的，当时空发生变化，美也会随之消失或者变化。例如，歌声是优美的，但在图书馆等需要安静的地方唱歌，歌声就不再是美的，而是变成了噪声。

5. 创造性

美的创造性是人们不断实践的结果，人们会按照自己的意愿和美的规律重新创造自然美、生活美和艺术美。例如，普通的山水风景经过人们的艺术加工成为风景名胜区，这是对自然美的再创造；生活中的物品、服饰是人们在劳动中创造的美，这些美同时也在历史发展中千变万化、推陈出新；而艺术美的创造性更加明显，艺术作品都要在内容和形式上不断突破，才能带给人们美的享受。

美感体验

感受器物之美——青花瓷

青花瓷又称“白地青花瓷”，常简称“青花”，是中华陶瓷烧制工艺的珍品，中国瓷器的主流品种之一，属釉下彩瓷。青花瓷是用含氧化钴的钴矿为原料，在陶瓷坯体上描绘纹饰，再罩上一层透明釉，经高温还原焰一次烧成。钴料烧成后呈蓝色，具有着色力强、发色鲜艳、烧成率高、呈色稳定的特点。明清时期，还创烧了青花五彩、孔雀绿釉青花、豆青釉青花、青花红彩、黄地青花、哥釉青花等衍生品种。

青花瓷起于唐朝。唐青花瓷青料发色浓艳，胎质多粗松，呈米灰色，烧结度较差。底釉白中泛黄，釉质较粗，并不能登大雅之堂。宋代时，青花瓷趋于衰败。

青花瓷开始走向昌盛是在元朝。元人不谙风雅，瞧不上莹润如玉的宋瓷，却独独对简洁素雅的青花瓷另眼相看。遭遇连年战祸，宋朝几大名窑都毁于战火，唯有地处皖赣边区的景德镇较为安定，聚集了很多逃难至此的瓷器工匠，再加上景德镇原料丰富，开采便利，自此确立了景德镇瓷器的地位。于是，青花瓷也便一枝独秀，成为苍白的元瓷器中唯一一抹亮色，也正式开始了它对中华文化的深远影响。

青花瓷最鼎盛是在明清（图1-5）。经历了元朝的发展，青花瓷已经走进了千家万户，不仅得到了统治阶层的认同，也因其泼墨写意式的灵动样式暗合了士大夫超然物外的心意，得到了他们的赏识。明清时期的青花瓷不仅在瓶式图案上有了较大拓展，制作工艺也更趋于精良。这一时期的官窑器制作严谨、精致；民窑器则随意、洒脱，画面写

图1-5 明永乐青花瓷

意性强。青花瓷真正奠定了它在中国瓷器史乃至中国文化上不可动摇的地位。而景德镇作为青花瓷的圣地，也成为中国瓷器的圣地，名副其实的“瓷都”。

青花瓷的传世之美主要体现在以下三点。

1. 流光溢彩的外形

青花瓷以白底蓝花为主要特征，瓷面洁白晶莹，青花幽雅苍翠，色泽清新，纹饰优美。尽管只有一青一白两种颜色，却将美发挥到极致。古人曾赞曰：“其咨青如天，薄如纸，明如镜，声如磬。”

2. 水墨画般的意境

青花瓷如水墨画般拥有兼收并蓄的绘画意境美。水墨画是中国人文精神中极具代表性的文化遗产之一，画风与中国人的信念息息相关，印证了中国儒家的伦理学、道家的自然观和佛家的禅语等。水墨韵味悠远，它看似温润、淡泊、平和的外表下隐藏了一股不可撼动的稳固的力量。青花瓷白底蓝花，静静伫立，像美丽的仙子，让人感觉到一种生命的激情和律动。底色白里泛青，犹如玉脂，墨彩浓浓淡淡，疏密有致，于一白一蓝间，幻化出无穷的神奇。可以说每一种青花纹样，都是一幅中国水墨画。

3. 温润的人文精神

青花瓷和我国传统诗词、书画等许多艺术一样，富有鲜明的民族特色和深厚的文化底蕴。历代能工巧匠将中华民族一脉相承、源远流长的民族性格和民族感情，自觉地融入青花瓷器的外观造型与图案绘画中，并寄寓了中华民族最传统的审美观念与审美情怀，浸透了中国人的精、气、神和千年传承的人文理想。青花瓷那云影山光、龙凤和鸣的如仙境界，正是中国人千百年来向往的艺术与人生。

课堂讨论

1. 青花瓷中蓝色和白色的搭配如何影响其视觉效果的？讨论这种色彩对比在美学上的意义。

2. 探讨青花瓷上的常见图案（如花卉、山水、人物等）如何体现中国古代美学思想，例如“天人合一”的理念。

自我检测

一、填空题

1. 美是事物的属性，美的表现形式有________、________、文化意象、感官知觉和________。

2. 美的事物是可感知的，无论自然美、生活美还是艺术美，都有一种感性的具体形态，因此，美具有________。

二、简答题

1. 在中国古典园林中，“圆”作为一种重要的设计元素，常常出现在园林中的各种形式中，如圆窗、圆池、圆亭等。请结合以下几个方面，探讨“圆”在古典园林设计中的意义。

2. 选择几个具有代表性的艺术作品（如文学、绘画、音乐等），分析它们如何体现美的特征。

美的赏析

主题一
什么是美——美的本质

一、美的本质

美是什么？这是美学中最基本的理论问题，通常被表达为“美的本质”。在中国，孔子提出过许多关于美的著名论断，如“里仁为美”，“子谓韶，‘尽美矣，又尽善也’。谓武，‘尽美矣，未尽善也’。”（《论语·八佾》）。孟子认为“充实之谓美”。在西方，毕达哥拉斯学派主张“美在和谐”，柏拉图强调“美在理式”，沃尔夫认为“美在于一件事物的完善”，黑格尔倡导“美是理念的感性显现”。以休谟为代表的美学家秉持“美只存在于观赏者的心里”的观点，狄德罗等则提出“美在关系”。总之，哲学家和美学家们或从客体（物），或从主体（人），抑或从主客体关系的视角来探寻美的奥秘。但遗憾的是，对于“美是什么”，迄今为止仍无一致的答案。简单来说，美是指一种能够引起人们美感的客观事物的共同的本质属性，即美就是由客观事物产生的、能够使人们心灵得到净化的事物属性。客观事物是人们产生美感的基础。人们不自觉地被客观事物唤起美感，获得美的享受和精神感染。例如，当人们看到池塘中的莲花（图1-6）时，便会想到“出淤泥而不染，濯清涟而不妖”的高尚品格；看到苍劲挺拔的古松（图1-7）时，便会联想到高风亮节的气概。此时的莲花和古松俨然变成了一个人，人也俨然变成莲花或古松，达到物我同一的境界。

什么是美——美的本质

图1-6 池塘中的莲花

图1-7 苍劲挺拔的古松

积极与消极是人们区分事物美与丑的标准之一。如果某件事物能够使人的情感和精神发生积极向上的变化，如和谐流畅的琴声、悦耳的鸟鸣、欢快爽朗的笑声，那么它是美的。反之，如果某件事物使人的情感和精神发生消极甚至痛苦、悲观的变化，如骗人的谎言、荒唐的迷信、刺耳的刹车声，那么它是丑的。

现实生活中，美时时都有，处处都有。人们可以徜徉其中，不断认识审美规律，去观察、去聆听、去发现。

二、美与诗意人生

“采菊东篱下，悠然见南山。山气日夕佳，飞鸟相与还。”在陶渊明看来，大自然中寻常的景色也散发出无争、平淡、恬静的韵味，这种韵味让读者在诗中找到了心灵的栖居地，得到了精神上的极大满足。诗意的栖居即诗意地生活，而诗意则源于对生活的理解与把握，尤其是内心的那一种安详与和谐，那一种对诗意生活的憧憬与追求。

美学家朱光潜在《谈美》中告诉人们，凡是美都要经过心灵的创造。生活原本就是充满诗意的，诗意的生活可以带给人们纯真的品质、坚定的信念和精神的享受，更会让人们拥有一双发现美的眼睛、一颗感受美的心灵和一种创造美的智慧。让诗意的心灵带领大家走进“美”的殿堂，在美的熏陶中创造更加绚烂的人生。

三、美的分类

按照美依附的客观事物的性质，可以将其分为自然美、生活美、艺术美、文学美和科技美等类别。自然美无疑是美的广袤领域中的一大瑰宝，它涵盖了山川湖海的壮丽景色、四季更迭的细腻变化以及万物生长的蓬勃生机，无一不展现出大自然那不加雕饰、浑然天成的美感。生活美则渗透于日常的点点滴滴之中，从家庭的温馨和睦到人际间的友善互助，从节日庆典的欢声笑语到平凡日子的小确幸，都是生活美不可或缺的组成部分。它让人们在繁忙与琐碎中感受到生活的温暖与美好，体验到幸福与满足的真谛。艺术美则是人类智慧与创造力的结晶，它通过绘画、音乐、舞蹈、戏剧等多种艺术形式得以展现。艺术美不仅能够触动人们的感官，更能引发人们内心深处的共鸣与思考，让人们在欣赏与感悟中得到精神的升华与洗礼。文学美也是美的世界中不可或缺的一部分。它以文字为媒介，通过叙述、描写、议论等多种方式，构建出一个又一个精彩纷呈的故事世界与思想空间。文学美以其独特的魅力吸引着无数读者沉浸其中，品味人性的光辉与复杂，领悟生命的价值与意义。科技美则是随着科技进步而涌现出的一种新型美感。它体现在科技的发明创造、产品的设计优化以及服务的智能化等方面。科技美不仅展现了人类对于未知世界的探索与追求，更以其高效、便捷、美观的特点为人类的生活带来了前所未有的便利与享受。这些不同类别的美相互交织、相互补充，共同构成了一个丰富多彩、多元共存的美的世界。

四、美与艺术的关系

古希腊哲学家亚里士多德从心理经验的立场研究了艺术的影响，实现了美学理论上的一大进步，他注意到了艺术净化人格的作用，使艺术从此成为美学的主要对象。

艺术来源于生活，但又高于生活，只有将自然美和生活美进行再创造才能构成艺术，没有经过加工和再创造的自然美和生活美都不能称为艺术。美学家宗白华认为：艺术就是“人类的一种创造的技能，创造出一种具体、客观的感觉中的对象，这个对象能引起我们精神界的快乐，并且有悠久的价值”。因此，美在艺术的领域中更为精彩。

艺术家把人的情感和精神境界通过文学、音乐、绘画、雕塑、建筑、戏剧、书法等艺术形式进行多姿多彩的展示，构成了五光十色、万紫千红的“美的长廊”！

美感体验

听声

［清］张潮

春听鸟声，夏听蝉声，
秋听虫声，冬听雪声。
松下听琴，月下听箫。
涧边听瀑布，山中听松风。
觉耳中别有不同。

这首诗以季节和不同场景中的各种声音为主题，展现了自然界和人文景物中的声音美感。通过声音的描绘，诗人张潮创造了丰富的意境和情感体验。诗中每一个季节都有其独特的声音，如春日鸟鸣（图1-8）、夏日蝉鸣（图1-9），秋日虫鸣（图1-10）以及冬日雪落（图1-11）的声音。这些声音不仅使人感受到季节的变迁，也营造出不同季节的生动画

图1-8 春日鸟鸣

图1-9 夏日蝉鸣

图1-10 秋日虫鸣

图1-11 冬日雪落

面和氛围。诗中提到“涧边听瀑布、山中听松风、松下听琴、月下听箫”等场景，将自然界中的声音与人文活动融合在一起。这些景物不仅展示了自然界的宁静与美丽，也暗示了人类在这些环境中追求心灵宁静。诗中的声音或来自自然界，如风声、水声，或来自人类的声音，如歌声、笑声。这些声音与自然和人文景观相互作用，营造出诗歌美的意境和氛围。

课堂讨论

1. 诗人如何通过对各种声音（如风声、雨声、鸟鸣等）的细致刻画，展现其对自然和社会的感受？

2. 这种描写方式如何反映诗人对生活细节的敏感和对美的追求？

自我检测

一、填空题

1. 按照美依附的客观事物的性质，可以将其分为________、________、艺术美、________和科技美等类别。

2. 张潮的《听声》以季节和不同场景中的________为主题，展现了自然界和人文景物中的声音美感。

二、简答题

1. 什么是“诗意人生”？它通常包含哪些特征？美的体验如何帮助实现这种生活方式？

2. 艺术作品通过多种形式，如绘画、音乐、雕塑、文学等来表达美。这些不同的表现形式如何体现美的多样性？举例说明具体的艺术作品如何展示不同类型的美。

主题二

美育何为——美育的作用

“兴于诗，立于礼，成于乐。”中华民族自古以来重视美育对人和社会发展的重要意义。美育是党的教育方针的重要组成部分。

美育，又称美感教育，它以生动、直观的形象为手段，以动之以情、理在情中为特征，通过寓教于乐、潜移默化的形式，旨在培养和提高人们感受美、鉴赏美和创造美的能力，树立和发展人们正确的审美观念、健康的审美情趣和高尚的审美情操，最终促进人的全面发展。

图1-12 弗里德里希·冯·席勒

一、美育的重要性

美育是引导人们去感受美、欣赏美，进而去创造美的审美教育活动。它借助各种艺术形式、各种事物之美对人产生积极的影响，从而实现人格的塑造。美育的形式生动活泼，过程轻松愉快，使人乐于接受，在人的发展中具有重要的作用。

德国诗人、哲学家弗里德里希·冯·席勒（1759—1805年）（图1-12）认为：有促进健康的教育，有促进认识的教育，有促进道德的教育，还有促进鉴赏力和美的教育（即美育）。这最后一种教育——“美育”的目的在于，培养人们感性和精神力量的整体达到尽可能和谐。在这里，席勒建构了人才培养教育的完整体系。

二、美育的发展历史

美育实践和美育意识在中国古已有之。孔子将教育从国家政治生活中独立出来，创立了古代教育体系，以“六艺”——礼、乐、书、数、射、御教授弟子。乐，实际上就是专门的美育课。孔子结合音乐、诗歌、舞蹈等艺术发挥了他的美育思想，奠定了中国古代美育的思想基础，形成了中国美育传统。

近代思想家、教育家、维新派代表人物梁启超（1873—1929年）（图1-13）的“趣味教育论”开启了近代中国美育的道路；同一时期的著名学者、中国美学奠基人王国维（1877—1927年）（图1-14）基于西方哲学的“知、情、意”三分法提出全面发展的教育观；

近现代美育的倡导者、教育家蔡元培（1868—1940年）（图1-15）提出了“以美育代宗教”的观点，并基于当时的西方教育发展成就与国情推动了美育的制度化。

图1-13 梁启超

图1-14 王国维

图1-15 蔡元培

美育者，一面使人感情发达，已达完美之域，一面又为德育知育之手段，此又教育者所不可不留意也。

——王国维

美育者，应用美学之理论于教育，以陶养感情为目的者也。

——蔡元培

三、美育的特征

美育作为一种独特的教育方式，不仅具有其本身特殊的内涵与目的，而且具有与其他教育形式不同的、显著的教育特征。

1. 情感性

情感性是美育的首要特征。所谓情感性不仅是指美育以情感为中介，通过诉诸人的情感来进行，而且也是指美育具有激发情感、以情动人、陶情养性的重要作用。在审美教育中，情感并非仅仅表现为一种单纯的手段，它还是美育的直接目的之一。如果审美教育不能开启人的情感世界的大门，不能引起人情感的激动，就不可能真正实现美育的目的。而在美育中，人的情感一旦被激发、活跃起来，就不仅会在受教者的心灵中唤起一种新的力量，而且会使受教者留下持久而深刻的印象。

2. 审美性

审美就其深层的本质而言，乃是人类生命意识的自觉和完满人性的展现。因此，美育的效用与意义，突出地表现在它能培养人们对生命的热爱、崇高感和同情心，这是培养高尚品德的最深厚土壤。而美育区别于其他教育形式的一个重要特点，即施教者必须积极引导受教者（学生）参与并投入审美活动中。如音乐欣赏，如果仅仅在课堂上向学生讲授音乐的旋律、节奏、调式等音乐理论，显然是无法达成教育目标的。因此，施教者总是通过自己的教学设计、策划与组织，引导学生在具体的作品演绎中去体验、去发现、去领悟（图1-16）。正是在作品的欣赏中，学生全身心地沉浸到审美世界中，在直觉、情感、理性等元素的充分作用下，融入作者的心灵，触摸作品的灵魂，领悟作品的境界，并升华自己的情感与内心世界，最终达成美育的目标。

图1-16 欣赏音乐会

3. 全面性

培养德智体美劳全面发展的新型人才，既是社会发展对教育提出的根本要求，也是在全球化语境下我国教育界提出的一种新理念。人们日益深刻地认识到教育不是单纯的“复制”工作，即把前人的文明成果单纯地迁移到受教者身上，使之成为适应特殊职业要求的工具，更多的是应该把培养具有人文情怀、创新意识、批判精神和独立个性的人作为教育的崇高使命，这是一种以人为本的、面向未来的教育观。

美育的全面性主要表现在两个方面。一方面德、智、体等教育方式可借助美育的手段、方法来增进教学效果，另一方面美育又是其他各种教育方式发展的基础。例如，德育除了向学生讲解政治方向、人生理想、道德标准等之外，还可借助美育的手段来引导学生阅读经典名著，组织学生参观和游览祖国的名胜古迹、山水风光，使学生在欣赏美的过程中潜移默化地受到民族优秀传统和爱国主义的理想教育；上历史课，可组织学生参观博物馆，对艺术品如秦始皇兵马俑、汉雕《匈奴》、宋画《清明上河图》等进行观赏，帮助学生更具体地进入历史情境，更深切地感受历史氛围，从而更准确地理解历史事件（图1-17）。

图1-17 参观博物馆

四、美育的作用

自古以来，审美素质都被看作是一种能够改变生活品位的极为高尚的精神品质。早在很多年前，马克思就明确指出：“如果你想得到艺术的享受，你就必须是一个有艺术修养的人。”良好的审美修养是人生的重要一课，一个人一旦被剥夺了审美的权利，就会精神萎靡，生活乏味，举止粗野，甚至道德堕落。

我国著名美学家朱光潜先生说：“我坚信情感比理智重要，要洗刷人心，并非几句道德家所言可了事，一定要从‘怡情养性’做起，一定要于饱食暖衣、高官厚禄等之外，拥有较高尚、较纯洁的企求。要求人心净化，先要人生美化。”

中国古人讲的“腹有诗书气自华”和“知书达理”，也是强调审美修养对个人成长的重要作用。各国的教育家、思想家、美学家已经达成了一个共识：没有美育的教育不是一种现代的、完整的教育，没有接受过审美熏陶的人不可能成为现代的、高素质的、全面发展的人。这既是专家、学者的共识，又是时代与现实的呼唤，是人类的呼唤！

1. 树立正确的审美观

《大学美育》中的“美”不仅是展现一些具体的、多彩的可感形象，更多的是帮助学生培养与社会价值观相适应的审美观，以便同学们能在追求真善美的和谐统一中理解人生的真谛。

2. 培养感知能力

美育主要以感觉和知觉的体验为基础。感觉和知觉是人发展认识的前提，因此，美育对于培养学生的感知能力、促进智力发展有着不可替代的作用。

3. 提升创造力

创新意识和创造力是未来人才的首要素质，美育活动是以美好的事物形象或情境为基础展开的，在培养创造力方面具有明显的优势，可以引发人们丰富的联想，使得创造能力得以提升。

4. 提升文化修养

美育中的欣赏课程可以开拓学生的文化视野，让学生了解人类丰富的文化遗产和文化发展，了解艺术与生产、生活的内在关系，从而提升自身的文化修养。

5. 陶冶情操

美育有利于人们情感的宣泄，唤起人们的生活热情，促进身心健康发展；同时，美育又能通过唤起人们的美感体验而改变人的心境，从而陶冶情操，升华情感境界。

美感体验

朱光潜的美学和美育思想，自始至终贯穿着一条主线，就是对人生理想的设计和追求——“人生的艺术化”。他认为“人生本来就是一种广义的艺术”，所以他提倡人生艺术化，即要求人们过“本色的生活”；能充分领略生活的乐趣和情趣；同时具备真善美；并且不唯理智。他认为“人生艺术化”也是“全人教育”不可或缺的途径。在其著作《谈美》的末章中，他这样描述：

“阿尔卑斯山谷中有一条大汽车路，两旁景物极美，路上插着一个标语牌劝告游人说：‘慢慢走，欣赏啊！’许多人在这车如流水马如龙的世界过活，恰如在阿尔卑斯山谷中乘汽车兜风，匆匆忙忙地急驰而过，无暇回首流连风景，于是这丰富华丽的世界便成为一个了无生趣的囚牢。这是一件多么惋惜的事啊！”

课堂讨论

1. 朱光潜在《谈美》一书中对“美”的定义如何体现了他对审美体验的理解？
2. 朱光潜关于美育的理念如何影响了现代中国的教育体系？

自我检测

一、填空题

1. 近现代美育的倡导者、教育家________提出了“以美育代宗教”的观点，并基于当时的西方教育发展成就与国情推动了美育的制度化。

2. 美育作为一种独特的教育方式，有其显著的教育特点，其中，________是美育的首要特性。

二、简答题

1. 美育在个人成长中扮演了怎样的角色？美育如何与其他学科相互融合，提升教育的整体效果？

2. 秦始皇兵马俑作为中国古代艺术和历史的瑰宝，如何在美育教育中帮助学生理解历史与艺术的结合？如何在美育教育中促进对中华文化的认同和传承？

美的实践

主题
美的初体验——观赏美的表达

实践任务一

实践名称	阅读美学书籍
实践目标	感知美学著作中的自然美、生活美、艺术美、人文美，培养阅读美学著作的兴趣，感受美学的诗意精神
实践内容	在朱光潜的《谈美》，宗白华的《艺境》，李泽厚的《美的历程》三本书中任选一本阅读，感受美学的“诗意”精神
实践步骤	（1）走进校园图书馆，选择书籍进行阅读 看倒影，看过去，看旁人的境遇，看稀奇的景物，都好比站在陆地上远看海雾，不受实际的切身的利害牵绊，能安闲自在地玩味目前美妙的景致。 ——朱光潜《谈美》 我仿佛和那窗外的月光雾光融化为一，飘浮在树杪林间，随着箫声、笛声孤寂而远引——这时我的心最快乐。 ——宗白华《艺境〈我和诗〉》 美作为感性与理性，形式与内容，真与善、合规律性与合目的性的统一，与人性一样，是人类历史的伟大成果。 ——李泽厚《美的历程》 （2）确定分享的重点，例如作品的主题、写作特点、艺术价值等。组织语言，用简洁明了的方式介绍介绍你所阅读的书籍。准备一些与作品相关的图片或视频素材，以便在分享时展示 （3）按照班级安排的时间和形式（如线上会议、面对面交流等），分享读后感。与同学们互动交流，听取他们对作品的看法和感受 （4）分享结束后，回顾整个实践过程，思考自己在阅读和分享中的收获和不足，培养阅读兴趣
注意事项	（1）对于所选的作品，除了基本的阅读感受外，还需要深入了解其创作背景、作家的艺术风格以及作品所传达的深层含义，以确保分享时有足够的内容可谈 （2）积极在班级分享读后感，要尊重他人的观点和感受，促进班级内的艺术交流和讨论
实践评价	（1）所选作品应具有代表性，能够体现作家的独特风格和技艺，并表现出个人独特的审美视角 （2）能够准确描述所选作品的基本信息，如作者、创作背景、艺术风格等 （3）能够充分阐述所选作品的美之所在，准确理解作品所传达的情感、意境和思想内涵等 （4）在交流互动环节，应能够积极参与讨论，发表自己的看法和见解，并与同学进行有效的交流和沟通
实践心得	

实践任务二

实践名称	观看纪录片
实践目标	理解纪录片中的文化内涵，培养观看纪录片的兴趣，激发对自然美、生活美、艺术美、人文美等各类美的热爱和追求，树立正确的审美观念，陶冶高尚情操，塑造美好心灵
实践内容	观看纪录片《美丽中国》或《航拍中国》
实践步骤	（1）打开浏览器，观看纪录片《美丽中国》或《航拍中国》 （2）这两部纪录片通过镜头去探访散落在中国这片土地上的美丽奇景；选择认为最具美感、最打动人的部分 （3）仔细观察作品的细节，了解作品的创作背景、艺术风格等信息，以便更深入地理解作品 （4）确定分享的重点，例如作品的主题、风格特点、艺术价值等。组织语言，用简洁明了的方式介绍所选作品 （5）按照班级安排的时间和形式（如线上会议、面对面交流等），准备分享所选的部分，向同学们进行介绍，并说明其美在何处。可以与同学们互动交流，听取他们对作品的看法和感受 （6）分享结束后，回顾整个实践过程，思考自己在鉴赏和分享中的收获和不足
注意事项	（1）了解纪录片的背景、制作团队及其创作理念 （2）学习有关中国地理和文化的基础知识，以便更好地理解纪录片中的内容 （3）确保播放设备和观影环境适合观看高质量的影像 （4）准备好笔记本或记录工具，方便在观影过程中做笔记
实践评价	（1）能够分享对纪录片内容的个人感受和对拍摄技巧的看法 （2）能够理解纪录片中所传达的社会和文化信息 （3）能够查阅相关的学术资料或文章，深入了解纪录片制作的艺术和技术，感受属于中国的自然美、生活美和人文美
实践心得	

模块二 感知美的存在：审美活动

模块导言

审美活动是主体在世界中诸多活动的一种，是一种主体关乎心灵自身建设的活动，是触及人的整个生命的全身心活动，是个体给予自我以精神享受的活动，伴随着人类由童年走向成熟，随着人类社会和主体精神的不断发展而日益丰富和完善。无论是对身边审美化的诗性体验，还是对遥远的空间做诗情的畅想，主体都通过审美活动与对象构成了审美化的世界。

学习目标

- 知识目标

  1. 了解美感体验的含义。
  2. 了解“直觉反应、情感体验、精神感受”三个审美层次。

- 能力目标

  1. 能够在一定程度上感知和体验美。
  2. 能够用美感体验指导审美活动，实现审美与认知的统一。

- 素质目标

  1. 培养崇尚“真善美”的意识，在美感体验中塑造美好心灵。
  2. 培养在生活中和艺术欣赏中发现美、创造美的意识。

美的探寻

主题
美感体验——美感的奥秘

人类的美感来源于动物的本能，却超越了动物的本能。美感的历史起源是与人类的社会实践紧密相连的，是人接触到美的事物所引起的一种感动，是一种赏心悦目、怡情悦性的心理状态，是人对美的认识、评价与欣赏，是人们审美需要是否得到满足时而产生的主观体验，是对事物美的体验。

美感体验——美感的奥秘

《蒙娜丽莎》（图2-1）是世界上极著名、极具话题性的绘画作品之一，塑造的是文艺复兴时期一位城市资产阶级的贵妇形象。画中人物坐姿优雅，笑容微妙。背景中有道路、河流、桥、山峦，它们在达·芬奇“无界渐变着色法”的笔法下，和蒙娜丽莎的微笑融为一体，散发着梦幻而神秘的气息。

欣赏这幅旷世名作时，作品中那如梦般的、不可言说的神秘微笑似乎一下子就吸引住了观者的目光，整幅作品很容易令人沉醉其中，无法自拔。在这个过程中，人们对《蒙娜丽莎》的美似乎有一种天生的感悟能力，并且这种感悟是在无意识的状态下自然发生的。这是因为美可以使人刹那间忘记一切，只顾聚精会神地欣赏它。而这种人们自身对美的事物不假思索的领悟能力被称为直觉反应。

下一步，揣测蒙娜丽莎究竟是经历什么样的情感，才使得她呈现出谜一般的神态。或许我们也会将自身的情感移植到这幅画上，这便是情感体验。

在进一步了解创作《蒙娜丽莎》背后的故事之后，此时美感体验会上升成为一种精神感受。她的手势代表着一种具体的意义，仔细看，就明白这并不仅仅是一张肖像写生画，而是文艺复兴精神的投影。达·芬奇将人的精神升华成为一种可视的形象，它是心灵回归者、觉醒者心中崇高理想的显现。

《蒙娜丽莎》的美学意义，主要在于人物形象焕发出的人性的光辉。无疑，蒙娜丽莎是美的、是善的。

图2-1 《蒙娜丽莎》

美感是个人情感与外物和谐统一形成的精神愉悦

体验。在审美活动中，美感体验首先是关于“形象”的直觉反应，然后才是情感体验、精神感受等深层次的审美活动。一般在优秀的艺术作品中，这三个审美层次是高度和谐地统一在一起的。

一、直觉反应

直觉指的是审美主体对审美客体的一种不假思索而能立即把握与领悟的能力。每当人们看到一处秀丽奇妙的自然景色，听到一首悦耳动听的乐曲，欣赏一幅诗意盎然的绘画作品，或赏玩一件巧夺天工的工艺珍品时，就会情不自禁地发出由衷的赞叹，这就是直觉性的审美愉悦。大自然中的声、光、色、形；艺术品中的韵律、节奏、结构等形式美因素；生活中美食的色、香、味，服饰的款式、色彩、质感，都是人们最初接触到的审美因素，它唤起人们的审美直觉，人们由此进入美感体验。

审美感受之所以具有这种直觉性的特征，是因为人们面对美的事物时，总要感触到它的色彩、线条、形状和声音，受到它的刺激并经过生理器官传到大脑后才能唤起美的心理感受。鲜花以姿容娇艳而美（图2-2），高山以气势雄伟而美，蝴蝶以翩翩起舞而美，杜鹃以啼声婉转而美。人们从自然景物中可直接获得形状美、色彩美、动态美、音响美的感受。

图2-2 蝴蝶蹁跹之美

二、情感体验

在生活中，人们能够在自然观照和艺术欣赏活动的过程中获得一定的情感体验。自然界的美丽景象与艺术创作中的深邃意涵，往往能够触动人的心灵，带来独特的情感体验。例如，当人们目睹“燕雀反哺”这一温馨场景时，不由自主地会联想到亲情的无私与伟大，这种情感的传递跨越了物种的界限，深深触动了人们的心弦。同样，“藤树相依”这一景象则常被用来比喻友情的坚固与不离不弃。在风雨中相互扶持、共同成长的藤与树，象征着朋友间深厚的情谊与默契，让人感受到友情的温暖与力量。而“鸳鸯戏水”这一经典形象，更是成为爱情美好的象征。

艺术家们正是从这些自然与人文的瑰宝中汲取灵感，将自己的思想感情与审美理想倾注于艺术作品之中。他们通过精湛的技艺与深邃的洞察力，将无形的情感转化为有形的艺术形象，使人们在欣赏作品时能够产生强烈的情感共鸣。因此，艺术欣赏不仅仅是一种视觉或听觉的享受，更是一种情感的交流与体验。人们在欣赏艺术作品的同时，也感受到艺术家们内心深处的情感世界，从而更加深刻地理解了人性的美好与复杂。从这个意义上来说，艺术欣赏与情感体验是紧密相连、相辅相成的。

三、精神感受

人类社会的进步和大自然有着密不可分的关系。大自然是人类的老师，是人类智慧的源泉，人们从大自然的启示中学会了各种知识，领悟到深刻道理。例如，成熟的麦穗往往低着头，那是在教人们谦虚；渺小的水珠能够滴穿岩石，那是在教人们坚忍……在自然界中，具有精神美的事物和景象随处可见。只要善于观察，善于积累，就可以从自然中获得激励和鼓舞，助力成功的人生。

艺术的精神作用在中国传统绘画艺术中有突出的体现，画家们通过精湛的技法展现所绘对象的内在精神和气韵，并在其中投入自己的价值追求。例如，元代画家王冕在其所画《墨梅图》（图2-3）中，不仅画出了花密枝繁、强劲有力的梅花形象，而且题以诗句“吾家洗砚池头树，个个花开淡墨痕。不要人夸好颜色，只留清气满乾坤”，用来突出梅花不畏严寒、傲骨峥嵘、清雅高逸的精神。如图2-4所示的这幅扬鬃奋蹄的《奔马图》是国画大师徐悲鸿的作品。徐悲鸿画这幅画时正值第二次长沙会战期间，他忧心战事，于是连夜作画，寓情于笔墨间，表达自己的爱国、忧国之情。《奔马图》笔势飞泻直出，线条遒劲流畅，画中没有马鞍，没有缰绳，只有在广袤的原野上自由奔跑的马匹。马匹四蹄腾空，马鬃在风中飞扬，马尾在风中飘散，将奔马斗志昂扬的神态表现得淋漓尽致。同时，马匹的透视感较强，前伸的双腿和马头有很强的冲击力，似乎要冲破画面。作品传递给人以有力、刚劲的气息和动人心魄的力量。在那个特殊的年代，这幅《奔马图》彰显出战火纷飞的峥嵘岁月下的国人风骨，鼓舞了民族士气。

图2-3《墨梅图》

图2-4《奔马图》

美感体验来自自然之美、生活之美和艺术之美。美感不是单纯通过人的思维和情绪就能找到的，而是通过人的感知觉传递给“情绪”和“思维”，形成精神生活的享受，从而达到心灵的最高境界。

美感体验

美从何处寻?（节选）

——宗白华

啊，诗从何处寻?
在细雨下，点碎落花声，
在微风里，飘来流水音，
在蓝空天末，摇摇欲坠的孤星!
尽日寻春不见春，
芒鞋踏遍陇头云，
归来笑拈梅花嗅，
春在枝头已十分。

诗和春都是美的化身，一是艺术的美，一是自然的美。我们都是从目观耳听的世界里寻得她的踪迹。某尼悟道诗大有禅意，好像是说“道不远人”，不应该“道在迩而求诸远”。好像是说:“如果你在自己的心中找不到美，那么，你就没有地方可以发现美的踪迹。”

然而梅花仍是一个外界事物呀，是大自然的一部分呀!你的心不是“在”自己的心的过程里，在感情、情绪、思维里找到美;而只是“通过”感觉、情绪、思维找到美，发现梅花里的美。美对于你的心，你的“美感”是客观的对象和存在。你如果要进一步认识她，你可以分析她的结构、形象、组成的各部分，得出“和谐”的规律、“节奏”的规律、表现的内容、丰富的启示，而不必顾到你自己的心的活动，你越能忘掉自我，忘掉你自己的情绪波动，思维起伏，你就越能够“漱涤万物，牢笼百态”，你就会像一面镜子，像托尔斯泰那样，照见了一个世界，丰富了自己，也丰富了文化。人们会感谢你的。

那么，你在自己的心里就找不到美了吗?我说，如果我们的心灵起伏万变，经常碰到情感的波涛，思想的矛盾，当我们身在其中时，恐怕尝到的是苦闷，而未必是美。只有莎士比亚或巴尔扎克把它形象化了，表现在文艺里，或是你自己手之舞之，足之蹈之，把你的欢乐表现在舞蹈的形象里，或把你的忧郁歌咏在有节奏的诗歌里，甚至于在你的平日的行动里、语言里。一句话，就是你的心要具体地表现在形象里，那时旁人会看见你的心灵的美，你自己也才真正地、切实地、具体地发现你的心里的美。除此以外，恐怕不容易吧!你的心可以发现美的对象（人生的，社会的，自然的），这“美”对于你是客观的存在，不以你的意志为转移。(你的意志只能指使你的眼睛去看她，或不去看她，而不能改变她。你能训练你的眼睛深一层地去认识她，却不能动摇她。希腊伟大的艺术不因中古时代而减少它的光辉。)

王羲之在《兰亭集序》里说："仰观宇宙之大，俯察品类之盛，所以游目骋怀，足以极视听之娱，信可乐也。"这是东晋大书法家在寻找美的踪迹。他的书法传达了自然的美和精神的美。不仅是大宇宙，小小的事物也不可忽视。诗人华兹沃斯曾经说过："一朵微小的花对于我可以唤起不能用眼泪表达出的那样深的思想。"

达到这样的、深入的美感，发现这样深度的美，是要在主观心理方面具有条件和准备的。我们的感情要经过一番洗涤，克服了小己的私欲和利害计较。矿石商人只看到矿石的货币价值，而看不见矿石的美的特性。我们要把整个情绪和思想改造一下，移动了方向，才能面对美的形象，把美如实地和深入地反映到心里来，再把它放射出去，凭借物质创造形象给表达出来，才成为艺术。

课堂讨论

通过对美的体验，个人在情感上会获得什么样的满足或改变？

自我检测

一、填空题

1.《蒙娜丽莎》的美学意义主要在于人物形象焕发出的________。

2. 审美主体对审美客体的一种不假思索而能立即把握与领悟的能力称为________。

二、简答题

1. 试分析和评价《蒙娜丽莎》，并说一说这幅画的审美价值和意义。

2. 艺术作品如何通过其形式和内容与观众的精神世界产生共鸣？举例说明特定的艺术作品或艺术形式如何触发观众的情感体验和深层精神感受。

美的赏析

主题一
漫步自然——身心之悦

一、认识自然美

1. 自然美的内涵

自然美是自然界中自然生成的事物的美，它是客观事物本身具有的自然属性，是脱离人而独立存在的。它是社会性与自然性的统一。它的社会性指自然美的根源在于实践，它的自然性指自然事物的某些属性和特征（如色彩、线条、形状、声音等）是形成自然美的必要条件。美学家宗白华说："自然无往而不美。"自然美是一切美的源泉，其他各种美都需要参照自然美进行创造。无论是欣赏美，还是创造美，应该从认识自然美开始。

漫步自然——身心之悦

泰山日出（图2-5）壮观瑰丽，是岱顶奇观之一。在泰山顶上看日出，与平原或海上是不同的。初起时，天暗沉沉的，西方是一片铁青，东方有些微白，宇宙是莽莽苍苍的。当第一缕曙光，撕破黎明前的黑暗，东方天幕由漆黑逐渐转为鱼肚白、红色，直至耀眼

图2-5 泰山日出

的金黄，万道霞光喷射而出，最后，一轮旭日跃出云海，腾空而起，天空顿时光芒万丈。整个过程像一位技艺高超的魔术师在表演，在瞬息间变幻出千万种多姿多彩的画面，令人叹为观止。

当事物美丽的外表引起人们的注意，人们认识美、发现美的过程就开始了，人们在探讨美的过程中，审美意识不断增强，并随之产生了创造美的欲望。例如，上古时代，人们看到湿泥巴落入火堆中，被烧成了坚硬的器物，受此现象的启发，产生了创造美的欲望，在与大自然长期接触的过程中，逐渐具备了创造美的能力，于是一些简单的器皿就被创造出来（图2-6）。

图2-6 器皿的创造

2. 自然美产生的根源

自然美产生的根源在于人类社会实践，为什么呢？因为从自然美产生和发展的过程来看，自然美的产生及自然美领域的逐渐扩大是和人类社会实践的发展进程密切联系在一起的。美的起源和艺术的起源都离不开人类社会的实践活动。在社会实践中，一方面人改造自然，使大自然逐渐成为和人有着密切关系的“拟人化”的自然；另一方面人自身也得到了改造，经过数百万年的生产劳动，人逐渐锻炼出了灵巧的双手和高度发达的大脑，形成了人所特有的感觉器官和感觉能力，以及人所独具的道德感和美感这类高级情感。直到这个时候，自然界对于人来说，才开始成为审美的对象。

自然美的领域也是随着人类社会实践的发展逐渐扩大的，是随着人类改造自然的能力不断增强的。

二、自然美的存在类型

大千世界中，自然美的事物形式多样，千姿百态。一般来说，自然美大致可以分为天地日月、山水树石、鸟兽鱼虫、花草果蔬四大类。

1. 天地日月

天地日月的美，表现为博大与高远、生机与活力、光明与温暖、缥缈与宁静。这种自然形成的美，会随着时间、气候、季节的变化和变换呈现不同的面貌。

初升的太阳呈现朝气蓬勃的生机美（图2-7）；正午的太阳呈现活力四射的活力美；傍晚的太阳与晚霞呈现祥和温暖的安宁美（图2-8）。

月亮或皎洁似玉盘，或弯曲似银钩，“明月松间照，清泉石上流”描写的是宁静美；“深林人不知，明月来相照”描写的是岑寂美；“星垂平野阔，月涌大江流”描写的是开阔美。

图2-7 初升的太阳

图2-8 海边的晚霞

2. 山水树石

山之美在于厚重、险峻、巍峨。北方的山大多雄伟崇高，令人心生敬畏；南方的山大多郁葱俊秀，令人心生向往。

水之美是由其透明、流动等自然属性表现出来的，表现为碧波如镜的宁静美，晶莹清澈的纯净美，映照斑驳的色彩美，奔腾不息的动态美，轻盈如烟的缥缈美。

树之美在于生机和活力，也在于其多变的姿态，有风时树影婆娑，无风时高大挺拔。

石之美在于稳固和形态，也在于其顶天立地、坚韧不拔的精神品质。

3. 鸟兽鱼虫

鸟儿美丽的羽毛、悦耳的歌声；鱼儿曼妙的身姿、灵动的尾巴；蟋蟀灵巧的身形、优美的叫声，这些都能给人带来美感与愉悦。

4. 花草果蔬

花草果蔬是人们在生活中接触最多的自然事物，也是人们进行艺术创作的重要题材。在插花工艺中，许多插花师都会将花草果蔬搭配在一起，营造一种舒适自然的田园美。

果蔬之美在于诱人的颜色和爽口的味道。例如，樱桃色泽鲜艳、晶莹美丽，红如玛瑙，黄如凝脂（图2-9）；黄瓜甘甜、爽口、清香，脆嫩多汁，色感俱佳（图2-10）。它们都能给人们带来视觉上的美感和味觉上的享受。

图2-9 色泽鲜艳的樱桃

图2-10 清香爽口的黄瓜

草之美在于颜色、活力和生机。例如，薰衣草的叶形、花色优美典雅，蓝紫色花序颀长秀丽，既可条植，也可盆栽观赏，给人极具感染力的色彩美和韵味美。又如，蒲公英未开花时，叶呈波齿状，开花时结成白色毛冠绒球，随风飘扬，给人柔和轻盈的自然美和生机美。

三、自然中的景象之美

依据美感体验的层次，可以将自然中以群体形式表现的景象之美归纳为美感景象、情感景象、精神景象。

1. 美感景象

美感景象是能够直接触动人们审美直觉的景象。自然界中常见的美感景象有很多，如漫山的枫叶具有群体美，它们看起来红烈似火，比单独一棵枫树要壮观得多。

2. 情感景象

情感景象是指具有一定的情感特征，能够使人们联想到友情、爱情、亲情的景象。情感景象的主要特征在于它能表现出感情美，通过欣赏情感景象，既能收获情感体验，又能获得精神洗涤。例如，大雁是随季节迁徙的候鸟，它们春去秋来的生活习性，常让人们想起故乡和亲人，于是便有了“鸿雁传书”，以寄托思乡之情。

3. 精神景象

精神景象是一种寄景抒情的景象。例如，攀附在墙壁岩石上的爬山虎，让人联想到生命的坚强；在风沙大漠中顽强生长的胡杨（图2-11），能给人精神上的震撼。欣赏精神景象时人们眼中看到的是景象朴实、直观的自然属性，可是人们心中所联想的是景象背后的顽强的生命力或其他内在美。

多去看看自然、听听自然，触摸自然，让脚步如斯清影，不论是细雨滴梧桐，还是骤雨打荷叶，都是自然的恩赐，它使我们的心灵得以与自然共鸣。

图2-11 胡杨

美感体验

登华山

五岳之中，最险是华山。

华山上的土很少，整座山岳就是一块硕大的花岗岩。不知何年何月，上天把它摆在了豫陕晋三省交界处的黄河岸边。从天上向下看，它就像一个耸峭的奇石盆景吧？因为只有巨石崖壁，所以华山从整体上看，颜色是灰白色的，又由于石缝里顽强地钻出松树和灌木，远远看去，灰白石壁又总像是被墨绿色的笔道所皴染，于是华山强烈氤氲着一股刚毅、凛冽之气（图2-12）。

图2-12 华山风光

五岳之中，中岳嵩山是我少年时的玩伴。长而东绝泰山、南攀衡山、北登恒山，唯独西岳华山仅只乘车从山脚下路过，远瞻而已，尚未登临。今天，我来登华山。

当地人告知，如果徒步攀爬华山，只有一条在岩石上凿出的狭窄梯磴路，从玉泉院开始，途经百尺峡、千尺幢等险径，爬四千九百九十九级台阶后到达北峰顶，年轻人一般需要四五个小时。另外则有北峰和西峰两条缆车上去。梯磴绝陡，常常几乎垂直开凿，而且每个台阶只能放下半只脚，宽仅容二人侧身而过。抬头上望，梯磴沿巉岩绝壁直入云霄，成弯曲的一条悬线，时而隐入树梢，不觉双膝发软。七十岁老翁登山，还是识时务乘缆车吧。

缆车悠悠，凌空而起，迅疾滑向峰巅。只一会儿工夫，人已悬在万山之上。周围峰峦起伏，皆是白崖皑皑，陡峭耸峙。迎面一块白色巨岩扑来，上面垂有整齐的纵列弧线，看去犹如一条斜面瀑布倾泻而下。前望山巅，五峰攒聚，恰似莲花涌瓣。下窥隐约可见登山梯磴道，盘旋于山坳林隙间，忽而绕崖攀挂，忽而绝壁直立，有人手抓两旁夹护铁链正在攀缘而进，观之也令人手脚出汗。

到达北峰顶，原来这里还只是攀登华山的中途点，须继续向更高的中峰攀爬。我鼓勇而行，来到擦耳崖。所谓“擦耳崖”，是沿一巨崖旁侧的石路上行，右侧紧贴崖壁，人行其上，需擦肩而过，左侧即万丈深渊。以往无路，只能踩着溜滑崖脊上凿出的坑窝前行。今天凿出了一条一米多宽的石阶梯，旁侧有铁栏杆护佑，并不危险，尽可以边爬边欣赏崖壁上重重累累的古人题字。

穿过擦耳崖，是一段竖直的石蹬天梯。我手抓两侧铁索，脚蹬石壁，攀缘而上。登到一个平台，喘息未定，前方忽然亮出一道斜向山壁，直直的一条路径通向远处山峰顶端，望去就像一条苍龙卧伏。我知道，著名的苍龙岭到了。这条山壁很薄，就像一堵直立的刀墙，人要顺着山脊的“刀刃”一直爬上去。这是通向山顶诸峰的唯一通道，长一点五千米，宽仅一米，两侧都是万丈悬崖。攀爬在山脊之上，虽然两侧皆有铁栏杆护持，仍然让人胆战心惊、头晕目眩，尤其不敢向旁侧观望，只能一步三蹶地向前挪行。传说当年韩愈曾攀上苍龙岭，其时雾气满壑，他看不到两侧的深渊，并没有感觉到危险。待下山时，雾气散去，看清了面临的险境，韩愈大惊失色，竟然不敢再措脚半步。大哭一场之后，他用随身携带的纸笔颤颤抖抖地写出遗书，投向崖下，准备就此了却残生。后来是当地县令闻讯，才组织人力将他救回。至今，崖壁上可以看到“韩退之投书处”几个镌刻大字，提示着这段轶闻趣事。

过了金锁关，转道西峰。西峰通顶要经由一条鲤鱼脊背一样的光滑岩石路，人流熙熙攘攘，两侧万仞悬崖。好在两旁已经拉有牢固铁链，防止坠落，并无危险。于是，人们挨挨擦擦，上行下移，欢歌笑语不绝。登顶为莲花峰，白石覆瓣，绝像一朵莲蕊未展，李白《西岳云台歌送丹丘子》因而说“石作莲花云作台”。山石如莲花一般，华山之名即取意于此，华山者，花山也，“华”是“花”的古字。

由西峰转爬南峰。华山的海拔为五岳之冠，南峰又为华山之冠。这里奇崖突兀、峰切峦削、险拔峻峭、直指苍穹，真可谓人间仙境。

登顶南峰，天高气爽，万山攒聚，云气横流，只觉天近咫尺，伸手可触。极目北眺，苍茫雾气中露出辽阔的绿色关中平原一角。其中渭水、洛水都流成辗转弯曲的黄线。宽阔的黄河由北方咆哮而来，遇到华山阻挡，向东直角转弯而去。河床极北处似乎约略可见龙门峡谷，那是传说中大禹开始治水的地方。黄河东北岸可以眺见森绿的中条山，山脚下的风陵渡、永乐宫隐于云霓之中。华山向东便是著名的潼关，紧扼华山与黄河之间的狭窄通道，卡住豫陕之间连接的咽喉。

……

南天门外是万丈绝崖，就在绝崖的中间，横出一条长空栈道，系在绝壁上打入石桩、铺上木板而成，栈道断掉的地方甚至只有直壁上凿出的石窝可以落脚，那是登华山最为险要的所在。望着年轻人系上保护带、锁上保险扣，把自己和石壁钢缆连接在一起，起步横移跨上栈道，如猿猱般贴壁而行，悬身于绝崖半空，不觉魂魄飞出、心胆俱颤。清代才子袁枚《登华山》诗有句："天路望已绝，云栈断复交。惊魂飘落叶，定志委铁镣。闭目谢人世，伸手探斗杓……归来如再生，两眼青寥寥。"生动描述出他当年攀爬绝壁栈道时的恐惧绝望和过后的惊魂难安。据说东峰还有更加险要的"鹞子翻身"处，人在绝崖上辗转爬行，则已不敢想象了。

意尽筋疲之后，从西峰乘缆车回返。缆车从万丈绝壁顶端猛然跃下，滑行在直壁立崖间。山体竖直笔挺，如刀削斧劈般，上下贯通，撑天立地。壁面白石嶙峋，有奇松怪柏挺峙其间，或如白色瀑布挂壁，或如水墨壁画晕染。时而一条横切裂缝，把硕大的山体剖为两截，却又严扣紧合，仍然坚如铁壁。随着高度的降低，纵向山体更加纹路多变，加上墨绿树渍的勾边围框，结构出一幅幅自然曼妙的国画画图。我兴奋地不停按动相机快门，拍下连幅的生动照片，每一张照片都是那么恬淡沉静、意境绵邈。

华山，我心中的山！

课堂讨论

1. 华山的自然景观有哪些独特之处？华山的五个峰峰顶险峻，山势陡峭，这些地形特点如何形成了华山独特的风貌？

2. 华山不仅以自然风光著称，还与中国传统文化有着深厚的联系。山中庙宇、石刻等文化遗迹如何与自然景观融为一体？

自我检测

一、填空题

1. 依据美感体验的层次，可以将自然中以群体形式表现的景象之美归纳为________、________、________。

2. 五岳之中，最险的是________。

二、简答题

1. 自然界中的美（如风景、动植物、自然现象）如何通过感官体验影响我们的情感和认知？

2. 山水树石在自然美中的独特特征是什么？如何理解山水树石在自然美中的重要性及其文化和美学意义？

主题二

品味秩序——形式之美

一、形式美的概念

形式美是指事物外在的形式因素及其组合关系所显示出来的美。它具有相对独立性，即相对独立于内容之外而具有审美意义。因为这种形式本身既体现着客观规律，又符合人的审美需要，人们不但在实践中不断地发现它、肯定它，而且还在实践中自觉地运用它，因此，它本身能直接或间接地体现着人的本质力量，人们接触这些形式就能引起美感，而无须考虑这些形式所表现的内容。在自然界和艺术作品中，形式美无处不见，从色彩搭配到创意的切入等都遵循着形式美的法则。

二、形式美的法则

法国启蒙主义美学的代表人物德尼·狄德罗曾说："一个物体之所以美，是由于人们觉察到它身上的各种关系，我指的不是由我们的想象力移植到物体上的智力的或虚构的关系，而是存在于事物本身的真实的关系，这些关系是我们的悟性借助我们的感官而觉察到的。"简而言之，物体之美在于人们可以感知到的它的"秩序"，这里的"秩序"也是"形式之美"的显现。在生活中，秩序不仅能使人安定下来，还能呈现出有规则、有节奏的文明之美。形式美的法则是美的普遍规律，其主要包括多样与统一、对称与均衡、比例与分割、节奏与韵律、对比与调和。人们可以运用这些规律创造美的事物。

1. 多样与统一

"多样与统一"即变化中求统一，统一中求变化。多样性由统一性来制约，统一性靠多样性去丰富。艺术家在创造系列作品时，常常通过统一色彩的方式来寻求构图的变化，或是统一构图的形式来寻求色彩的变化，从而达到创造美的目的（图2-13）。

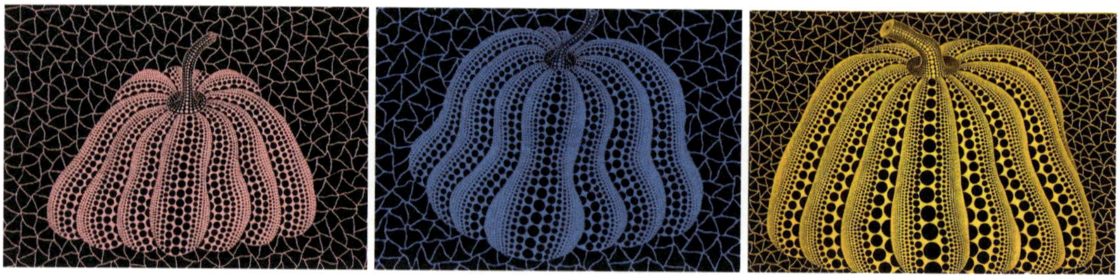

图2-13 统一构图

2. 对称与均衡

对称指的是以一条线为中轴，左右或上下两侧均等。宏伟的宫殿、庄严的寺庙、幽静的园林，丰富多彩的民宅，其中最重要的一种布局形式，就是对称（图2-14）。对称极大程度表述出了中国传统思想的“中庸和谐”之美。

形式美中的均衡不是物理学的概念，而是从视觉上看所能达到的一种力的平衡状态。对称其实是一种特殊的均衡，具有稳定、端庄、整齐、平静的特点；相对于对称来说，均衡显得自由活泼，富于变化。马踏飞燕（图2-15）全身的着力点集中于超越飞燕的一足之上，准确地掌握了力学的平衡原理，实现了均衡之美。

图2-14 对称（中国传统建筑）

图2-15 均衡（马踏飞燕）

3. 比例与分割

比例是指图形或画面整体与局部以及局部之间的面积长度等的数量关系，同时彼此之间包含着匀称性，是和谐的一种表现，也是图形相互比较的尺度表现。

黄金分割广泛应用于建筑、艺术与设计中。早在埃及设计金字塔的时候就开始使用黄金分割。著名的巴黎圣母院的设计中也应用了黄金分割（图2-16）。

黄金分割比例是1：0.618。黄金分割是指将整体一分为二，较大部分与整体部分的比值等于较小部分与较大部分的比值，其比值约为0.618。这个比例被公认为是最能引起美感的比例，因此被称为黄金分割比例（图2-17）。

图2-16 巴黎圣母院内景

 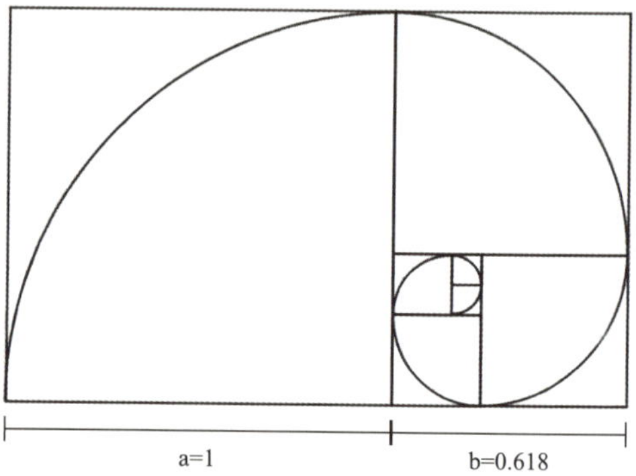

图2-17 黄金分割比例

4. 节奏与韵律

节奏本是指音乐中音响节拍轻重缓急的变化和重复。韵律原指音乐（诗歌）的声韵和节奏。诗歌中，音的高低、轻重、长短的组合，匀称的中间停顿，相同音色的反复及句末利用同韵同调的音相加以加强诗歌的音乐性和节奏感，就是韵律的运用。

节奏和韵律这两个具有时间感的用语在视觉艺术上是指以同一视觉要素连续重复时所产生的律动感。

5. 对比与调和

对比是在差异中趋向异，调和是在差异中趋向同。对比是把鲜明对立的东西并列在一起，使人在鲜明对比中看到变化，从而感到活跃、振奋。调和是把近似的东西并列，使人在微妙的变化中看到统一，感到融合协调。同样是梵高的作品，同样是描绘心中的麦田，《麦田上的鸦群》（图2-18）表现的是色彩对比之美，《绿色的麦田》（图2-19）表现的是色彩调和之美。

图2-18《麦田上的鸦群》

图2-19《绿色的麦田》

三、形式美的因素

1. 色彩

马克思说过："色彩的感觉是美感中最大众化的形式。"色彩具有表情性，能够向人们传达出一定的感情意味，传达出动人情感的信息，形成色彩美。色彩的表情功能，是它的审美特性的本质所在。

色彩的表情性，首先来自人们的联想。联想使得色彩具有兴奋与沉静、冷与暖、前进与后退、活泼与忧郁、华丽与朴素等意味。例如，红、橙、黄色常使人很自然地想到太阳、火焰，给人以温暖的感觉，属于暖色，因而带有热烈、兴奋的情绪；蓝、紫、绿色常使人联想到蓝天、海洋、冰雪，给人以寒冷、寂寞的感觉，属于冷色，因而带有平和宁静的情绪。

色彩的表情性，也来自人们的错觉。错觉使得人们对色彩具有轻重、宽窄、远近、大小、厚薄、虚实的感觉。一般来说，绿色、蓝色使人感觉轻，黑色、红色、橙色使人感觉重。同一种颜色，浅色的使人感觉轻、深色的使人感觉重。同样面积的红色、蓝色、白色并列在一起，蓝色看上去要宽些，红色看上去要窄些，白色介于两者之间。例如，法国的国旗是由红、蓝、白三色组成，本来三色的宽窄一样，但制成后，总使人感到蓝色太宽，后来他们将红色的面积放宽，而把蓝色做得窄一些，红白蓝三色面积的比例是37∶33∶30。这样，看上去就觉得匀称了。一般地说，浅色使人感到远、虚、薄，而深色使人感到近、实、厚。

色彩的表情性，还来自人们的"通感"。色彩本是视觉的感受对象，但由于人的各种感觉器官有某种内在联系，便造成"通感"现象，即色彩对听觉、味觉等产生影响。例如，我国古人宋祁的词句"红杏枝头春意闹"里，"闹"本是用于听觉的词，"红杏"是视觉的对象，而红杏怎么能给人以热烈、吵闹的感觉呢？这除了暗示蜂蝶的忙碌以示春光中生机勃勃、热闹非凡以外，也呈现出红杏开得繁盛想到熙熙攘攘的热闹街市，以至于似有声音的感觉了。再比如，在一定条件的配合下，色彩对味觉会产生影响。例如，柠檬黄能使人产生酸的感觉、粉红色能使人产生甜的感觉。因此，有些饭店往往刷上黄、橙、粉红色，以刺激顾客的胃口。

2. 形状

点、线、面、体不同的组合便构成不同事物的形体，而不同的形体对人的心理产生不同的影响，也就是不同的点、线、面、体表达了不同的"情"。

线的美是一切造型美的基础。线可以分为直线、曲线、折线。它们的审美特性各不相同，直线表示刚强、挺拔、稳定、有生气、有力量，常用来象征男人的性格。在直线中，粗直线有厚重、强壮之感；细直线有明快、敏锐之感；水平线给人以平静、安稳、庄重之感，如法国米莱的《牧羊女》（图2-20）中，草地远处的地平线横亘过画面，使人感到草地的辽阔与寂静；垂直线有正直、倔强、上升之感，也有无限性、狂喜、激情、崇高的象征；斜线给人一种紧张、兴奋、动势和即将倾倒之感，如明朝戴进的《风雨归舟图》（图2-21），以60°倾斜的线条描绘雨幕，使画面充满动荡感。曲线一般表示优美、柔和、轻盈、优雅、流畅，常用来象征女人的性格。几何曲线有理智的明快之感，抛物线有流动的速度之感，双曲线有对称的流动之感，自由曲线有奔放和丰富之感。折线，是直线的转折，兼有直线和斜线的性质，由于它一般表现为运动过程中的起伏、升降、进退和倾斜，所以往往给人一种动态感、方向感、灵巧感。

图2-20《牧羊女》

图2-21《风雨归舟图》

一般说来，画面贯穿着水平线的构图，传达出一种和平宁静的气氛；若是画面由倾斜的线条构成，则表现出激烈运动的不稳定的感觉；金字塔形的布局创造了一种稳定性和安全感，许多宗教题材的绘画作品多选用这样的构图；锯齿状构图画面充满了尖锐的气氛，给人们一种艰难痛苦的印象；而V字形的构图则营造了一种向上期盼和运动的效果，使画面充溢着某种希望等。

不同的面、体也有不同的审美特性。圆形或由圆形演化而来的图形，给人的感觉是柔软、温和、充实、富有弹性，因而是一种柔性美。由方形演化而来的图形，一般给人以方正、平实、刚强、安稳的感觉，因而是一种刚性美。圆形美和方形美交错使用，可收获刚柔相济、相得益彰之妙。三角形的各种变幻，对于人的心理往往产生不同的感应：正立三角形有稳定感、倒立三角形有倾危感、斜三角形造成运动感或方向感等。

3. 声音

声音的主要构成因素有节奏与旋律。节奏是指交互起来的音的长短、强弱合乎一定规律的形式。它是音乐的骨架。旋律，又称曲调，是指一群高低不同的音的有组织的连续，组成音的线条。音乐的内容、体裁、风格、民族特征等，都是从旋律中表现出来的，因此，旋律是音乐的灵魂。

由于声音的高低、强弱、快慢、节奏对人的生理、心理产生不同的影响，所以声音也就有了不同的审美特性，即表情功能。比如“乐音”“噪声”的得名，就在于其给人的不同感受。几个不同音位的音复合而成新的音，就是复合音。和谐的复合音能给人以欢快、丰富、安宁、喜悦的感受，不和谐的复合音则给人以骚动不安、引起警觉、惊惧的感受。低音显示深沉凝重，高音显示激昂高亢；弱音显示柔和亲切，强音显示力量振奋；短促音显示为急骤，慢音显示为舒缓。节奏方面，短音与短音的结合，给人以兴奋、热烈的听觉效果；长音与短音的结合，给人以平和愉快的听觉效果；长音和长音的结合，给人以威严、肃穆的听觉效果。

近代实验美学家应用各种仪器测验证明，声音不仅影响人的神经，而且对于血液循环、脉搏跳动、呼吸活动等都有一定的影响作用。不同频率、幅度和声波的声音及其延续变化，可以引起人昂扬、低沉、热烈、轻松、悲哀、欢乐、恐惧、愉悦、宁静、呜咽等各种情绪反应。因此，声音在再现客观世界的真实画面方面，不如色与形，但在表现主体的内心情感和情绪方面，却有着色与形所不及的优越性。因此，自然中一个本无意义的声音，却能勾起人无限的情思。“猿鸣三声泪沾裳”“杜鹃啼血”即属于此。

以声音为自然媒介的音乐艺术，是一种表现和激发感情的艺术。音乐在再现客观世界的真实画面方面，不如语言艺术、造型艺术等，但在表现主体的内心情感和情绪方面，却有着其他艺术门类所不及的优越性。

美感体验

民居鉴赏

住宅是所有建筑物中出现最早、使用最多的建筑类型，因而也是最基本的一种类型。由于我国地域辽阔，民族众多，因此根据不同的地理气候条件和生活方式，形成了各种不同风格和不同形式的住宅，如江南的官商府第、楼房民宅，黄土高原的窑洞，云南地区的干栏式小楼，维吾尔族的庭院和蒙古族的蒙古包等。

现在各地留存的古代民居，大都是明清时代的建筑，以其形式和种类繁多，为世界各国学者所瞩目。

一是徽派民宅，分布于安徽省南部的歙县、绩溪、屯溪、黟县等地（图2-22）。这些徽派民宅的基本格局以三开间或五开间的二层小楼为正房，一侧或两侧配以厢房，用高大围墙环绕，形成一个狭小的庭院和天井。比较大的住宅，可以是两个、三个或多个庭院，堂前屋后设置花坛盆景，院内布置水池。在面对天井的楼上设置栏板和带有扶手的坐椅，俗称“美人靠”，供宅主和家眷观赏风景。各处梁柱、栏板都有精美雕刻，如同一个艺术世界，但厅堂内却不用天花板，室内其他木结构也不雕饰，显出自然之美。目前在黟县西递村仍保存古宅300多座，其中较完整的仍有120余座，层楼迭院，高低错落，雕梁画栋，各具风采，被誉为“古民居博物馆”。

图2-22 徽派民宅

二是苏杭官商大宅。苏杭一带，旧为江南经济文化中心，是官僚、富商麇集之地。他们的住宅反映了这一地区的建筑水平，代表了这一地区的建筑风格。其基本特点是庭院与园林相结合，基本格局采用纵深几进的院落式，小的一条轴线三进，大的两三条轴线五进。在中轴线上一般为照壁、大门（取门厅式）、轿厅（不设门窗，全部敞开，两侧为账房和家塾）、大厅（举办喜庆典礼之处）、正房（主人住室，有的为楼房），中轴线两侧则布置花厅（主人宴饮、听曲之处）、书房、小花园、戏台以及其他用房。花厅建筑大都临近水池，采取四面无倚的开放形式，或一面开放的船厅形式。各进之间的交通，不必经正中门厅，而在两侧另开甬道，狭长阴暗，称为“避弄”。屋顶多用硬山顶，或山墙高于屋面之上，构成封火墙。整个建筑，色调淡雅。

课堂讨论

1. 南方传统民居（如徽派民宅、苏杭官商大宅）在结构和形式上有什么特点？这些差异如何反映地域文化和气候条件的影响？

2. 试举例说明民居的布局及空间划分，如何满足家庭生活的不同需求，同时保持美学上的和谐与对称。

自我检测

一、填空题

1. 事物外在的形式因素及其组合关系所显示出来的美称为________，它具有相对独立性，即相对独立于内容之外而具有审美意义。

2. 宏伟的宫殿、庄严的寺庙、幽静的园林，丰富多彩的民宅，其中最重要的一种布局形式，就是________，它极大程度表述出了中国传统思想的“中庸和谐”之美。

二、简答题

1. 请分析马踏飞燕如何在表现动态美感的同时，也维持了形式上的均衡。分析动态元素如何与静态元素相互作用。

2. 请分析和评价《麦田上的鸦群》表现出的色彩对比之美，并说一说这幅画的审美价值。

主题三

悠游意境——深邃之美

意境，是一种特殊的审美境界，由一定的审美情感意趣，与具有审美内涵的物象景观交融而成，虚实相生，包含审美意象的叠加，也包括朦胧缥缈的象外美景，在生动明晰的图景之外，还可以呈现丰富多义的审美空间，想象无穷，余味悠然。意境是意中之境，是意与境的融合，是艺术作品呈现的一种审美境界。意境美是中国传统艺术与美学中的一个重要概念，尤其在音乐、诗词、绘画、书法、建筑等领域中具有深远的影响。它强调的是通过艺术作品所表达的情感、意象和氛围，而不仅仅是视觉上的美感。如读张若虚《春江花月夜》：

春江花月夜

［唐］张若虚

春江潮水连海平，海上明月共潮生。
滟滟随波千万里，何处春江无月明。

开篇气势恢宏，江潮连海，与月共舞，壮丽非凡。句句描绘自然美景，似不见人，隐喻美好的人生与天地相合，美好的理想如春江明月，无处不在。

一、音乐的意境

含蓄、空灵的美一直被认为是中国音乐的最高境界，追求的是一种内在的韵味和律动。“有韵则生，无韵则死；有韵则雅，无韵则俗。”如果把“韵”的审美感受化为时间中的空间意象，那就是“意境”。

意境在中国传统音乐中表现为一种情与景、意与境的交融。意境的创造，通常是通过情景交融而形成，但又不只是情景交融，而是情景交融后所获得的象外之象，是使客观景物做主观情思的象征。在一个艺术表现中情和景交融互渗，因而发掘出最深的情，同时也透入了最深的景，景中有情，情中有景，因而创构了艺术之美好意境。例如，古琴曲《潇湘水云》中飘逸的泛音使人进入碧波荡漾、烟雾缭绕的意境。《潇湘水云》在创作时，元兵南侵入浙，郭沔移居湖南衡山附近，常在潇、湘二水合流处游航。每当远望九嶷山为云水所蔽，见到云水奔腾的景象，便激起他对山河残缺、时势飘零的无限感慨而创作此曲，以寄眷念之情。

中国传统音乐中具有意境的作品，往往用虚拟、含蓄的手法表现对象，注重比“形似”更高一级的“神似”。在二胡曲《二泉映月》一曲中，既没有“泉”的旋律，也没有“月”的踪影，音乐只给人以泉清月冷之感，让听者感慨悲凉，遐想冥思。一些琴乐作品中，表现意境的作品丰富多彩。《平沙落雁》借鸿鹄之远志，写逸士之心胸，表现出一种隽永的意境。《离骚》通过主人公的理想、求神、远游等细节的描述，创造了一种超脱人世、又深入人世的精神境界。

二、诗歌的意境

古代诗人格外重视文学意象创造中的“意”与“象”的有机融合，重视创造出“情中景，景中情”的审美意象，而追求的最高标准就是从意象中升华出境界，即意境。

江雪

［唐］柳宗元

千山鸟飞绝，万径人踪灭。
孤舟蓑笠翁，独钓寒江雪。

渔翁

［唐］柳宗元

渔翁夜傍西岩宿，晓汲清湘燃楚竹。
烟消日出不见人，欸乃一声山水绿。

柳宗元这两首诗描绘的是淡泊静谧的意境，其特点在于题材多为体现大自然的空寂幽趣，表现作者一种远尘避世的淡泊情绪。

渡荆门送别

［唐］李白

月下飞天镜，云生结海楼。
仍怜故乡水，万里送行舟。

这一首则描绘旷达开朗的意境，其特点在于写景脱俗飘逸，虚实相生；抒情自然开朗，舒缓绵长。

中国诗画艺术互为合一，诗中有画，画中有诗；而诗中之象，画外之景，都是指意境生成之大美。“明河有影微云外，清露无声万木中”（沈周），“诗以山川为境，山川亦以诗为境（董其昌）”。情与景交融，发掘出最深的情，透入最深的景。“景中全是情，情具象而为景”（宗白华），从而展现出一个独特、崭新的意象。

三、绘画的意境

自六朝到北宋，中国画在以形写神、气韵生动理论的影响下，出现了对“画外神韵”的追求，画要有“象外之意”“韵外之致”。美学家宗白华曾说：中国伟大的山水画的意境，已包含于晋人对自然美的发现中了。自魏晋之后人们在山水画中找到了一个表达和寄托自己人生理想的审美世界。

中国山水画的意境，是画家通过描绘景物与思想感情所形成的艺术境界。山水是诗人画家书写情思的媒介，它的云卷云舒、寒塘雁迹，是空灵而自然的意境。

《古画品录》为我国最早的绘画论著，南朝齐梁时期画家、绘画理论家谢赫所著。谢赫提出中国绘画上的“六法”，即：一曰气韵生动，二曰骨法用笔，三曰应物象形，四曰随类赋彩，五曰经营位置，六曰传移模写。“六法”成为后世画家、批评家、鉴赏家们所遵循的原则。

《富春山居图》是中国十大传世名画之一。黄公望为师弟郑樗（无用师）所绘，几经易手，并因“焚画殉葬”而身首两段。前半卷：剩山图，现收藏于浙江省博物馆；后半卷：无用师卷，现藏于我国台北故宫博物院。以浙江富春江为背景，画面用墨淡雅，山和水的布置疏密得当，墨色浓淡干湿并用，极富于变化。《富春山居图》（图2-23）画面林峦浑秀，草木华滋，充满了隐者悠游林泉，萧散淡泊的诗意，与诗歌中淡泊静谧的意境契合。

图2-23 《富春山居图》（局部）

四、书法的意境

书画同源，古人论书，主张形神兼备，而尤重神采。神采，即《书谱》中所说的“情性”，又称之为“写意”。同时，书法的意境美是可以通过作品书写的内容真切地感触到的。

《自叙帖》(图2-24)为怀素自述其生平大略，兼录颜真卿、张谓、戴叔伦等人对其的赠诗成文。通篇为狂草，笔笔中锋，如锥划沙盘，纵横斜直，无往不收；全卷强调连绵草势，运笔上下翻转，忽左忽右，起伏摆荡，有疾有速，有轻有重，通幅于规矩法度中，奇踪变化，神采动荡，实为草书艺术的极致表现。《自叙帖》将写意性发挥到了最大，达到了至高至纯、至善至美的境界。

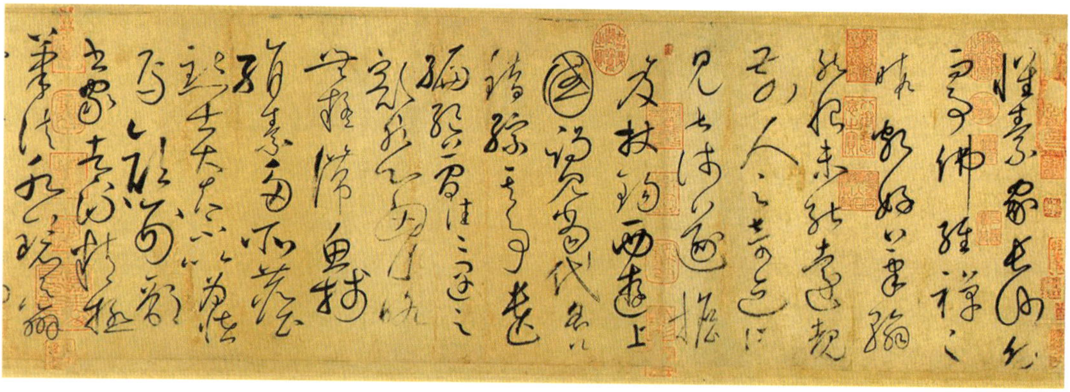

图2-24 《自叙帖》

五、建筑的意境

中国古建筑，不但有传统的曲径通幽豁然开朗之感，又有自然大气不拘一格的禅风意境，寻求自然与空间的呼应，讲究自然融合、天人合一的生态理念。中式园林布局精妙，常用移步换景在空间中营造出意境之美(图2-25)。

图2-25 苏州园林

“意境”是中国艺术的至高追求，中国艺术家以宇宙人生为对象，赏玩它的色彩、秩序、节奏、和谐(形式之美)，借以窥见自我的最深心灵的反映，成就渊然而深的“意境”。

沈从文讲美的故事

……深潭中为白日所映照，河底小小白石子，有花纹的玛瑙石子，全看得明明白白。水中游鱼来去，皆如浮在空气里。两岸多高山，山中多可以造纸的细竹，长年作深翠颜色，迫人眼目。近水人家多在桃杏花里，春天时只需注意，凡有桃花处必有人家，凡有人家处必可沽酒。夏天则晒晾在日光下耀目的紫花布衣，可以作为人家所在的旗帜。秋冬来时，人家房屋在悬崖上的，滨水的，无不朗然入目。黄泥的墙，乌黑的瓦，位置却永远那么妥帖，且与四周环境极其调和，使人迎面得到的印象，实在非常愉快。一个对于诗歌图画稍有兴味的旅客，在这小河中，蜷伏于一只小船上，作三十天的旅行，必不至于感到厌烦，正因为处处有奇迹可以发现，自然的大胆处与精巧处，无一地无一时不使人神往倾心。

……

雨后放晴的天气，日头炙到人肩上背上已有了点儿力量。溪边芦苇水杨柳，菜园中菜蔬，莫不繁荣滋茂，带着一分有野性的生气。草丛里绿色蚱蜢各处飞着，翅膀搏动空气时皆作声。枝头新蝉声音虽不成腔却已渐渐宏大。两山深翠逼人的竹篁中，有黄鸟与竹雀、杜鹃交递鸣叫……

——沈从文《边城》(节选)

沈从文在《边城》里描绘了一个恍如世外桃源的湘西世界（图2-26）：山水环绕相依，林中鸟轻快飞翔，水中鱼自由游动，岸边人笑靥盈盈。灵动的自然美与淳朴的人情美互相成就，人与大自然和谐相处、融为一体，绘就了一幅明净、宜人、清丽、梦幻的生态画卷。

图2-26 湘西边城

课堂讨论

1.《边城》中许多自然景物如青山、河水、竹林等不仅是背景设置，还具有象征意义。如何理解这些景物在作品中的象征作用？

2. 作者在描写自然景观时，常常将景物与情感融为一体，这种结合如何加强了作品的意境美？

自我检测

一、填空题

1. 含蓄、空灵的美一直被认为是中国音乐的最高境界，追求的是一种内在的韵味和律动，如果把“韵”的审美感受化为时间中的空间意象，那就是________。

2.《古画品录》为我国最早的绘画论著，南朝齐梁时期画家、绘画理论家________所著。

二、简答题

1. 二胡曲《二泉映月》如何通过音乐描绘出特定的意境？比如月夜的宁静、自然的美景或个人的情感体验。

2. 试分析和评价黄公望的《富春山居图》，并说一说这幅画体现的意境美。

美的实践

主题
捕光逐影——记录日常生活

实践名称	摄影实践
实践目标	捕捉自然界中的瞬时美景，体现自然景观的独特魅力和瞬间的美感。记录日常生活中的自然瞬间，展现生活中的美好瞬间和细腻情感。提升文化理解、审美感知、艺术表现、创意实践等能力
实践内容	将班级人员分为两组，分别收集或自行拍摄“自然瞬间美”和“生活瞬间美”的摄影作品，组织以“美丽瞬间”为主题的宣传教育活动。活动的形式不限，可以布置一个摄影展，也可以将摄影作品做成PPT后组织一场讨论会等，各组制定宣传方案并组织实施
实践步骤	（1）拍摄设备准备 照相机（可以是单反、微单、手机等，根据个人设备情况） 三脚架（用于稳定拍摄，特别是拍摄自然景观时） 不同焦段的镜头（如广角镜头、微距镜头等） 备用电池和存储卡 其他辅助设备（如滤镜、清洁工具） （2）制订拍摄计划 制定拍摄时间表，确定最佳拍摄时段（如清晨或黄昏） 确定拍摄地点，考虑自然景观和日常生活场景的多样性 准备拍摄脚本或大纲，设定拍摄目标和重点 （3）自然瞬间美的拍摄 场景选择：选择自然风光的最佳拍摄地点，如公园、海滩、山脉、湖泊等 光线运用：利用自然光线（如早晨的柔光或傍晚的金色光线）来增强画面的层次感 构图技巧：使用前景、背景和引导线来增加画面的深度和吸引力 捕捉瞬间：拍摄天气变化、动物活动等自然瞬间，表现自然的动感和生命力 （4）生活瞬间美的拍摄 场景选择：在日常生活中寻找拍摄机会，如家庭聚会、朋友聚餐、街头活动等 拍摄技巧：注意抓住生活中的自然表情和动态瞬间，例如孩子的笑容、亲密的交流等 背景选择：选择简单或富有趣味的背景，以突出主体的美感 情感表达：注重捕捉人们的真实情感和互动，展现生活中的美好瞬间 （5）后期处理 照片筛选：选择最佳的拍摄作品，依据画面的清晰度、构图效果、色彩表现和情感传达等标准进行筛选 编辑与修饰：使用图片编辑软件（如Adobe Lightroom、Photoshop等）对照片进行基本的调整，包括曝光、对比度、色彩饱和度等。对照片进行裁剪、修整，确保画面构图的平衡和美观

续表

实践名称	摄影实践
实践步骤	（6）作品展示 创作集：制作自然瞬间美和生活瞬间美的摄影集，展示不同主题的拍摄成果 （7）线上分享 通过社交媒体、摄影网站等平台展示作品，与观众分享拍摄体验和感受 （8）线下展览 组织小型展览，邀请朋友和家人观赏作品，交流拍摄心得
注意事项	（1）对于所选的作品，正确运用摄影方法 （2）分享内容应简洁明了，逻辑清晰，能够吸引同学们的注意力并引导他们深入理解作品 （3）在班级分享时，要尊重他人的观点和感受。鼓励积极发言，分享自己的看法和感受，促进班级内的艺术交流和讨论
实践评价	（1）能够正确运用摄影的取景与构图方法，并通过摄影作品详细分析如何使用形式美法则指导摄影构图 （2）能够充分阐述拍摄作品的美之所在，不仅包括作品的视觉美感，还应包括作品所传达的情感、意境和思想内涵等 （3）在交流互动环节，应能够积极参与讨论，发表自己的看法和见解，并与同学进行有效的交流和沟通
实践心得	

模块三 吟诵真切情感：诗歌艺术

模块导言

诗歌是一种历史悠久的文学体裁，具有抒情性、凝练性、含蓄性的特点。诗歌内容露少藏多，技法灵活多变，主旨曲深难求，往往读则意味深长，教则难臻其妙。因此，在诗歌教学中，应以恰当的方法引导学生学会鉴赏诗歌的艺术性。孙洙有言："熟读唐诗三百首，不会作诗也会吟。"在诵读中"玩索其语气，规仿其声调"，在反复品读的过程中体验词味、诗情。

学习目标

- 知识目标

1. 掌握中国诗歌的发展简史。
2. 了解《诗经》、唐诗和宋词的不同特点。

- 能力目标

1. 能够理解古典诗词背后的文化内涵和人文精神。
2. 能够鉴赏古典诗词之美。

- 素质目标

1. 激发对诗歌的兴趣。
2. 培养对我国传统诗歌的审美追求，增强对中华民族优秀传统文化的认同感和自信心。

美的探寻

主题
浪漫之源——追溯诗歌的历史

五千年文化，三千年诗韵。中国有着悠久的历史，也有着灿烂的文化。回望五千年文化史，我国的诗歌经历了“原始歌谣→先秦诗歌(《诗经》《楚辞》）→两汉诗歌（汉赋、汉乐府诗、古诗十九首）→魏晋诗歌（建安诗歌、两晋诗歌）→南北朝民歌→唐诗→宋词→元曲→明清诗歌→现代诗”的发展历程，涌现出了无数优美的诗篇。它们如同一粒粒金珠宝玉串成了中华文明的“皇冠”。下面，选取几个阶段一起学习和探索中国诗歌之美。

浪漫之源
——追溯诗歌
的历史

一、《诗经》简介

《诗经》是我国最早的一部诗歌总集，它收集了我国公元前11世纪到前6世纪的诗歌作品，共有305篇，代表了从西周初年到春秋中叶大约500年间的诗歌创作水平。其作者大部分已不能确定，但可以确定有不少是平民百姓。这些诗篇至迟在孔子出生以前就已编定，后来经过孔子删编整理和评价，被推为儒家经典，列为“五经”之一。

《诗经》中的作品本来都是合乐的歌词，因此按乐调分为风、雅、颂三部分。“风”是指不同地区的地方音乐，包括周南、召南等15国的160首诗歌，大多属民间歌谣，如大家非常熟悉的《关雎》就选自《国风·周南》。“雅”分为小雅、大雅，共105首诗歌，比较有名的如《采薇》《蓼莪》。

蓼蓼者莪，匪莪伊蒿。哀哀父母，生我劬劳。

蓼蓼者莪，匪莪伊蔚。哀哀父母，生我劳瘁。

瓶之罄矣，维罍之耻。鲜民之生，不如死之久矣。无父何怙？无母何恃？出则衔恤，入则靡至。

父兮生我，母兮鞠我。拊我畜我，长我育我，顾我复我，出入腹我。欲报之德，昊天罔极！

南山烈烈，飘风发发。民莫不谷，我独何害！

南山律律，飘风弗弗。民莫不谷，我独不卒！

——《小雅·蓼莪》

这是一首悼念父母的祭歌，孝思之情对后世影响很大。

“颂”分为周颂、鲁颂、商颂，共40首诗歌，大多是朝廷和贵族宗庙祭祀的乐歌。《诗经》的艺术表现手法一般分为赋、比、兴三种。“赋”是直接铺陈和描写客观事物；“比”，“以彼物比此物也”，就是比喻；“兴”，“先言他物以引起所咏之词也”，就是联想，触景生情，一般用于诗歌的开头。《诗经》的形式主要采用四言体，兼有少量的杂言，重章叠句，铿锵有力，词句清新，一唱三叹，对后世的诗歌创作产生了深刻的影响，为中国诗歌的发展奠定了稳固的基础。

《诗经》的内容，真实而深刻地反映了当时的社会现实，是我国古典文学现实主义传统的光辉起点。特别是那些来自各地的民歌，反映了劳动人民的悲惨生活，歌颂了青年男女之间的纯洁爱情，表达了他们反对剥削、渴望幸福与和平的心声。历代学者对《诗经》的研究，促成了中国文化中“诗经学”的建立。

《诗经》以后，就是以屈原（约公元前340—公元前278年）（图3-1）、宋玉约公元前298—公元前222年（图3-2）为代表的文人创作诗歌“楚辞”，其中著名的是《离骚》。其后2000多年，诗歌以其独特的魅力，由汉而唐而宋元明清，从未断绝，惊艳了时光，温柔了岁月。

图3-1 屈原

图3-2 宋玉

王国维在他的《宋元戏曲考》自序中提出一个著名的论断：

凡一代有一代之文学：楚之骚，汉之赋，六代之骈语，唐之诗，宋之词，元之曲，皆所谓一代之文学，而后世莫能继焉者也。

——王国维

这段话的意思是说，每一阶段有每一阶段独特的文学样式。

二、唐诗简介

诗歌发展到唐代，进入了高度繁荣的阶段。以数量而论，清代编定的《全唐诗》共录作者2200余位，诗作48900余首，还有许多散失的作品未能包括在内，可称盛况空前；以诗体而论，以由“永明体”发展而来的“近体诗”（即格律诗）为主，其中又分五律、七律，五绝、七绝，其他五言、七言古体诗以及杂言歌行诗也占不小比例，可称百花争艳；以风格而论，或悲壮，或苍凉，或细密，或粗犷，或幽远，或飘逸，或诡异，或豪放，实在难论穷尽，可称色彩缤纷。虽然过去1000多年了，但人们一说到唐诗，都能脱口而出几首。

床前明月光，疑是地上霜。

——李白《静夜思》

两个黄鹂鸣翠柳，一行白鹭上青天。

——杜甫《绝句》

千山鸟飞绝，万径人踪灭。

——柳宗元《江雪》

闻一多先生曾说：“一般人爱说唐诗，我却要讲‘诗唐’，‘诗唐’者，诗的唐朝也。”在闻一多看来，不是唐朝成就了诗歌，而是诗歌成就了唐朝，故而诗歌成了唐朝的标志符号。

那么这个“标志符号”的具体表现又是什么呢？

外在标志就是作家作品众多：初唐四杰、李杜、王孟、高岑、元白、小李杜……内涵表征就是大作家多、诗歌创作水平高：“李杜文章在，光焰万丈长。”先有王绩作《野望》，魏徵作《述怀》等，开了平淡清新之风。至“初唐四杰”——王勃、杨炯、卢照邻、骆宾王，诗风为之一变，更有陈子昂高举诗歌革新的旗帜，提倡“汉魏风骨”，并以自己的创作实践，开盛唐雄健诗风。而被称为“沈宋”的沈佺期、宋之问则大作律诗、绝句，对创立近体诗做出了重要贡献。从开元到大历的50余年间，唐诗到达一个辉煌的境界，有两大流派、两大巨星照耀诗坛。一派是以高适、岑参为代表的“边塞诗派”，描写边塞奇丽、雄阔的自然景象，抒发驰骋疆场、建功立业的情怀。如高适的《燕歌行》，岑参的《白雪歌送武判官归京》《走马川行奉送出师西征》以及王昌龄的《出塞》《从军行》等，都是千古传诵的名作。另一派是以王维、孟浩然为代表的“田园诗派”，描写秀丽恬淡的山川美景，营造一种清疏淡远的意境，如王维的《山居秋暝》《积雨辋川庄作》和孟浩然的《过故人庄》《夜归鹿门歌》等。两大巨星一是李白（字太白，号青莲居士，701—762年），二是杜甫（字子美，号少陵野老，712—770年）。李白狂放不羁，藐视权贵，所作诗歌词句如行云流水，风格飘逸绝尘，具有浪漫主义色彩，被奉为“诗仙”。他的诗作有如天马行空，驭万里风云，代表作有《梦游天姥吟留别》《将进酒》《蜀道难》《行路难》等。杜甫忧国忧民，心系治乱，所作诗歌词句凝练精湛，风格沉稳跌宕，更多表现了现实主义精神，被誉为“诗圣”。他的诗作有如田牛耕地，体验现实的艰辛，代表作有《自京赴奉先县咏怀五百字》《茅屋为秋风所破歌》《兵车行》《丽人行》等。

诗至中唐已无盛唐时的恢宏气象，因国家衰败而致民众疾苦，诗歌更多反映了人民的苦难。白居易（字乐天，号香山居士，772—846年）继承杜甫的现实主义传统，与好友元稹倡导“新乐府”运动，主张诗歌反映民生，针砭时弊，创作了许多浅显易懂的社会讽喻诗，尤以《秦中吟》《长恨歌》《琵琶行》等著名。因二人活跃在元和年间，这种诗歌被称为“元和体”，白居易也成为唐代第三大诗人。这一时期，还有元结、顾况、刘长卿、韦应物、韩愈、贾岛、孟郊、张籍、王建、柳宗元、李贺等，特别是李贺（约790—约816年），以其奇特惊人的想象和浪漫情调及诡异惊绝的词句，在诗坛上独树一帜。晚唐诗坛笼罩着哀伤凄凉的气氛，成就最大者当数李商隐和杜牧，二人被合称为“小李杜”。李商隐特色独具，作诗多借形象，寓意含蓄，极富象征意义和美学价值。

唐诗繁荣原因成为元明以来文人的一个热门话题，当代研究名家也见解迭出。蒋寅先生认为，主要是君主提倡、科举考试形成了有力的外部激励机制，内部形成了一套完备的游戏规则——近体诗格律。近体诗这种新诗体的出现，极大地激发了诗人的创造力，经过多年的演进，推动诗歌达到了艺术创造的顶峰！

三、宋词简介

宋词是中国古代文学皇冠上光辉夺目的一颗巨钻，她以姹紫嫣红、千姿百态的风情，与唐诗争奇，与元曲斗妍，历来与唐诗并称双绝。

词是一种可以配乐歌唱的新体抒情诗。相较近体诗，词大多句法长短参差、音乐抑扬顿挫、韵律错综复杂，长于抒情，所谓“诗庄词媚”。

宋词一般分为两大派别。一为婉约，以柳永、晏殊、李清照、周邦彦等为代表，他们的词多侧重儿女风情。

多情自古伤离别，更那堪，冷落清秋节！今宵酒醒何处？杨柳岸，晓风残月。

——柳永《雨霖铃》

无可奈何花落去，似曾相识燕归来，小园香径独徘徊。

——晏殊《浣溪沙》

莫道不销魂，帘卷西风，人比黄花瘦。

——李清照《醉花阴》

二为豪放，以苏轼、辛弃疾等为代表，他们的词气势恢宏，慷慨激昂，充满着澎湃的感情。

大江东去，浪淘尽，千古风流人物。

——苏轼《念奴娇》

想当年，金戈铁马，气吞万里如虎。

——辛弃疾《永遇乐》

宋诗虽然不是诗坛唯一的诗体，但是仍保持独立的格调。宋初曾有一些诗人模仿李商隐互相酬唱，其作品被编为《西昆酬唱集》，这些诗作辞藻艳丽而内容贫乏，被称为“西昆体”。欧阳修、梅尧臣等人提倡诗体革新，至苏轼而气势雄壮，意象恢宏，诗情自由奔放，苏轼也以其不尽的才情成为诗坛泰斗。随后即有黄庭坚主张作诗“无一字无来历”，提倡“点铁成金”“脱胎换骨”，形成著名的“江西诗派”，在宋代诗坛影响巨大。南宋诗坛有尤袤、杨万里、范成大、陆游，号为“尤、杨、范、陆”四大家，而以陆游（字务观，号放翁，1125—1210年）为第一大诗人。他一腔忠烈，慷慨悲愤，爱国诗词熔铸血泪，一生作诗达一万多首，现存有九千多首，至临终绝笔云：“死去元知万事空，但悲不见九州同。王师北定中原日，家祭无忘告乃翁。(《示儿》)”宋末的文天祥则以《正气歌》和《过零丁洋》中所表达的杀身报国的英雄精神，成为南宋诗坛历史中光辉耀眼的一笔。

诗歌，作为人类情感、思想和体验的独特表达方式，经历了漫长而丰富多彩的发展历程。它如同一幅宏大的画卷，展现着人类文明的历史长河。

美感体验

岳阳楼记

［北宋］范仲淹

庆历四年春，滕子京谪守巴陵郡。越明年，政通人和，百废具兴。乃重修岳阳楼，增其旧制，刻唐贤今人诗赋于其上。属予作文以记之。

予观夫巴陵胜状，在洞庭一湖。衔远山，吞长江，浩浩汤汤，横无际涯；朝晖夕阴，气象万千。此则岳阳楼之大观也。前人之述备矣。然则北通巫峡，南极潇湘，迁客骚人，多会于此，览物之情，得无异乎？

若夫淫雨霏霏，连月不开；阴风怒号，浊浪排空；日星隐曜，山岳潜形；商旅不行，樯倾楫摧；薄暮冥冥，虎啸猿啼。登斯楼也，则有去国怀乡，忧谗畏讥，满目萧然，感极而悲者矣。

至若春和景明，波澜不惊，上下天光，一碧万顷；沙鸥翔集，锦鳞游泳，岸芷汀兰，郁郁青青。而或长烟一空，皓月千里，浮光跃金，静影沉璧；渔歌互答，此乐何极！登斯楼也，则有心旷神怡，宠辱偕忘，把酒临风，其喜洋洋者矣（图3-3）。

嗟夫！予尝求古仁人之心，或异二者之为，何哉？不以物喜，不以己悲；居庙堂之高则忧其民；处江湖之远则忧其君。是进亦忧，退亦忧。然则何时而乐耶？其必曰“先天下之忧而忧，后天下之乐而乐”乎。噫！微斯人，吾谁与归？

时六年九月十五日。

图3-3 岳阳楼

课堂讨论

1. 诗人通过这篇文章对岳阳楼的描写，表达了什么样的思想和情感？

2. 诗人如何通过自然景观的描写来表达他对人生、历史和社会的理解？自然景观在文章中所起的作用是什么？

自我检测

一、填空题

1.《诗经》中的作品按乐调分为风、________、________三部分。

2. ________是中国古代文学皇冠上光辉夺目的一颗巨钻，与元曲斗妍，历来与唐诗并称双绝。

二、简答题

1. 唐代被誉为中国诗歌的黄金时代。唐诗的繁荣和多样性在文学史上产生了怎样的影响？

2. 试举例《诗经》、唐诗或宋词中的一首经典作品并分析其文学价值。

美的赏析

主题一
悠悠我心——诗经的情真意切

青青子衿，悠悠我心。
纵我不往，子宁不嗣音？
青青子佩，悠悠我思。
纵我不往，子宁不来？
挑兮达兮，在城阙兮。
一日不见，如三月兮！

——《诗经·郑风·子衿》

悠悠我心——诗经的情真意切

爱情与婚姻是文学永恒的主题。自人类进入文明社会以来，随着人的个性、自我意识及性意识的觉醒和发展，便产生了爱情。随着爱情的产生，就出现了家庭，同时产生了大量的爱情婚姻诗篇。《诗经》305篇中，有着相当数量的爱情婚姻诗，下面简要介绍一下。

爱情究竟是什么？古今中外一代一代的人在心里叩问，用诗词去传诵，用音符去倾诉，用一生去探寻，这个问题可能永远没有终极答案。也正是因为如此，才给了人们一代代去探寻、传承、创作的意义。

一、最浪漫的邂逅

野有蔓草，零露漙兮。有美一人，清扬婉兮。邂逅相遇，适我愿兮。
野有蔓草，零露瀼瀼。有美一人，婉如清扬。邂逅相遇，与子偕臧。

——《郑风·野有蔓草》

郊野蔓草青青，缀满露珠晶莹。有位美丽姑娘，眉目流盼传情。有缘今日相遇，令我一见倾心。正如张爱玲在散文《爱》里面说："于千万人中遇见你所要遇见的人，于千万年之中，时间的无涯的荒野里，没有早一步，也没有晚一步，刚巧赶上了，那也没有别的话可说，唯有轻轻地问一声：噢，你也在这里吗？"

这首诗叙写一对男女不期而遇的欢乐：原本是两个互不相识的人，只因气质和形象的吸引，自然地走到了一起。促成他们结合的因素单纯而直接，激励他们生命叠合的仅仅是对“有美”之“美”的情感直觉，一人“清扬婉兮”的惊心动魄的感觉，将对异性的渴望确证为生命对人性真谛的追求。

二、最刻骨的相思

爱情，就是彼此永不止息的思念，是永远放不下的牵挂，是心甘情愿的牵绊。爱情里，最动人也最折磨人的莫过于相思。

彼采葛兮，一日不见，如三月兮！
彼采萧兮，一日不见，如三秋兮！
彼采艾兮，一日不见，如三岁兮！

——《王风·采葛》

那个采葛的人儿啊，一天没有见到他，好像隔了三月啊。
那个采蒿的人儿啊，一天没有见到他，好像隔了三季啊。
那个采艾的人儿啊，一天没有见到他，好像隔了三年啊。

这样的思念往往叫人抓狂，所谓相思成疾，可除了你，哪里还有解药呢？来看看《周南·汉广》（图3-4）里青年樵夫的相思之苦：

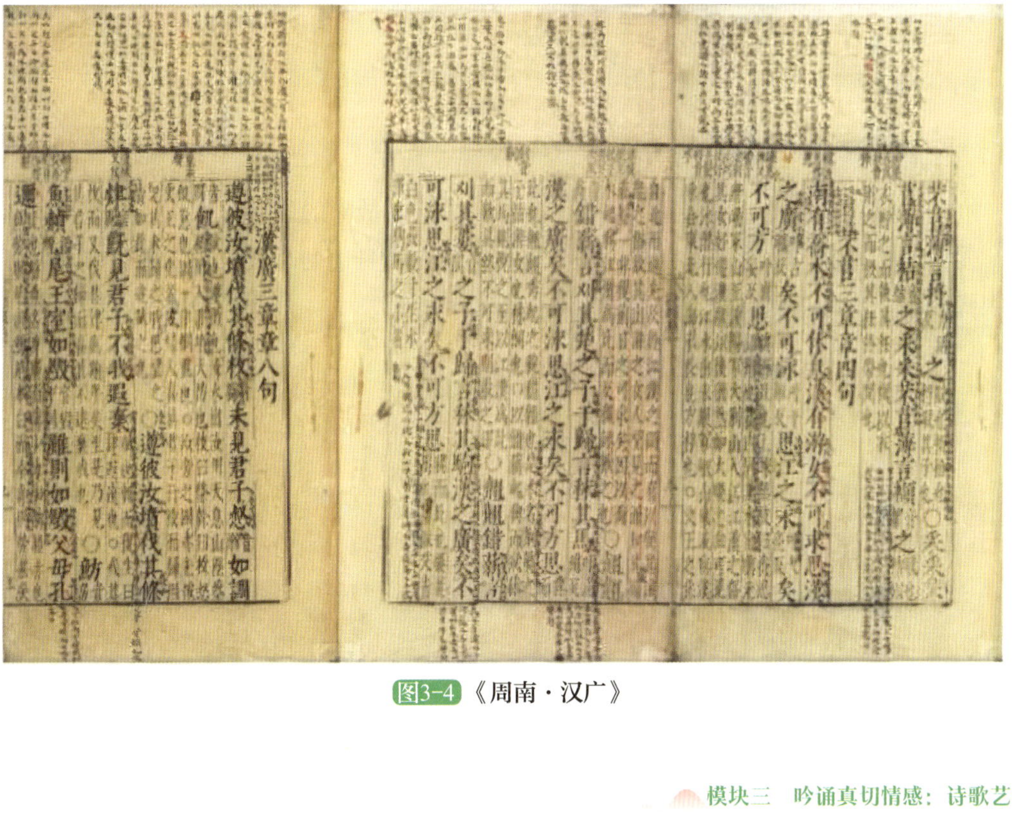

图3-4 《周南·汉广》

南有乔木，不可休思；汉有游女，不可求思。
汉之广矣，不可泳思；江之永矣，不可方思。
翘翘错薪，言刈其楚；之子于归，言秣其马。

汉之广矣，不可泳思；江之永矣，不可方思。
翘翘错薪，言刈其蒌；之子于归，言秣其驹。
汉之广矣，不可泳思；江之永矣，不可方思。

——《周南·汉广》

不知道是幸运还是不幸，青年樵夫有一天出门砍柴，在江边偶遇一位少女，并且深深地爱上了她。爱情总是来得太快，只因为在人群中多看了她一眼，男子便害上了相思，从内心深处吟诵了这首情意缠绕的情歌。

你也许会问，樵夫为什么会爱上一个不会有结果的人呢？可是爱，往往就是没有理由的。爱不一定要拥有，也不一定要长相厮守。能看着自己爱的人已经得到完美的结局，虽然心有遗憾，又何尝不是一种欣慰呢？樵夫得不到回应的思念，就像汉江一样茫然无边际。虽则怅然，却很美丽。我爱你，与你无关；我爱你，仅此而已。

三、最甜蜜的约会

静女其姝，俟我于城隅。爱而不见，搔首踟蹰。
静女其娈，贻我彤管。彤管有炜，说怿女美。
自牧归荑，洵美且异。匪女之为美，美人之贻。

——《邶风·静女》

娴静的姑娘真可爱，约我到城角楼上来。可是她却故意躲起来，让我焦急让我找。

爱情有相思之苦，当然更有相见的甜蜜。当你在我身边的时候，我就感到春暖花开、鸟唱蝉鸣。

四、最美好的婚姻

既已两情相悦，更要琴瑟和鸣。

桃之夭夭，灼灼其华。
之子于归，宜其室家。

——《周南·桃夭》

桃花缀满枝杈，色彩鲜艳红似火。这个姑娘嫁过门啊，定使家庭和顺又美满。
桃花灼灼，不知迷了谁的眼。

宜言饮酒，与子偕老。
琴瑟在御，莫不静好。

——《郑风·女曰鸡鸣》

我们就着美味来饮酒，恩爱万年长。你弹琴来我鼓瑟，夫妻安心好欢畅。
我能想到最浪漫的事，就是和你一起慢慢变老，一屋两人，三餐四季。

美感体验

蒹葭

蒹葭苍苍，白露为霜。所谓伊人，在水一方。
溯洄从之，道阻且长。溯游从之，宛在水中央。
蒹葭凄凄，白露未晞。所谓伊人，在水之湄。
溯洄从之，道阻且跻。溯游从之，宛在水中坻。
蒹葭采采，白露未已。所谓伊人，在水之涘。
溯洄从之，道阻且右。溯游从之，宛在水中沚。

《诗经·秦风》

图3-5《蒹葭》之景

大片的芦苇密又繁，清晨的露水变成霜。我所怀念的心上人啊，就站在对岸河边上。
逆流而上去追寻她，追随她的道路险阻又漫长。顺流而下寻寻觅觅，她仿佛在河水中央。
芦苇凄清一大片，清晨露水尚未晒干。我那魂牵梦绕的人啊，她就在河水对岸。
逆流而上去追寻她，那道路高又陡。顺流而下寻寻觅觅，她仿佛在水中小洲。
河畔芦苇繁茂连绵，清晨露滴尚未被蒸发完。我那苦苦追求的人啊，她就在河岸一边。
逆流而上去追寻她，那道路弯曲又艰险。顺流而下寻寻觅觅，她仿佛在水中的沙滩。

诗的每章开头都采用了赋中见兴的笔法。通过对眼前真景的描写与赞叹，描绘出一个空灵缥缈的意境，笼罩全篇。诗人抓住秋色独有的特征，不惜用浓墨重彩反复进行描绘、渲染深秋空寂悲凉的氛围，以抒写诗人怅然若失而又热烈企慕的心境。诗每章的头两句都是以秋景起兴，引出正文。它既点明了季节与时间，又渲染了蒹葭露白的凄清气氛，烘托了人物怅惘的心情，达到了寓情于景、情景交融的艺术境地。“蒹葭”“水”和“伊人”的形象交相辉映，浑然一体，用作起兴的事物与所要描绘的对象形成一个完整的艺术世界。开头写秋天水边芦苇丛生的景象，这正是“托象以明义”，具有“起情”的作用。因为芦苇丛生，又在天光水色的映照之下，必然会呈现出一种迷茫的境界，这就从一个侧面显示了诗的主人公心中的那个“朦胧的爱”的境界。

王夫之《姜斋诗话》说：“关情者景，自与情相为珀芥也。情景虽有在心在物之分。而景生情，情生景，哀乐之触，荣悴之迎，互藏其宅。”《蒹葭》(图3-5)这首诗就是把暮秋特有景色与人物委婉惆怅的相思感情浇铸在一起，从而渲染了全诗的气氛，创造了一个扑朔迷离、情景交融的意境，正是“一切景语皆情语”的体现。

《蒹葭》诗的丰富美感，不论是从欣赏的角度，还是从创作的角度，颇值得我们重视和予以认真探讨。

课堂讨论

1. 诗中“蒹葭苍苍，白露为霜”等景物描写有何作用？这些景物描写如何与诗人的情感表达相结合？

2.《蒹葭》的主题思想是什么？这首诗如何反映了人类对于理想、爱情或其他事物的普遍追求以及面临的困境？

自我检测

一、填空题

1. “野有蔓草，零露溥兮。有美一人，清扬婉兮。邂逅相遇，适我愿兮。”出自

《诗经》中的________。

2.《蒹葭》诗的每章开头都采用了________的笔法，描绘出一个空灵缥缈的意境，笼罩全篇。

二、简答题

1. 请简述《诗经》中《关雎》这首诗的主要内容和主题。

2.《诗经》中的诗歌在古代社会中扮演了怎样的角色？它们如何影响了当时的社会习俗、宗教仪式和政治生活？

主题二

挚友之情——唐诗的离愁别绪

俗话说“黄金万两容易得，知己一个也难求”。古人很重视朋友关系，他们或志同道合，或患难与共，或相互推崇，或惺惺相惜，朋友在一个人的生命中产生重大影响，发挥巨大作用。多少真挚的友情，因诗词而长存。

而在这些友情诗里，尤以唐代送别诗最为突出。“莫愁前路无知己，天下谁人不识君”，是激励；“桃花潭水深千尺，不及汪伦送我情”，是真挚；“劝君更尽一杯酒，西出阳关无故人”，是牵挂；“晚来天欲雪，能饮一杯无”？是温暖；“洛阳亲友如相问，一片冰心在玉壶”，是告慰。在诗人的笔下他们的友情仿佛穿透了时间，千年之后依旧熠熠生辉。

送杜少府之任蜀州

［唐］王勃

城阙辅三秦，风烟望五津。
与君离别意，同是宦游人。
海内存知己，天涯若比邻。
无为在歧路，儿女共沾巾。

图3-6《送杜少府之任蜀州》

一、最有名的送别

望眼整个唐诗界，最有名的送别诗当数王勃的《送杜少府之任蜀州》（图3-6）。离别虽伤怀，但更多的时候会选择给友人以勉励。这是诗人在长安送别杜少府到四川做官时所作的送别诗。前两句对仗严整，气势开阔，关合长安和蜀州。三、四句以散调相承，以实转虚，惺惺相惜。五、六句“海内存知己，天涯若比邻”，奇峰突起，高度概括了“友情深厚，江山难阻”的情景，传之千古，有口皆碑。结尾不做悲酸语，是诗人对朋友的劝慰，也表达了自己旷达的胸怀。

王之涣的《登鹳雀楼》虽然不是专门的送别诗，但因其清新高远的意境和流畅的表达方式，被广泛传诵，并在送别场合中经常引用。

登鹳雀楼

［唐］王之涣

白日依山尽，黄河入海流。
欲穷千里目，更上一层楼。

这首诗描绘了从鹳雀楼眺望远方的壮丽景色，通过描写日落和黄河的流向，表达了诗人心胸开阔、志向高远的思想。诗末一句“欲穷千里目，更上一层楼”，既能作为送别时对朋友的勉励，也能表现出诗人对人生的远大理想和对未来的美好期望。

其实，最好的感情，不必朝夕相处，也不必寸步不离，而是人远心不远，即使不联系却依然惦记。

二、最硬气的送别

白雪歌送武判官归京

［唐］岑参

北风卷地白草折，胡天八月即飞雪。
忽如一夜春风来，千树万树梨花开。
散入珠帘湿罗幕，狐裘不暖锦衾薄。
将军角弓不得控，都护铁衣冷难着。
瀚海阑干百丈冰，愁云惨淡万里凝。
中军置酒饮归客，胡琴琵琶与羌笛。
纷纷暮雪下辕门，风掣红旗冻不翻。
轮台东门送君去，去时雪满天山路。
山回路转不见君，雪上空留马行处。

有人说，盛唐如果没有了岑参和高适，唐诗就少了“那根最硬的骨头”。岑参是诗人，但他更是一个战士。一壶烈酒，一匹战马，漫天飞雪。“兄弟，回去给家人带句好，今年我又不能回去啦。”边塞苦寒，送别战友，没有离愁，只有豪迈。

《别董大二首·其一》

［唐］高适

千里黄云白日曛，北风吹雁雪纷纷。
莫愁前路无知己，天下谁人不识君。

《别董大二首·其一》是高适的名作，这首诗用简练而生动的语言，既描绘了送别时的自然景象，又传达了诗人对友人的深情厚谊和鼓励。前两句通过写景表现了离别的凄凉氛围，后两句则通过劝解和赞美提升了诗的情感层次，使得整首诗在悲凉中透出一种积极向上的力量。高适在这首诗中既表现了离别的惆怅，又表达了对友人未来的信心和希望，使得这首诗成为送别诗中的经典之作。

三、最伤感的送别

元和十年（815年）春天，柳宗元和刘禹锡再次联袂从长安南下，又一次在衡阳挥泪送别。这次分别仿佛有了生离死别的预感，柳宗元竟然三连发，连作三首别离诗。

衡阳与梦得分路赠别

［唐］柳宗元

十年憔悴到秦京，谁料翻为岭外行。
伏波故道风烟在，翁仲遗墟草树平。
直以慵疏招物议，休将文字占时名。
今朝不用临河别，垂泪千行便濯缨。

再授连州至衡阳酬柳柳州赠别

［唐］刘禹锡

去国十年同赴召，渡湘千里又分歧。
重临事异黄丞相，三黜名惭柳士师。
归目并随回雁尽，愁肠正遇断猿时。
桂江东过连山下，相望长吟有所思。

一向乐观的刘禹锡没有在诗句中安慰柳宗元，反而同他一样悲观愁苦：想要归去的目光随着北归的大雁消失在天尽头，心中愁肠百结，耳边凄厉的猿啼，更添郁结之情。然而见挚友孤身一人，又一脸愁苦，刘禹锡还是忍不住宽慰对方，柳州和连州之间有桂江相连，桂江向东流过连山下时，相隔两地的你我可以远远相望，吟诵《有所思》。——世界再苦，依然有我这个朋友在这里，充当你的精神支柱，你不要觉得只剩下自己一个人。

看到刘禹锡的诗，柳宗元心情稍稍平复了些，为了支撑自己活下去，为自己树立一个希望：盼着有朝一日告老还乡，回家种地，两人还能相伴做邻居。

重别梦得

［唐］柳宗元

二十年来万事同，今朝岐路忽西东。

皇恩若许归田去，晚岁当为邻舍翁。

刘禹锡何尝不是如此呢？分别之际他就挂念着两人何日才能重逢相聚。

答柳子厚

［唐］刘禹锡

年方伯玉早，恨比四愁多。

会待休车骑，相随出罻罗。

得到刘禹锡的回应，柳宗元的惜别之情更胜之前，记挂着什么时候才能携手相归。

三赠刘员外

［唐］柳宗元

信书成自误，经事渐知非。

今日临岐别，何年待汝归。

刘禹锡尽量开解他，约好老去还乡相伴。

重答柳柳州

［唐］刘禹锡

弱冠同怀长者忧，临岐回想尽悠悠。

耦耕若便遗身世，黄发相看万事休。

可惜天不遂人愿，两个人都没想到，这一别不是生离，而是死别。在柳州待了五年，柳宗元病逝，还不到五十岁。“皇恩若许归田去，晚岁当为邻舍翁”的承诺他是再也无法兑现了。但俩人之间这种真挚友情，有如夜空中的明月，又如黑暗中的烛光，千百年来，一直照亮着中国文坛与政坛的一片天空。

其实人的一生就是不断地离别：与年少无忧无虑的时光离别，与一段荡气回肠的感情离别，与沿途的风景离别……但时间的长河里的一切，无不是“别时容易见时难”。

芙蓉楼送辛渐

［唐］王昌龄

寒雨连江夜入吴，平明送客楚山孤。
洛阳亲友如相问，一片冰心在玉壶。

这是一首送别诗。首句从昨夜秋雨写起，为送别设置了凄清的气氛。前两句中的“平明”点明送客的时间；“楚山孤”，既写出了友人的去向，又暗含了自己送客时的心情。三、四句，写的是自己，仍与送别之意相吻合。因为辛渐是诗人的同乡，辛渐返乡，亲友一定要问到诗人的情况，所以诗人送别辛渐时特别嘱托他：“家乡的亲友如果问到我现在的情况，你就说，我的为人就像那晶莹剔透的一块冰，装在洁白的玉壶之中。”表明自己不为遭贬而改变玉洁冰清的节操。构思新颖，委屈、怨恨之情含而不露。

“寒雨连江夜入吴”，迷蒙的烟雨笼罩着吴地江天，织成了无边无际的愁网。夜雨增添了萧瑟的秋意，也渲染出离别的黯淡气氛。那寒意不仅弥漫在满江烟雨之中，更沁透在两个离人的心头。“连”字和“入”字写出雨势的平稳连绵，江雨悄然而来的动态能为人分明地感知，则诗人因离情萦怀而一夜未眠的情景也自可想见。

“一片冰心在玉壶”是诗眼，但历来人们都认为“玉壶”与“冰心”一样，都指人的品德美好，这不符合实际。“玉壶”具有多义性，它可以指酒壶、月亮、灯、滴漏等。把“玉壶”解释为酒壶，既是推杯换盏时的谐谑，也极符合王昌龄当时的心态。全诗音调谐美，诗风沉郁，又采用问答形式，别开生面。

这一幅水天相连、浩渺迷茫的吴江夜雨图，展现了一种极其高远壮阔的境界。王昌龄将听觉、视觉和想象概括成连江入吴的雨势，以大片淡墨染出满纸烟雨，这就用浩大的气魄烘托了“平明送客楚山孤”的开阔意境。清晨，天色已明，辛渐即将登舟北归。诗人遥望江北的远山，想到行人不久便将隐没在楚山之外，孤寂之感油然而生。在辽阔的江面上，进入诗人视野的当然不止是孤峙的楚山，浩荡的江水本来是最易引起别情似水的联想的，唐人由此而得到的名句也多得不可胜数。然而王昌龄没有将别愁寄予随友人远去的江水，却将离情凝注在矗立于苍莽平野的楚山之上。因为友人回到洛阳，即可与亲友相聚，而留在吴地的诗人，却只能像这孤零零的楚山一样，伫立在江畔空望着流水逝去。一个“孤”字如同感情的引线，自然而然牵出了后两句临别叮咛之辞：“洛阳亲友如相问，一片冰心在玉壶。”诗人从清澈无瑕、澄空见底的玉壶中捧出一颗晶亮纯洁的冰心以告慰友人，这就比任何思乡的言辞都更能表达他对洛阳亲友的深情。

课堂讨论

1. 诗开头描写了“寒雨连江夜入吴”的景象，这一环境描写如何为整首诗的情感基调奠定基础？它如何体现离别的沉重和凄凉？

2. 结尾提到“洛阳亲友如相问，一片冰心在玉壶”。这句话表达了诗人怎样的情感？“冰心”这一比喻如何反映诗人对友情的忠诚和纯洁的心境？

自我检测

一、填空题

1. 王勃的《送杜少府之任蜀州》五、六句________，奇峰突起，高度概括了“友情深厚，江山难阻”的情景，传之千古，有口皆碑。

2. 王昌龄的《芙蓉楼送辛渐》，首句从昨夜秋雨写起，为送别设置了凄清的气氛。前两句中的________点明送客的时间。

二、简答题

1. 唐代诗人如何在诗歌中表现离别的情感？请列举几首唐诗并分析其中离别主题的具体表现和艺术手法。

2. 唐代的社会背景和政治环境对诗人离愁别绪的表达有何影响？请结合具体诗作分析社会背景如何影响诗歌主题和情感。

主题三
赤胆忠心——宋词的家国情怀

病起书怀

［宋］陆游

病骨支离纱帽宽，孤臣万里客江干。
位卑未敢忘忧国，事定犹须待阖棺。
天地神灵扶庙社，京华父老望和銮。
出师一表通今古，夜半挑灯更细看。

赤胆忠心——宋词的家国情怀

本诗于淳熙三年（1176年）四月作于成都。陆游在被免官后病了二十多天，病愈后写了此诗，共二首，这里选的是第一首。诗人想到自己一生屡遭挫折，壮志难酬，而年事已高，自然有着深深的慨叹和感伤；但他在诗中说一个人盖棺方能论定，表明诗人对前途仍然充满着希望。“位卑未敢忘忧国”成了后世许多忧国忧民的寒素之士用以自警自励的名言。

对每个中国人来说，爱国是本分，也是职责，是心之所系、情之所归。爱国，是一个人立德之源、立功之本。在爱国主义的驱动下，一代又一代中华儿女为祖国发展繁荣自强不息、不懈奋斗，书写了中华民族生生不息的壮阔历史。家是最小国，国是千万家，每个人的生命体验都与家国紧密相连。正如孟子所言“天下之本在于国，国之本在于家，家之本在于身”，中国人重视家，忠于国，家国情怀自古便深深扎根在国人内心深处。而宋词以其“能言诗之所不能言”的内在美，“长短不一”的形式美开拓了中国古典文学的又一高峰，其中的大量爱国篇章，以寥寥数语勾勒出无尽的家国情怀，读来最是令人动容。

一、身老亦未忘国忧

诉衷情

［宋］陆游

当年万里觅封侯，匹马戍梁州。
关河梦断何处？尘暗旧貂裘。
胡未灭，鬓先秋，泪空流。
此生谁料，心在天山，身老沧洲。

陆游是南宋著名爱国诗人，他的“位卑未敢忘忧国”“家祭无忘告乃翁”的爱国诗句，激励着一代代热血青年。诗人作《诉衷情》这首词时已年近七十，虽身老沧洲，心却在抗敌前线，这种到老都不忘祖国统一的浓烈爱国情怀，读来悲壮却不沉郁，愤懑却不消沉，成就了他词作风骨凛然的崇高美。

二、醉梦沙场谋国事

破阵子 为陈同甫赋壮词以寄之

［宋］辛弃疾

醉里挑灯看剑，梦回吹角连营。
八百里分麾下炙，五十弦翻塞外声。沙场秋点兵。
马作的卢飞快，弓如霹雳弦惊。
了却君王天下事，赢得生前身后名。可怜白发生！

辛弃疾，宋代豪放派词人代表。本词从梦境入笔，反复描写梦中之景，表达了词人渴望为国家效力的强烈决心，为了国家统一，纵使马革裹尸也在所不辞。结尾句“可怜白发生”极为沉痛，既有壮志难酬、报国无门的悲愤，又有年华老去的无奈，读来令人感慨。

三、浊酒一杯家国事

渔家傲 秋思

［宋］范仲淹

塞下秋来风景异，衡阳雁去无留意。
四面边声连角起，千嶂里，长烟落日孤城闭。
浊酒一杯家万里，燕然未勒归无计。
羌管悠悠霜满地，人不寐，将军白发征夫泪。

提起范仲淹，大家首先想到的就是他流传千古的名句：“先天下之忧而忧，后天下之乐而乐。”其实范仲淹的词开了宋代豪放派的先声，他让词从闺阁走向了广阔天地。这首《渔家傲》写于他任陕西经略副使兼延州知州时。身处西北边陲的他，看到秋天来了，寒风萧瑟，满目荒凉，连大雁都“无留意”了，想着战争还没结束，功名还未建立，只能将反对外敌进扰的决心和巩固边防的意愿和着浓浓的思乡之情付诸一杯浊酒。同时，在忠孝难以两全的矛盾里，他用实际行动诠释了中国传统士大夫的责任意识和使命意识。

四、怒发冲冠忠报国

满江红

［宋］岳飞

怒发冲冠，凭栏处、潇潇雨歇。
抬望眼，仰天长啸，壮怀激烈。
三十功名尘与土，八千里路云和月。
莫等闲，白了少年头，空悲切！
靖康耻，犹未雪；臣子恨，何时灭？
驾长车、踏破贺兰山缺。
壮志饥餐胡虏肉，笑谈渴饮匈奴血。
待从头、收拾旧山河，朝天阙。

上阕集中抒发抗金名将岳飞要为国家建立功业的急切心情，连用“怒发冲冠”“壮怀激烈”的夸张词语，极写他的悲愤之情。下阕首先表明对金朝进扰者的深仇大恨；再写统一祖国的殷切愿望；最后，表达忠于朝廷的赤诚之心。至此，不顾自己性命安危、不计个人功名，国耻未雪无以家为的英雄岳飞的形象已经跃然纸上。一寸山河一寸血，他的这种还我河山的精神，永不过时！从此以后，《满江红》成为爱国第一词牌。

家国情怀不仅是宋词的主旋律，更是中国人最重要、最永恒的命题。它从来不是抽象的，它扎根于词人“何处望神州，满眼风光北固楼”的人生际遇中；它也不是遥远的，它藏在“老夫聊发少年狂，左牵黄，右擎苍”的激昂壮志里。我们热爱我们的家国，因为家国就是我们的生命，而我们的生命也因家国更精彩。

美感体验

江城子·密州出猎

［宋］苏轼

老夫聊发少年狂，
左牵黄，右擎苍，
锦帽貂裘，千骑卷平冈。
为报倾城随太守，
亲射虎，看孙郎。
酒酣胸胆尚开张，
鬓微霜，又何妨！
持节云中，何日遣冯唐？
会挽雕弓如满月，西北望，射天狼。

这首词通篇纵情放笔，气概豪迈，一个“狂”字贯穿全篇。随之接下去的四句写出猎的雄壮场面，表现了猎者威武豪迈的气概：词人左手牵黄犬，右臂驾苍鹰，好一副出猎的雄姿！随从武士个个也是“锦帽貂裘”，打猎装束。千骑奔驰，腾空越野，好一幅壮观的出猎场面！为报全城士民盛意，词人也要像当年孙权射虎一样，一显身手。作者以少年英主孙权自比，更是显出东坡“狂”劲和豪兴来。

以上主要写“出猎”这一特殊场合下表现出来的词人举止神态之“狂”，下片由实而虚，进一步写词人“少年狂”的胸怀，抒发由打猎激发起来的壮志豪情。“酒酣胸胆尚开张”，东坡为人本来就豪放不羁，再加上“酒酣”，就更加豪情洋溢了。

词人酒酣之后，胸胆更豪，兴致益浓，总结了上片对外观景象的描述。接下来，作者倾诉了自己的雄心壮志：年事虽高，鬓发虽白，却仍希望朝廷能像汉文帝派冯唐持节赦免魏尚一样，对自己委以重任，赴边疆抗敌。那时，他将挽弓如满月，狠狠抗击西夏和辽的侵扰。

此作是千古传诵的东坡豪放词代表作之一。词中写出猎之行，抒兴国安邦之志，拓展了词境，提高了词品，扩大了词的题材范围，为词的创作开创了崭新的道路。作品融叙事、言志、用典为一体，调动各种艺术手段形成豪放风格，多角度、多层次地从行动和心理上表现了作者宝刀未老、志在千里的英风与豪气。

课堂讨论

1. 开头提到“老夫聊发少年狂”，这句话如何反映苏轼的心境和态度？它表达了词人怎样的情感和人生观？

2. “雕弓如满月”和“天狼”这两个意象如何反映词人的抱负和目标？它们在词中的作用是什么？

自我检测

一、填空题

1. ________以其“能言诗之所不能言”的内在美，“长短不一”的形式美开拓了中国古典文学的又一高峰。

2. ________是南宋著名爱国诗人，他的“位卑未敢忘忧国”“家祭无忘告乃翁”的爱国诗句，激励着一代代热血青年。

二、简答题

1. 宋词中如何表现词人的家国情怀？请分析几首具有代表性的宋词，探讨其中的家国情怀是如何通过语言、意象和情感表达出来的。

2. 将宋词中的家国情怀与其他文化中的类似主题进行比较，探讨不同文化如何表达对国家和民族的情感，以及其表现形式的异同。

美的实践

主题
经典再现——吟唱心中的诗歌

实践名称	诗词吟咏
实践目标	《经典咏流传》是一档以经典诗词为主题的音乐节目，通过现代化的演绎方式，让古典诗词焕发新的生命力，通过节目了解经典诗词的历史背景、作者背景及其文化意义，感受传统诗词在现代音乐演绎下的创新与变化，增强对中国传统文化和诗词艺术的认识和理解
实践内容	观看《经典咏流传》的节目，关注不同的诗词内容及其现代演绎方式。对节目中选用的经典诗词进行深入分析，了解其主题、意象及表达技巧。研究节目中诗词演绎的音乐风格、演唱方式及其创新点。撰写观后感，结合观看体验，对诗词的现代演绎进行评价和反思
实践步骤	（1）打开浏览器，输入中央广播电视总台《经典咏流传》栏目网址。确认网址无误后，点击进入网站首页 （2）观看过程中记录节目里涉及的经典诗词、演绎方式及演唱者的表现 （3）对节目中出现的诗词进行逐一分析，包括内容、风格、历史背景等 （4）分析现代演绎对传统诗词的影响，包括音乐风格、演唱技巧及视觉呈现等 （5）按照班级安排的时间和形式（如线上会议、面对面交流等），准备分享所观看的节目 （6）分享结束后，回顾整个实践过程，思考自己在鉴赏和分享中的收获和不足
注意事项	（1）注意节目中的细节，如音乐编排、舞台效果等，分析它们对诗词的表现有重要影响 （2）对节目中提到的经典诗词、作者背景进行适当查阅，以便更好地理解节目内容 （3）在撰写观后感时，保持客观和建设性的批评，尊重艺术创作的多样性
实践评价	（1）对于所选经典诗词能够正确理解，特别是诗词的背景、创作动机和文学价值，以确保分享时有足够的内容可谈 （2）分享内容逻辑清晰，能够吸引同学们的注意力并帮助同学了解传统文化在现代社会中的地位和影响 （3）在交流互动环节，应能够积极参与讨论，发表自己的看法和见解，并与同学进行有效的交流和沟通
实践心得	

模块四 倾听旋律之声：音乐艺术

模块导言

音乐是以各种乐音为表现对象，通过人们的听觉反应引起审美活动的一种艺术形式。由于人的听觉范围相对于视觉和嗅觉要大得多，并且极易被唤起，因而音乐是人们普遍喜爱的一种艺术样式。音乐艺术具有跨越文化和语言障碍的力量，能够触动人们的心灵，激发想象力，并促进情感交流。

学习目标

• 知识目标

1. 了解音乐之美。
2. 了解感知和欣赏音乐之美的方法。

• 能力目标

1. 能够初步感知和欣赏音乐之美。
2. 能够尝试和创造音乐之美。

• 素质目标

1. 培养对音乐艺术的热爱。
2. 培养正确的审美观。
3. 提升对音乐艺术的文化理解、审美感知、艺术表现、创意实践等素养。

美的探寻

主题

沉醉音乐——感受音乐之美的方法

音乐从古至今有夏商时期音乐、西周和东周时期音乐、秦汉时期音乐、三国两晋南北朝时期音乐、隋唐时期音乐、宋元时期音乐、明清时期音乐、近代音乐、现代音乐和当代音乐。而西方音乐按照历史时期发展的先后，有古希腊罗马时期音乐、文艺复兴时期音乐、巴洛克时期音乐、古典主义时期音乐、浪漫主义时期音乐和二十世纪音乐等。中、西方不同时期的音乐具有不同的特点，它的发展符合该时期人们的审美需求和情感需求。《乐记》记载：“凡音之起，由人心生也。人心之动，物使之然也。感于物而动，故形于声。”音乐的声音变化与人内心的情感密切相关。

沉醉音乐——感受音乐之美的方法

一、领略音乐之美

音乐是美的。音乐之美，美在人人皆可欣赏，美在人人皆可体验。听《土耳其进行曲》，该曲的主题简洁而极其节奏化，全曲表现出一种童贞般的单纯。听《太行山上》，这首歌是为浴血奋战、抗击日本侵略者的抗日军民而创作的一首合唱曲。在这首歌曲中，冼星海将充满朝气的抒情性旋律同坚定有力的进行曲旋律有机地结合在一起，描绘了太行山里的游击健儿的战斗生活和勇敢顽强、乐观开朗的性格，使歌曲既充满战斗性、现实性，又具有革命浪漫主义的瑰丽色彩。

你感受到了吗？优美动听的旋律、充满生机的节奏、丰满浑厚的和声、绚丽多彩的音色，无不洋溢着生命的激情与活力，这就是音乐之美。

音乐催人奋进、音乐陶冶情操、音乐净化心灵，音乐还诠释着责任与使命。当你畅游在激昂的旋律中，聆听或演唱着振奋人心的歌曲时，你的心情是激情澎湃的；当轻柔、舒缓、优美的旋律回荡在你耳畔时，你如痴如醉，身体的疲惫和尘世间的烦恼顷刻间得到舒缓和淡忘；当你感受着音乐背后那一个个精彩、动人的故事时，你会感悟到你身上应有的那份责任、担当和使命。这就是音乐之美。

《土耳其进行曲》

《太行山上》

音乐还可以带来无尽的想象。音乐想象作为音乐素养的一部分，是实现创造性成果重要途径之一。当然，音乐想象力并不是所有人与生俱来的，音乐素养的提升可以使人们拥有更为宽广的想象空间。人们可以在充分尊重个体差异的空间里去发挥想象，收获创造，这就是音乐之美。

二、感受音乐之美

如何感受音乐之美，需要在音乐“实践”的旅途中带上问题去“旅行”。

1. 学会聆听音乐作品，挖掘音乐美的元素

当你第一次聆听、观看或表演音乐作品时，你要问自己：“体验过程中看到了一幅怎样的画面？该音乐作品表达了什么样的情感?”

对音乐的欣赏和体验可以多次。当你再次聆听、观看或表演音乐作品时，你需要事先了解音乐作品的创作背景和创作内容，尝试能否感受到音乐作品的中心主题和音乐作品的曲式结构？你认为音乐作品的美体现在哪里？

你还可以聆听并对比分析同时期或不同时期，不同类型的作品与该作品之间的关联与异同。

2. 参与表演，创造音乐美的体验

音乐教育哲学家韦恩·鲍曼说：“表演是贯通音乐之中的生活，是一种独特的事件，是一种实验与创造的存在方式，具有妙不可言的意味。”进行音乐实践，需要以音乐表演为中心，进行音乐体验与创造。这样的音乐实践往往是从模仿到创造，先是学习演唱、演奏、作曲、参与音乐实践中的各项分工与协作；在了解作品作者表达意图后，可以融入表演者对音乐作品的个人理解，进行二度创作。

3. 敢于拓展，实现音乐美的升华

人们需要进行音乐实践的总结和思维拓展，结合音乐作品探寻音乐与生活、文化、生命之间的关系。这个音乐作品让你印象最深的是什么？你是否在音乐实践中感受到了快乐和满足？现在的你最想对自己或他人说些什么？

音乐无时无刻不在传递着美，让我们一起走入音乐殿堂，体味创作情感，寻找音乐共鸣，收获音乐之美吧！

三、音乐的美育功能

音乐，作为一种源远流长的艺术形式，拥有着无穷的魅力。它不仅是一种娱乐方式，更是一种美育手段，对于人的全面发展有着不可或缺的作用。

1. 音乐能表达人的情感

它能够细腻地描绘出人类的各种情感，如喜怒哀乐、悲欢离合等。通过音乐，人们得以表达内心的情感世界，宣泄情绪，寻找共鸣。这种情感表达不仅有助于人们更好地理解自己，还能够增进他人对自己内心世界的了解，增强彼此间的情感交流。

2. 音乐能培养人的审美意识

音乐作品通过旋律、节奏、和声等元素的巧妙组合，创造出独特的审美体验。通过欣赏不同类型的音乐作品，人们能够逐渐培养出对美的敏感度和鉴赏力，提升自身的审美标准和品质。这不仅有助于提升个人的美学素养，还能够丰富人们的精神世界，提高生活的品质。

3. 音乐能激发人的创造潜能

无论是演奏乐器还是创作音乐作品，音乐活动都需要个体充分发挥创造力和想象力。通过音乐表达，人们能够展现出自己独特的观点和想法，实现自我表达和创造力的提升。这种创造力不仅有助于个体在艺术领域的发展，还能够拓展到其他领域，推动个人的全面发展。

4. 音乐能提升人的认知能力

研究表明，音乐学习能够促进大脑的发展和认知能力的提升。通过学习和演奏音乐，人们的注意力和集中力能够得到锻炼，记忆力和分析能力也会得到提高。这种认知能力的提升有助于个体在学习、工作和其他领域的表现。

5. 音乐能促进人际交往和团队合作

音乐表演往往需要多人协作完成，如合唱团、交响乐团等。通过参与音乐团体活动，人们不仅能够提升自己的音乐技巧，还能够培养团队合作和协作能力。这种团队合作能力的培养对于个人的职业发展和社会融入都具有重要意义。

6. 音乐能传递文化传承和认同

不同地区和民族都有着自己独特的音乐传统和风格。通过传承和欣赏这些音乐作品，人们能够了解和传承本民族和其他地区优秀的文化传统，增强文化认同和跨文化交流能力。这对于维护文化多样性和推动文化交流具有积极的意义。

因此，我们要充分重视音乐在教育和社会发展中的作用，发挥其在个人和集体层面的潜力，为人类文明的进步注入更多的活力和创意。

四、音乐的鉴赏方法

欣赏音乐作品是现代文明社会必不可少的精神活动之一。音乐以其特有的魅力，带给人们无穷的美的享受，但是，对于不懂音乐的耳朵，再好的音乐也没有意义。要想具备欣赏音乐的才能，必须加强音乐知识的学习，提高音乐艺术修养。

1. 熟悉音乐基本知识

首先，要熟悉音乐语言。音乐主要是通过有组织的乐音而形成的听觉艺术形象。音乐作为一种独特的艺术形式，有着一套自己独特的艺术表达语言，如旋律、节奏、拍子、速度、力度、音区、音色、和声、调式、调性等。所以，欣赏音乐作品首先必须熟悉丰富多彩的音乐语言，进而借助这些音乐语言领会作品中的情感，理解作品中的音乐形象。

2. 了解作者和作品的时代背景

一件音乐作品，总是表现了作者对现实生活的感受、体验和思考，也寄寓了作者的思想与情怀。要深刻领会音乐作品，就必须了解作者生活的时代和作者的生平及作者的创作风格。聂耳的《义勇军进行曲》是在中华民族遭遇日寇侵略，全国上下救亡图存的历史背景下创作的。它展示的是中国人民为了拯救祖国，视死如归奔赴抗日前线的决心与信心。正因如此，它才能很快风靡全国，并最终成为我们的国歌。

3. 抓住作品的民族特征

一切音乐都根植于民族、民间音乐的沃土，正如俄国作曲家格林卡所说："创造音乐的是人民，作曲家只是把它编成曲子而已。"一切音乐作品都根植于民族、民间音乐。因此，优秀的音乐作品都具有各自的民族特征。我国的小提琴协奏曲《梁祝》，就是一部以中华民族音乐的鲜明风格和特点，得到国际公认的优秀作品。这首绚丽多彩、抒情动人并有浓郁生活气息的协奏曲，在民族化方面做了大胆的尝试创新。它以浙江的越剧唱腔为素材，综合采纳了交响曲和中国戏曲的音乐表现手法，巧妙地吸收了中国民族器乐的演奏技巧，丰富了协奏曲的表现力。

《梁祝》

4. 把握作者的创作风格

作曲家由于生活的环境、时代、经历、文化修养、趣味不同，在作品中表现出各自不同的创作风格。如奥地利作曲家约翰·施特劳斯的《蓝色多瑙河》《维也纳森林的故事》等轻音乐作品，其美妙的旋律令人心旷神怡、欣然欲舞。约翰·施特劳斯把奥地利乡村民间音乐与热情的城市音乐结合起来，使他的圆舞曲既轻松愉快又热烈奔放，具有独特的

《蓝色多瑙河》

魅力。此外，在音乐欣赏中，还应了解音乐作品的主题、曲式等表现手法。对一些情节性的大型音乐作品的欣赏，还应很好地了解相应的典故、传说等内容，以便更好地认识乐曲中表现出的戏剧性和矛盾冲突，把握作品深刻的思想内容。

5. 培养欣赏能力

一般来说，欣赏一件音乐作品，大致会经历音响感知、情感体验、想象联想和理解认识四个阶段的心理认知过程。例如，听到一首歌曲时，首先是觉得旋律动听，然后逐渐理解作品中蕴含的情感，最后才会领悟作品的意境。因此，大家一方面要多参加艺术实践活动，培养自己对音乐艺术的广泛兴趣；另一方面要多阅读多涉猎各种门类的艺术经典，提高自己的艺术修养和审美能力。

美感体验

《黄河颂》是大型声乐套曲《黄河大合唱》的第二乐章，由光未然作词，冼星海作曲，是一首男高音或男中音独唱歌曲。这首歌曲描绘的是以黄河为主题的音乐画面，展现出黄河奔腾不息、一泻千里的雄伟景象。歌词写得明快雄健，节奏鲜明，音节洪亮；以短句为主，兼以长句；长短结合，自由奔放并且错落整齐，造就了旋律句法的多样和结构的出新；在韵脚上隔二三句押韵，形成了自然和谐的韵律。

《黄河颂》

这首歌曲音乐壮阔、热情、深切；旋律激昂，气势磅礴，充满了冲击力和震撼力，展示了黄河桀骜不驯的血性和中华民族的英雄气概；以民间音调作为音乐素材，在中国的五声性音调基础之上与西洋大小调式音调自然结合，显示出鲜明的时代气息和浓厚的民族特色。《黄河颂》这首歌曲气魄宏伟，难度比较大，演唱时要注意内在，热情奔放，声音运用上要牢记沉着稳健的气息、舒展的声音、饱满的音律、自信而平稳的节奏，叙述般地讲述中华文明的壮丽史诗。

课堂讨论

1.《黄河颂》中使用了哪些旋律与和声技巧来增强音乐的表达力？

2. 通过分析音乐的动态、音色和演奏风格，讨论《黄河颂》如何有效地传达出雄伟和激昂的情感。音乐中的哪些部分最能打动你？

自我检测

一、填空题

1. __________具有强烈的情感表达能力，它能够细腻地描绘出人类的各种情感，如喜怒哀乐、悲欢离合等。

2. 一切音乐都根植于民族、民间音乐的沃土，正如俄国作曲家________所说："创造音乐的是人民，作曲家只是把它编成曲子而已。"

二、简答题

1. 音乐如何表达情感？请分析一首你喜欢的音乐作品，讨论其如何通过旋律、和声、节奏等元素传达情感。

2. 不同音乐风格如何影响个人的审美体验？请讨论不同音乐风格（如古典音乐、爵士音乐、流行音乐）如何塑造你的个人音乐偏好。

美的赏析

主题一
倾听传承——民族音乐之魂

中华民族自古以来就生活在这片广袤的大地上，中国民族音乐则是我国历史文化中一条绵延不绝、壮阔而动人的长河，让我们一起走向历史的回音壁，倾听中国民族音乐如此美丽动听的回响。

倾听传承——民族音乐之魂（中国民歌篇）

一、民族音乐的内涵

音乐是一种独特的艺术表现形式，它借助乐音和噪音的交织，形成了一种超越语词功能的系统化行为方式。它不仅仅是一种纯粹的声音表达，更是人们为了传达内心深处的思想感情而创造或选择的产物。无论世界如何变迁，在历史的长河中，各个国家和民族，不论人口多少，都有其独具特色的音乐文化。在我国丰富的多元文化中，汉族的音乐文化占据了重要的地位，而其他55个少数民族的音乐文化也在各地广泛流传。这些丰富多彩的音乐文化共同构成了中华民族音乐文化的瑰宝。

二、中国民歌音乐类型

中国民歌是劳动人民集体的口头诗歌创作。民歌，即民间歌谣，属于民间文学中的一种形式，能够歌唱或吟诵，多为韵文。中国民歌是我国民族民间音乐体裁的一种，是人民群众在生活实践中经过广泛的口头传唱，而产生和发展起来的歌曲艺术。如《候人歌》。

候人兮猗！

——《候人歌》

《候人歌》是中国有史可查的第一首中国恋歌，为《吕氏春秋·音初篇》记载的一篇歌辞，被后人称之为《候人歌》。歌辞只有一句："候人兮猗！"但它却是一首完整的诗歌。最原始的歌唱中的歌词常常是同一呼声或同一言辞的重复。通过反复延扩内容，加强表现力是原始诗歌的一个重要特点。《风》出自各地的民歌，是《诗经》中的精华部分，有对爱情、劳动等美好事物的吟唱，也有怀故土、思征人及反压迫、反欺凌的怨叹与愤怒，常用复沓的手法来反复咏叹，一首诗中的各章往往只有几个字不同，如此表现了民歌的特色。

民歌有劳动号子、山歌、小调等不同类型。

1. 劳动号子

劳动号子是产生并应用于劳动的民间歌曲，具有协调与指挥劳动的实际功能。用在劳动过程中，尤其是集体协作性较强的劳动，为了统一步伐，调节呼吸，释放身体负重的压力，劳动者常常发出吆喝或呼号。这些吆喝、呼号声逐渐被劳动人民发展为歌曲的形式。号子的主要特征是旋律简练、节奏强烈、一唱众和、富于韵诵性。这主要是为了统一劳动节奏、消除劳动疲劳。其主要歌种有搬运号子、放排号子、船工号子、打夯号子、捕鱼号子等类型。号子的歌词往往即兴创作、见景生情、有感而发，充满了联想与延展；音乐风格展现出坚毅朴素、粗犷豪放、律动强烈，节奏清晰、句式简短以及固定的周期性节奏反复出现等特点。最典型最基本的歌唱形式是一位领唱引领众人齐声应和，形成了号子特有的共鸣与力量。

2. 山歌

山歌是汉族民歌的基本体裁之一，因主要传播于山区、高原而得名，其称谓最早见于中唐诗人李益（748—827年，有争议）的“无奈孤舟夕，山歌闻竹枝”。人们习惯上把在赶脚、放牧、砍柴、除草等个体劳动中传唱、但不受特定劳动节奏支配，旋律自由、奔放、悠长，在劳动中即兴抒发思想感情所编唱的民歌称为山歌。

除华北、东北平原外，山歌遍传中国各地。较有代表的种类如陕北“信天游”，晋西北“山曲”，内蒙古西部“爬山调”，甘肃青海“花儿”，川南“神歌”，闽、赣、粤的“客家山歌”，云南的“弥渡山歌”等。北方山歌多为上、下句结构，南方多为四、五句结构。各地的山歌在方言韵律和衬词衬句的浸润下，展现出独特的地方风情。它们虽多以劳动生活为题材，但由于山野劳动（如放牧、割草、拾柴、运货、锄地等）往往是个体劳动而无需团体协作，不受劳动节奏和动作的严格限制，故而节奏自由，具有很强的抒情性，与那些强调节奏性和动作性的劳动号子形成了鲜明对比。如陕北山歌《羊肚子手巾三道道蓝》。

《信天游》

此歌名是信天游（陕北为代表的西北民歌）的起兴句，跟在后面的歌词可以有无穷的变化。字面意思是，肚子，就是胃，手巾在陕北话里，是手帕或毛巾的意思，羊肚子手巾，专指针织的像羊肚肌理的那种毛巾，男性拢头用的，三道道蓝，上面有三条蓝色的装饰线。

《羊肚子手巾三道道蓝》

3. 小调

小调一般指流行于城镇集市的民间歌舞小曲，是人们在劳动之余，日常生活当中以及婚丧节庆用以抒发情怀、娱乐消遣的民歌。经过历代的流传，小调在艺术上经过较多的加工，具有结构均衡、节奏规整、曲调细腻、婉柔等特点。如河北民歌小调《小白菜》。

《小白菜》是一首流传在我国河北等地的民歌小调，它以非常优美的音乐素材，塑造了一个天真的农村贫苦幼女的形象。《小白菜》深刻地表现了一个失去亲娘而受人虐待、孤苦无依的女孩悲伤痛苦的心情，也是对旧社会不合理的家庭关系的控诉。

《小白菜》

倾听传承之魂——民族音乐之魂（中国民族器乐篇）

三、中国民族器乐的分类

1. 古代的“八音”分类法（按制作材料进行分类）

我国在周代就已有按照乐器的不同制作材料进行分类的方法，这种分类法将乐器分成金、石、土、革、丝、木、匏、竹八类，叫作“八音”。“八音”分类法从周末至清初，一直在我国沿用。

（1）金类。钟、铎、铃、钲、镛，主要是钟，盛行于青铜时代。钟在古代不仅是乐器，还是象征地位和权力的礼器。

（2）石类。各种磬，质料主要是石灰石，其次是青石和玉石。

（3）土类。陶制乐器，包括埙、缶、陶笛、陶鼓等。

（4）革类。各种鼓，以悬鼓和建鼓为主。

（5）丝类。各种弦乐器，包括琴、瑟、筑、琵琶、胡琴、箜篌等。

（6）木类。各种木鼓、敔、柷。敔是古代打击乐器，呈伏虎状，虎背上有锯齿形薄木板，用一端劈成数根茎的竹筒，逆刮其锯齿发音，作乐曲的终结，用于历代宫廷雅乐。柷是古代打击乐器，形如方形木箱，上宽下窄，用椎（木棒）撞其内壁发声，表示乐曲即将起始，用于历代宫廷雅乐。

（7）匏类。主要是笙、竽。

（8）竹类。包括竹制吹奏乐器，如笛、箫、篪、排箫（图4-1）、管子等。

在古代中国社会，不同阶层的人在欣赏乐器时是有严格区分的。《周礼》明确规定：天子之乐，必须用四面悬挂钟磬类乐器的组合形式演奏，诸侯则必须用三面，大夫用两面，士只能用一面。与之相对应，参与演出的诗、歌、舞三位一体的表演者人数也因阶层不同而有所异。

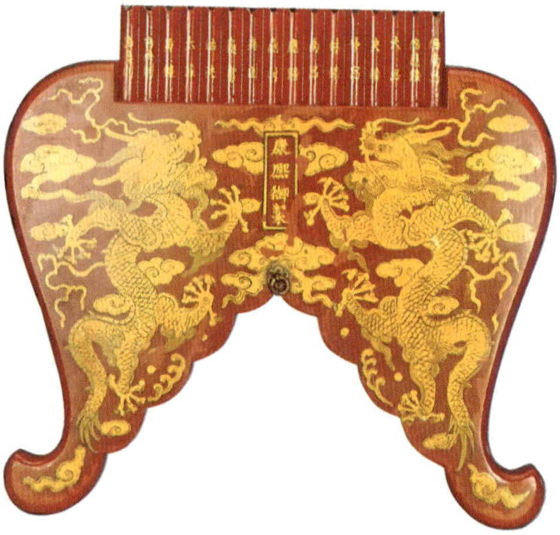

图4-1 清代描金云龙纹楱竹管排箫

2. 现代常用乐器分类法

现代社会最常用的乐器分类法是按乐器的演奏性能来分类。

（1）吹奏乐器。吹奏乐器是指利用空气在管体内流动而发音的乐器。我国吹奏乐器的发音体大多为竹制或木制的。按照乐器起振方法的不同，吹奏乐器又可分为三类。

第一类：以气流吹入吹口激起管柱振动的吹奏乐器，包括箫、笛（指曲笛和梆笛）、口笛等。

第二类：气流通过哨片吹入使管柱振动的吹奏乐器，包括唢呐、海笛、管子双管和喉管等。

第三类：气流通过簧片吹入引起管柱振动的吹奏乐器，包括笙、抱笙、排笙巴乌等。

《百鸟朝凤》

《赛马》

因为发音原理不同，所以乐器的种类和音色极为丰富多样，个性很强。此外，因为各种乐器的演奏技巧不同，以及地区、民族、时代和演奏者的不同，使民族器乐中的吹奏乐器在长期发展过程中形成了极为丰富的演奏技巧，演奏风格与流派别具一格。其中，唢呐（图4-2）是我国具有代表性的民族管乐器。汉代普遍兴盛起管吹乐和鼓吹乐，唢呐是世界双簧管乐器家族中的一员，随着丝绸之路的开辟，从东欧、西亚一带传入我国，经过几千年的发展，唢呐拥有了其独特的气质与音色。《百鸟朝凤》是唢呐音色气质的典型代表。

图4-2 唢呐

（2）拉弦乐器。拉弦乐器泛指用弓摩擦琴弦使之发声的乐器。常见的中国民族拉弦乐器指胡琴类乐器，包括二胡、板胡、高胡、马头琴、京胡、中胡、革胡等。宋元明清时期，随着戏曲、曲艺的发展，民间乐器随着“勾栏”“瓦舍”的兴起而发展了自己的伴奏乐器。其中最主要的乐器是源自蒙古、西域的马尾胡琴（又称二弦琴），经嵇琴、轧筝融合，创制出新颖的胡琴。这一乐器充分标志中国弓弦乐器走向成熟。到了近代，胡琴更名为二胡。其中，二胡（图4-3）代表作品有《二泉映月》《良宵》《赛马》《梁祝》等曲目。

拉弦乐器发音优美动听，具有丰富的表现力、较高的演奏技巧和艺术水平。拉弦乐器可广泛应用于独奏、重奏、合奏与伴奏。

图4-3 二胡

拉弦乐器大多为两弦，少数用四弦（如四胡、革胡等）。大多数拉弦乐器的琴筒蒙蛇皮、蟒皮或羊皮等动物皮革，少数蒙木板（如椰胡、板胡等）。部分拉弦乐器的琴筒呈扁形或扁圆形，如马头琴、坠胡、板胡等，其音色或优雅柔和，或清澈明亮，或刚劲欢快，极富歌唱性。

《十面埋伏》

（3）弹拨乐器。弹拨乐器泛指用手指或拨子拨弦，或是用琴竹击弦而发音的“弹弦”“击弦”乐器。弹拨乐器历史悠久，因而品种多样，各具丰富表现力，音色明亮而清脆。

我国的弹拨乐器有横式与竖式两类：横式弹拨乐器包括古筝、古琴、扬琴（扬琴的发音类似弹拨乐器的发音，但从演奏方法上来看，它还是属于打击乐器，这里将其归到弹拨乐器中）和独弦琴等；竖式弹拨乐器包括琵琶（图4-4）、阮、月琴、三弦、柳琴、冬不拉等。其中，琵琶代表作品有《十面埋伏》《春江花月夜》等曲目，南北朝时，通过丝绸之路与西域进行文化交流，曲项琵琶由波斯传入中国。从北齐到唐代，是琵琶发展史的第一个高峰，在隋唐九、十部乐中，曲项琵琶成为主要乐器，对盛唐歌舞艺术的发展起了重要作用。

图4-4 琵琶

（4）打击乐器。打击乐器是指因敲击而发音的乐器。中国民族打击乐器品种繁多，有着丰富的技巧，极具民族风格。打击乐器不但属于节奏性乐器，能营造丰富多彩的音色变化，而且每组打击乐群皆能独立演奏，可衬托音乐内容、戏剧情节，增强音乐的表现力。我国的西洋管弦乐队也经常使用民族打击乐器。

按照打击乐器发音的不同，可将我国民族打击乐器分为以下三类：

一为金属类，包括大锣、小锣、云锣、大小钹、碰铃等；

二为竹木类，包括板、梆子、木鱼等；

三为皮革类，包括大小鼓、板鼓、排鼓、象脚鼓等。

民族打击乐器还可分为无固定音高和有固定音高两种：无固定音高的打击乐器包括大（小）鼓、大（小）锣、大（小）钹，板、梆、铃等；有固定音高的打击乐器包括定音缸鼓、排鼓、云锣等。

美感体验

《二泉映月》是民间音乐家华彦钧（阿柄）的一首著名二胡曲。“二泉”是无锡惠泉山下的名泉，曾是华彦钧经常卖艺的地方。乐曲以景托情，深刻抒发阿炳在饱尝人间辛酸痛楚后，对社会黑暗的愤懑之情以及对新生活的热爱和憧憬。

《二泉映月》

乐曲开始是一个引子，音调为级进式的下行，犹如一声长叹。接下来是有三个乐句组成的呈示乐段，第一个乐句在二胡的低音区进行，旋律低沉、压抑，似阿炳忧郁心情的倾诉；第二乐句（第5小节）则以较强的力度、上扬的旋法和多变的节奏来表现，在后面的五次变奏中，这一旋律音调几乎保持不变，始终是阿炳愤懑和倔强性格的显露；第三句继续在高音区进行的曲调更为铿锵有力，富于变化因素，是后面主题变奏展开的主要素材，进一步表达了阿炳对旧社会的强烈控诉。随着音乐的陈述和发展，主题在不同音区、不同音色上加强变化，逐层引申、扩充、展开，并不断充实新的素材，产生调式色彩的游移变换，使得乐曲连绵委婉、跌宕起伏，倾诉了阿炳一生的辛酸和不平，产生了强烈的艺术感染力。

课堂讨论

1.《二泉映月》如何体现了民歌的表达方式和情感？

2.《二泉映月》不仅在音乐上具有美感，也在文化上有重要意义。请讨论这首曲子在中国音乐文化中的地位和影响，以及它如何反映了当时的社会和文化背景。

自我检测

一、填空题

1. __________是我国民族民间音乐体裁的一种，是人民群众在生活实践中经过广泛的口头传唱，而产生和发展起来的歌曲艺术。

2. 我国在周代就已有按照乐器的不同制作材料进行分类的方法，这种分类法将乐器分成金、石、土、革、丝、木、匏、竹八类，叫作__________。

二、简答题

1. 中国民歌在不同地域中展现了怎样的特色？请选择几个具有代表性的民歌例子，分析它们如何反映各自地区的风土人情和文化特点。

2. 中国民族器乐的演奏技法有哪些独特之处？请以一种或几种民族乐器为例，描述其演奏技法及其在音乐表现中的作用。

主题二

诗词交响——古典与现代之音

音乐与诗词有着很深的渊源，她们像一对孪生的姐妹，从诞生之日起就紧密地结合在一起，以它的声情韵律感染着千千万万的人们，影响着人们的精神世界。

一、诗经

中国春秋时期的《诗经》是中国古代诗歌的开端，是最早的一部诗歌总集。它经历了谣—歌—诗三个发展阶段（图4-5），也就是说，诗歌源自民间流行小调（谣），后经凝练语言、设计平仄，谣发展成歌，那么，此诗就是歌，此歌就是诗。

图4-5《诗经》的发展阶段

二、古诗词歌曲

古诗词艺术歌曲、古诗词现代流行歌曲等创作是从古典诗词中汲取大量营养，实现着音乐与诗词的深度交融。“五四”新文化运动时期，出现了不少以古诗词为创作对象的艺术歌曲。如20世纪30年代的青主根据宋代李之仪的词《卜算子·我住长江头》所创作的艺术歌曲《我住长江头》。全曲以长江水为贯穿始终的抒情线索，借水抒情，借水寓情，表达了对恋人的坚贞信念和重重的幽思。

《我住长江头》

这一时期的古诗词艺术歌曲还有青主的《大江东去》、黄自的《花非花》、陈田鹤的《江城子》、刘雪庵的《红豆词》等，这些古典诗词艺术歌曲以我国古典诗词为创作题材，是西方艺术歌曲的形式与我国古诗词作品内容相结合的产物。

《春晓》

作曲家谷建芬将来自孟浩然的唐诗《春晓》改编成了一首非常好听的儿童歌曲。儿童歌曲《春晓》被收录于《新学堂乐歌》中，将优秀的古诗歌谱成音符，孩子在唱歌中既学到了知识，又培养了乐感。旋律以级进和小跳为主。节奏轻快平稳，表现出春天的美妙声音，表达对春天的喜爱之情。

此类歌曲还有《越人歌》《但愿人长久》《月满西楼》等。

这些古诗词再创作后的流行歌曲有许多被用于当代各种影视作品，或在网络上被众多歌手翻唱而被大家熟知和喜爱。它们既突出了古诗词含蓄、温婉的特征，又具有时尚元素，迎合了现代人的心态，深受中、青年一代的喜爱。

《但愿人长久》

三、古诗词歌曲的意义

一方面，“用音乐表达情感”是音乐创作的核心，而中国古诗词也正是祖先情感表达的载体。例如，诗词中李白的浪漫、杜甫的忧国忧民、李清照的婉约、柳永的风流倜傥、辛弃疾的豪放都与音乐创作中情感的需求和表达相得益彰。另一方面，歌曲中的韵律与诗歌中的声律完美结合，兼具着文学的意境美与音乐的旋律美。在诗与乐的交融中，可以提高人们对音乐的理解力和想象力，培养人们表达美和感受美的能力，从而丰富自身的文化内涵。

将音乐与诗词结合起来创作，让二者深度交融，这既能增添音乐作品的内涵美，也是一种注重文化交融的创新与创作之美。

古诗词歌曲带领着我们领略了独特的音乐风采，这种如诗如画的音乐形式是在用“诗”浇灌我们的气质，用“乐”充实我们的情感，正所谓“腹有诗书气自华”，作为青年一代，大家需要学习和传承中国传统的经典诗词，让中华传统文化在生活世界经久不衰，永葆生机与活力！

美感体验

黎英海创作了声乐套曲《唐诗三首》，其中《枫桥夜泊》以独特的艺术视角、新颖的曲式安排，荣获“80年代中国艺术歌曲创作大赛”金奖。黎英海的作品大多取材于中国民族音乐，依托于中国古典文化，又融合了西方现代作曲技法，所表达的民族精神和矢志不渝振兴“中国民族乐派”的精神令后辈敬仰。

《枫桥夜泊》极具中国传统音乐特色，采用的是五声音阶调式以及单二部曲式，作品将现代的音乐创作手法与传统的离调相结合，使作品的旋律与诗作者创作时的情绪高度吻合。

《枫桥夜泊》

课堂讨论

1. 黎英海在《枫桥夜泊》中如何融合传统音乐元素与现代音乐技巧？请讨论这种结合对音乐表现的影响。

2.《枫桥夜泊》传达了哪些情感？请讨论在音乐中，如何通过旋律的起伏和节奏的变化来表达诗中的孤独、幽静和思念之情。

自我检测

一、填空题

1. 中国春秋时期的《诗经》是中国古代诗歌的开端，是最早的一部诗歌总集。它经历了三个发展阶段。

2. 古诗词艺术歌曲、古诗词现代流行歌曲等创作是从________中汲取大量营养，实现着音乐与诗词的深度交融。

二、简答题

1. 古典诗词与现代音乐结合时，如何处理两者之间的时代差异？

2. 请讨论如何从诗词中提取音乐灵感，并将其融入现代音乐的创作中。

主题三
红色记忆——音乐中的革命精神

风雨百年，波澜壮阔；回首百年，慨当以慷。中国共产党已过百年华诞，一首首红色经典音乐伴随着中国共产党的发展，成为记录时代的符号，他们的旋律里天然地留存着历史的印记。不论是聆听欣赏，还是放声歌唱，都是对历史的重温。

什么是红色经典音乐？红色经典音乐是在中国共产党领导下，各个历史时期所形成的优秀音乐，是近代以来中国社会发展与进步的重要组成部分。红色经典音乐的产生和发展也同样遵循着艺术和历史的规律，它的出现是与特定的社会历史文化背景和社会变革有着必然的联系。那么，红色经典音乐在各个时期有着怎样的景象呢？

一、新民主主义建设时期（1919—1949年）

新民主主义建设时期，红色经典音乐吹响了奋勇向前的号角，迸发出人们的革命激情，成为一种犀利的战斗力。有瞿秋白以笔名“秋巢”创作并发表的我国最早的工农革命歌曲《赤潮曲》；有工人运动中追求“世界大同，劳工神圣”的《罢工歌》《工农兵得胜利歌》；有农民运动中鼓舞农民革命士气的《农工歌》《穷人翻身打阳伞》；有反映军民战斗生活的《十送红军》《毛委员和我们在一起》；有感恩党情的《共产党恩情永不忘》；还有抗日战争时期号召、激励中华民族抗日救亡的时代最强音《义勇军进行曲》等。

《十送红军》

二、社会主义建设时期（1949—1978年）

随着历史的车轮滚滚向前，“三座大山”这一沉重枷锁终于被英勇的中国人民所推翻，标志着一个崭新的人民政权犹如初升的太阳，在东方的地平线上熠熠生辉，充满了无限希望与活力。这个新生的政权不仅代表着民族的解放与独立，更预示着国家未来繁荣昌盛的美好图景。在这片新生的土地上，人们的心中涌动着对祖国的无比热爱与自豪，这份情感通过红歌这一独特的艺术形式得以淋漓尽致地展现。红歌唱响了整个时代，每一个音符都跳跃着热爱祖国、歌颂祖国的热烈情感，它们如同涓涓细流汇聚成江海，激荡着每一个中华儿女的心田。该时期红色经典音乐的代表作品《我的祖国》《歌唱祖国》《我们走在大路上》《我是一个兵》《祖国颂》，这些作品都是伴随着社会主义建设涌现出来的。

《我的祖国》

《歌唱祖国》

这些红色经典音乐作品，不仅伴随着社会主义建设的步伐而诞生，更成为那个时代不可或缺的精神食粮，激励着人们为祖国的繁荣富强而努力奋斗。它们以独特的艺术魅力，将人们心中对祖国的热爱与敬仰之情表达得淋漓尽致，成了永恒的经典。

三、社会主义建设新时期（即“改革开放时期”）（1978至今）

十一届三中全会的胜利召开，拉开了中国改革开放的序幕。红色经典歌曲开始百花盛开，呈现多题材、多色彩、多风格、多品种式发展，逐渐在艺术的道路上走向成熟和完美。其代表作品有《十五的月亮》《在希望的田野上》《长江之歌》《让世界充满爱》《爱我中华》等。

走入21世纪，不少经典红歌被改编和翻唱，如《再唱山歌给党听》《天路》等。与此同时，红色经典歌曲还得到了电视、网络等新媒体的传播，各地区的各单位举办各类红歌活动也充分展示出经典红色歌曲的魅力，这种追忆和传承引起社会各界的强烈反响。

流传至今的红色音乐作品之所以经典，因为每一首歌曲都经过千万人传唱，经受了较长时间的洗礼，得到了艺术家们的不断创作，成为艺术长廊里永恒的丰碑。如此多的红色经典音乐背后都有着一个个真实的、催人泪下的动人故事，这些美的革命历史故事是一次次精神的洗礼，这就是——红色精神！

红色经典音乐歌唱的是祖国，歌唱的是人民，歌唱的是共产党领导的伟大事业。作为祖国未来接班人和建设者的我们，在学习和欣赏红色经典音乐时，要善于挖掘歌曲背后美的故事与红色精神，不忘初心，牢记历史，为实现中华民族伟大复兴贡献青春的力量。

美感体验

《没有共产党就没有新中国》里的红色故事

中国共产党领导人民在革命、建设、改革等不同时期形成了红船精神、井冈山精神、长征精神、延安精神、西柏坡精神、红岩精神、雷锋精神等精神财富。而红色经典音乐，正是以艺术的方式对党史、国史进行记录，对红色精神进行传递和弘扬！

《没有共产党就没有新中国》

传承红色精神，聆听红色故事。在中国共产党建党100周年的《伟大征程》晚会上，万人齐唱《没有共产党就没有新中国》，很多人都流下了激动的泪水。这首耳熟能详的歌曲背后有着怎样一段鲜为人知的故事呢？

1943年，抗日战争由战略相持阶段进入局部反攻阶段，眼见曙光初现，蒋介石出版了《中国之命运》一书，声称“中国的命运完全寄托于国民党”。对此，中共中央出版了《评〈中国之命运〉》并发表社论《没有共产党，就没有中国》，旗帜鲜明地批驳了国民党的谬论。当时，晋察冀边区抗日救国联合会群众剧社的曹火星等人被派到房山堂上村，一边文艺宣传一边文艺创作。深秋的一个夜晚，中华民族在日寇侵略下生灵涂炭的画面在曹火星的脑海中不断翻滚，一系列血与火的洗礼，让他奋笔写下了《没有共产党就没有中国》这首歌。由于当时的“霸王鞭”在平西一代很流行，此歌曲便是用民歌的曲调添上新词创作而成的。这首歌在边区和抗日根据地很快便传唱开来，随后唱遍了大江南北。新中国成立后的一天，毛主席听到女儿李讷唱起这首歌后，提出了疑问，并亲笔修改了歌名和歌词，在原歌名的中国前加了一个‘新’字。从此，《没有共产党就没有新中国》这首经典红歌传唱至今，激励了数代人。

课堂讨论

1.《没有共产党就没有新中国》这首歌曲所表达的红色故事和历史背景是什么？请讨论这些背景如何影响了歌曲的创作和演绎。

2.《没有共产党就没有新中国》这首歌曲在红色文化和宣传中的作用是什么？讨论它如何通过音乐美的表现增强了其作为宣传工具的效果。

自我检测

一、填空题

1. ________是在中国共产党领导下，各个历史时期所形成的优秀音乐，是近代以来中国社会发展与进步的重要组成部分。

2. 十一届三中全会的胜利召开，拉开了________的序幕，红色经典歌曲开始在艺术的道路上走向成熟和完美。

二、简答题

1. 新民主主义时期的红色经典音乐在今天的文化遗产中占据怎样的地位？请讨论这些音乐作品如何在现代社会中被传承和发扬。

2. 在改革开放时期，红色经典音乐在教育领域发挥了怎样的作用？请探讨这些音乐作品如何用于革命传统和价值观的教育。

美的实践

主题
音乐之旅——探索美妙的音乐

实践名称	品味中国音乐文化之美
实践目标	通过线上音乐赏析，提高学生的音乐欣赏能力，拓展其艺术视野，培养审美情趣
实践内容	登录任一音乐平台，选择自己最喜欢的音乐作品在班级分享，介绍时说一说所选的作品美在哪里
实践步骤	（1）打开浏览器任一音乐平台，选择喜欢的民歌等音乐作品进行赏析 （2）在赏析过程中，分析歌词的内容，探讨歌词的主题、故事情节以及所传达的情感，注意歌词使用的语言风格和修辞手法，选择你认为最具美感、最打动你的音乐作品 （3）确定分享的重点，例如音乐家的演唱技巧，包括发声方法、装饰音和情感表现等，组织语言，用简洁明了的方式介绍所选作品。准备一些与作品相关的图片或视频素材，以便在分享时展示 （4）按照班级安排的时间和形式（如线上会议、面对面交流等），准备分享所选的音乐作品。使用准备的分享内容，向同学们介绍所选作品，并说明其美在何处。可以与同学们互动交流，听取他们对作品的看法和感受 （5）分享结束后，回顾整个实践过程，思考自己在鉴赏和分享中的收获和不足
注意事项	（1）对于所选的作品，除了基本的听觉感受外，需了解歌曲的历史背景、起源以及创作背景，熟悉研究该歌曲在其文化中的地位，了解其在民间传承中的作用和意义 （2）分享内容应简洁明了，能够吸引同学们的注意力并引导他们深入理解作品 （3）在班级分享时，要尊重他人的观点和感受。鼓励同学们积极发言，分享自己的看法和感受，促进班级内的艺术交流和讨论
实践评价	（1）所选作品应具有代表性，能够体现音乐家的独特风格和技艺，并表现出个人独特的审美视角 （2）能够从多个角度进行分析，包括音乐理论、历史文化、社会影响等，确保对民歌的理解更加全面 （3）在交流互动环节，应能够积极参与讨论，发表自己的看法和见解，并与同学进行有效的交流和沟通
实践心得	

模块五 舞动优雅灵魂：舞蹈艺术

模块导言

舞蹈是以人的身体为物质媒介，通过富有节奏性、韵律感和造型美的动作流程来创造形象和表达感情的一门艺术。由于舞蹈在一定的空间内，通过连续的人体动作过程、凝练的姿态表情和不断流动变化的队形画面，结合音乐、舞台美术等艺术手段来塑造舞蹈的艺术形象，因此，舞蹈是一种集合多种艺术手段的时空综合艺术表现形式。它和诗歌、音乐结合在一起，既能创造出完美的艺术形象，又具有广泛的群众基础，成为人类多姿多彩的文化艺术瑰宝。

学习目标

- 知识目标

1. 了解舞蹈身韵的基本概念。
2. 了解古典舞身韵的来源和发展。
3. 熟悉中国古典舞身韵的审美特色。

- 能力目标

1. 具备分析舞蹈动作与身韵的关系的基本能力。
2. 能够模仿和展示基本的舞蹈身韵动作。

- 素质目标

1. 提升对舞蹈身韵美学的欣赏能力，培养对舞蹈艺术形式的敏感度和鉴赏力。

2. 培养对不同文化背景下舞蹈身韵的理解和尊重，认识舞蹈作为文化传承的角色。

美的探寻

主题
舞姿曼妙——舞蹈的身韵之美

舞蹈给人一种美的体验，无论是优美的动作还是飘逸的身法都能给人带来美的盛宴。舞蹈可以根据其时代特性被分为古典舞和现代舞。中国的古典舞是中华民族艺术结晶，是中国文化的组成部分，可以说是中国舞蹈的艺术典范。中国古典舞与古代舞蹈和戏曲舞蹈有着极大的差别，它不属于这两种，却包蕴着这两种舞蹈之美，含有传统舞蹈的神韵。中国古典舞是经过多年时代演变而成的一种具有时代特性的艺术语言。身韵是中国古典舞教学成果的一项重要表现，身韵的出现使得中国古典舞训练变得更加规范化、舞种化。

中国古典舞是从中华民族美学的角度出发，逐渐发展出来的一种舞蹈表现形式。无论在艺术形式上还是在民族文化上，都较好地解决了中国古典舞发展的主体问题。身韵是中国古典舞的灵魂和文化，更是中国古典舞发展的根基。身韵能够更好地帮助人们了解中国古典舞中的文化内涵。

一、中国古典舞身韵的来源和发展

身韵，是身法和韵律的总称，中国古典舞的身韵，将身法与韵律相融合，以形神结合为焦点，集中体现了中国古典舞的风貌和审美精髓，从更高的文化层面反映出中国古典舞的风格特质。

中国古典舞的身韵主要源于戏曲舞蹈和武术，在深厚的中国传统文化和思想的影响下，中国古典舞对戏曲舞蹈和武术的象形动作进行抽象化的取意创造，并结合舞蹈本身的特点和内容形式进行改编，逐渐形成了一系列具有明显舞蹈特质的形体运动。舞剧《咏春》（图5-1）便充分体现了舞蹈与武术的结合之美。

舞蹈的动作是舞蹈艺术中重要的语言表达形式，各种各样的形态动作是人们日常生活的情感积累。身韵美学和舞蹈的历史文化有着密切的联系，通过丰富的舞蹈动作，能够将人类社会生活和意识进行展现。舞蹈的艺术展现形式与其他艺术的展现形式不同，舞蹈是通过人的身体将动作展现出来。身韵美学将社会文化、思想文化和艺术文化相结合，是一种将艺术审美和艺术展现相结合的文化形式。

图5-1 舞剧《咏春》剧照

二、“身”是中国古典舞的形态体现

舞蹈艺术作为一种通过肢体动作展现文化思想的艺术形式，有着丰富的舞蹈动作，能够展示出多元化的艺术形态。中国古典舞讲究舞蹈动作的曲线美和动作美，舒展的舞蹈动作能够将古老的艺术文化进行传递。中国古典舞对形体的动作展现比较严格，需要在身形上做到“拧、倾、圆、曲”，这样才能够比较好地展现出古典舞中的身形美和曲线美。这四个字既可以理解为动作的固定技巧方式，同时也可以理解为动作展现的效果，在其中包含着非常丰富的历史文化和人文气息。

“拧”要求舞者能够使身体的整体呈现出子午相和阴阳面的方位特征，展现出不同的身体方向，将身体展现得更具有“层次感”；“倾”是中国古典舞中非常重要的一项训练内容，也是一种非常常见的表现形式。“拧”和“倾”是两种非常重要的舞蹈表现形式，二者通常在一起出现。“圆和曲”类似于太极八卦图，在圆中展现动作的曲线美，古典舞中处处体现着圆线和曲线。这种表现形式是中国古典舞特有的表现形式，也是中华文化的独特展现方式，只有真正掌握这一独特的舞蹈形式，才能更好地完成中国古典舞的表演，推动中国古典舞的发扬和传承。

三、“韵”是中国古典舞的神态体现

“韵”是中国古典舞舞蹈动作展现气韵和精神的重要方式，也是中国古典舞的核心所在，身韵美学不仅强调舞蹈动作的优美和舒展，更强调的是通过舞蹈动作来传递思想与文化，要求舞者能够在内心中产生对人生和对舞蹈动作的感悟，从而提升舞者本体对于古典舞的理解。中国古典舞是需要通过内心感受，感受舞蹈的动作、舞台的感觉、自身的状态，然后再通过肢体动作向外展示的一种表现形式，具有比较独特的舞蹈审美特征。

1．“韵”所展现的民族性美学特征

中国古典舞所展示的民族性美学特征，是其他古典舞蹈没有办法体现的。民族性特征就是要通过中国古典舞的独特表现形式，向人们展示中华民族的历史文明。中华民族五千多年的历史文明之所以能够被传承下来，最重要的就是中华民族刚正纯洁、柔中带刚的民族特征，同样也是中华民族文化的独有特征。中国古典舞可以说是中华民族文化的缩影和集中体现形式，更是需要努力传承和发扬的一种舞蹈，因此要将中国古典舞构建和发扬成为中华民族悠久历史文化的代表，从而让更多的人了解中华民族的历史文化。

2．“韵”所展现的个体性审美特征

中国古典舞从很早就能够通过舞蹈动作来抒发人们的思想情感，通过历史的洗礼和不断的演变，已经逐渐发展成为一种感性的舞蹈形式。中国古典舞蹈可以通过一种比较“含蓄”的形式，将个体中的思想及情绪展现出来，借助丰富的舞蹈动作来展现表演个体内心中的悲欢、喜悦、善良与丑陋等形态，舞蹈形式收放自如。舞者通过神态带动形态，通过形态传递神态，从而更好地展现出古典舞的情感，让古典舞的神韵更加具有个体化特征，做到心、意、气合一。

四、中国古典舞身韵的审美特色

从“形”的方面来说，中国古典舞身韵的“拧、倾、圆、曲”等动作从古至今相承一脉并不断发展完善，其总体呈现一种回旋、圆转的状态，体现出比较明显的周而复始和轮回不断的中国古典哲学精神，如戏曲舞蹈的“子午相”和“拧麻花”以及中国武术中常见的“龙形猿步”等。

从“神”的方面来说，任何艺术形式都必须具备神韵这一要素，而中国古典文化和艺术对“传神”这一要素的要求更是严苛。中国古典舞蹈中流传着这样一句话：“形三，劲六，心意八，无形者十。”中国画中更是有“气韵生动”这一说法，而艺术又是具有极强的相通性的，中国古典艺术更是如此，而中国艺术的最高境界则是“形神兼备”。由此观之，“神”这一要素在中国古典舞身韵中有着重要地位和作用。

从“劲”的方面来说，“劲”这一要素也是中国古典舞身韵审美特色中十分重要的一个方面，“劲”的不同体现着舞者和舞蹈内容中情感积聚和表达的不同，它是中国古典舞中对内在节奏的层次和力度的展现，具有极强的“弹性”特征，如刚强有力的舞蹈身姿往往表达的是比较激烈、亢奋的情绪或相对较为欢快的情感，而相对柔缓、无力的身姿动作表达的则多是较为沉重、严肃或相对较为悲伤的感情或气氛。

从“律”的方面来说，在中国古典舞身韵审美特色中的“律”一般指的是舞蹈身姿动作中身体的律动性和舞蹈运动遵循的规律性两个方面的内容。而这一“律”又有“正律”

和“反律”之分，正律指的是顺从舞蹈的运动规律和身体的律动性，给人以行云流水、一气呵成的感觉，而反律则指的是违背或逆向舞蹈运动和身体的律动性，展现出的是一种“不顺则顺”的视觉感受。无论是“正律”还是“反律”，都是中国古典舞身韵的重要审美特色之一，是中国古典舞身韵审美特色“律”的精髓所在。

美感体验

古典舞《簪花惜春记》依据辽宁省博物馆镇馆之宝、唐代画家周昉绘制的《簪花仕女图》进行创作，编导将画中人物形象转化为精美的舞蹈形象。舞蹈节目分为入画、整妆、引蝶等5个舞段，由沈阳艺术团16名舞蹈演员联袂表演（图5-2）。

图5-2 古典舞《簪花惜春记》剧照

舞蹈《簪花惜春记》高度还原了《簪花仕女图》的服饰、发式、头饰、妆容，以舞蹈形式体现中国经典绘画的神韵。沈阳艺术团选择以这部画作为素材进行创作，以此传承中华优秀传统文化，让文物“活”起来。

让文物“活”起来，凸显文化溯源，是《簪花惜春记》的一大追求。为此，舞蹈从多个细节对《簪花仕女图》画作进行了高度还原。

演员的服装，是根据《簪花仕女图》的高清扫描图，进行颜色和图案的细致比对后还原的；《簪花仕女图》中的“标志物”为五位贵妇头顶的芍药、荷花等五种硕大的簪花，造型师据此用绢手工制作了五种簪花，力求每一片花瓣、花叶都还原画作。

除了朱红色的服装、高耸的云鬟和硕大的簪花，舞蹈还高度还原了《簪花仕女图》中的扮相。画作中仕女们都是斜刺向上的“蛾翅眉”，为了还原这个小细节，演员们需要刮掉眉毛进行造型。

《簪花惜春记》将舞蹈和绘画等艺术门类进行跨界融合，呈现优秀传统文化之美。通过舞蹈的形式，可以让更多的文物“活”起来，彰显文化自信，同时也为弘扬本土优秀文化做出贡献。

课堂讨论

1.《簪花惜春记》如何通过舞蹈动作和表演展现故事的核心内容？

2.《簪花惜春记》舞蹈作品有何独特之处？可从动作的柔美、节奏的变化以及舞者的身韵表现等方面分析。

自我检测

一、填空题

1. 中国古典舞的身韵主要源于________和武术，而后逐渐形成了一系列具有明显舞蹈特质的形体运动。

2. 在中国古典舞身韵审美特色中的“________”一般指的是舞蹈身姿动作中身体的律动性和舞蹈运动遵循的规律性两个方面的内容。

二、简答题

1. 舞蹈中的身体语言如何表达情感和故事？

2. 试分析古典舞《簪花惜春记》如何通过韵律和节奏实现身韵之美。

美的赏析

主题一
流光溢彩——舞蹈的风格魅力

《乐记·乐象篇》中说道：“诗，言其志也；歌，咏其声也；舞，动其容也。”靠什么动其容？靠的是舞者的独特舞姿风格所带来的舞蹈魅力。无论诗、歌或舞，都是由人的内心出发的，内心所指，然后才表露于外。艺术形象源于人的内心，然后才有乐舞的外在表现，这种外在表现体现在内刚外柔上所具备的精气神韵上，即舞蹈风格的形神具备上，这种舞蹈神韵就是舞蹈风格的再现。

一、认识舞蹈风格

为什么会出现不同的艺术特色和创作个性呢？这是由于艺术家个人所处的时代、生活经历、思想认识、艺术素养的不同，以及艺术流派的特征和艺术家个性的不同而形成的。对风格的解释可以分为三个方面：时代风格、民族风格和地域风格、个人流派风格。

1. 时代风格

舞蹈艺术具有鲜明的时代风格，世界各国不同的历史时期都有着代表时代精神风貌的舞蹈艺术，19世纪浪漫主义时期的经典作品《吉赛尔》，完全展现的是19世纪的时代风格。大型音乐舞蹈史诗《东方红》代表了新中国成立之初，全国人民欢欣鼓舞，对未来充满希望和憧憬的满腔热情。随着时代的进步与发展，今天的舞蹈艺术，更多地表达了社会主义建设新时期的时代精神。

2. 民族风格和地域风格

舞蹈艺术来源于生活，也反映生活。世界不同民族都有反映各自不同特点的民族舞，不同的地域也有着不同地方特点的民间舞。千百年来，它们流传、发展，是世界各国文化交流的宝贵财富。我国地域广大，民族众多，东、西、南、北、中都有各不相同的民族民间舞蹈，代表着各民族和地域的风格特征。

社会主义文化的发展要求题材、风格、样式等方面要多样化，除了古典的风格、民族民间风格的舞蹈以外，还有现代风格的舞蹈，如音乐方面有民歌，有古典乐，还有群众歌曲，如《志愿军战歌》《歌唱祖国》等，往往一些群众歌曲最能体现时代的精神。戏曲方面有各地的戏曲，有“五四”以来发展起来的话剧，也有延安文艺座谈会以后发展的新歌剧。绘画方面除了国画、年画，也有水彩、油画等。因此，在舞蹈方面就不一定非要认定以某种民间舞的形式做基础。可以从生活中精选舞蹈语汇，甚至可以从体操、武术或是杂技，从芭蕾舞、现代舞甚至从现在群众流行的舞蹈中吸收精美的舞姿、新颖的技巧、现代年轻人的风度和气质，创造一种现代风格的舞蹈。现代风格的舞蹈并不是要否认传统，而是追求风格多样发展。

3. 个人流派风格

艺术的创造性要充分展现艺术家的个人风格，舞蹈艺术家因其生活环境、艺术审美修养、师承门派、价值取向、身体条件等因素，经过长期的积累和锤炼，形成独特的个人风格。成功的舞蹈家的个人风格对舞蹈艺术的同行也会产生一定的影响，在学习、交流的过程中，有着相同审美趣味的舞蹈艺术家在共同探索艺术发展方向时，会形成较为相近的流派风格。

二、走进舞蹈的分类

按舞蹈风格分类，舞蹈一般可分为古典舞、民族民间舞、现代舞和当代舞。

1. 古典舞

古典舞是指古代各民族各地区的传统性舞蹈，对舞蹈动作、舞蹈技巧都有着严格规定。

中国古典舞最早是以中国戏曲为基础发生发展而来的，其主要是以京剧等剧种中的“唱”“念”“做”“打”等艺术手段为载体演化而来，改革开放之后，甘肃省的舞蹈家们参考敦煌莫高窟的一些壁画造型，研究出了具有西域特色的敦煌派古典舞，创编出了《丝路花雨》《编钟乐舞》《仿唐乐舞》《铜雀伎》（图5-3）等舞剧。

图5-3 舞剧《铜雀伎》剧照

欧洲的古典舞主要是指芭蕾舞，又称足尖舞，是专指以欧洲古典舞蹈为主要表现手段，是音乐、舞蹈、戏剧、文学于一体的舞台表演形式。芭蕾的代表作是，舞剧《天鹅湖》（图5-4）《睡美人》《胡桃夹子》。

芭蕾舞作为一种被世人所喜爱的舞蹈形式，具有特定的技法和风格特征。首先，开、绷、直、立是芭蕾的审美标准，其次，女演员的足尖技巧是芭蕾舞的显著特点，突出了演员双腿的修长和轻盈。

芭蕾舞在20世纪20年代传入我国。20世纪50年代后，芭蕾这门艺术在我国得到了很大的发展，并根据中国实际和西方的艺术形式结合，创作出了一批以我国劳动人民生活和斗争为题材的舞剧作品，如芭蕾舞剧《红色娘子军》《白毛女》《大红灯笼高高挂》（图5-5）等作品。

图5-4 舞剧《天鹅湖》剧照

图5-5 舞剧《大红灯笼高高挂》剧照

2. 民族民间舞

民族民间舞主要是指在广大人民群众中广泛流传，反映该地区广大群众的劳动生活，在历史长河和代代相传中形成的具有本地区民族特色和风格的舞蹈艺术形式。中国民族民间舞主要以汉族、蒙古族、维吾尔族、朝鲜族、彝族等为代表。

外国民族民间舞以亚洲的肚皮舞、波罗多舞，欧洲的西班牙舞、波尔卡舞、玛祖卡舞、踢踏舞，南美的桑巴舞、探戈舞等为代表。

3. 现代舞

现代舞的特点是主张摆脱古典芭蕾舞过于僵化的动作程式的束缚，以合乎自然运动法则的舞蹈动作，自由地抒发人的真实情感，强调舞蹈艺术要反映现代社会生活。现代舞的生活观是宽容大度，乐观向上，随遇而安；它的艺术观是求同存异，“八仙过海，各显神通”。如我国台湾云门舞集的《水月》《流浪者之歌》，上海金星舞团的《海上探戈》《中国制造·游园惊梦》，江苏原创舞剧《红楼梦》（图5-6）等，无不呈现出百家争鸣之势。

图5-6 舞剧《红楼梦》剧照

4. 当代舞

当代舞是我国舞蹈工作者根据社会生活内容和时代发展的需要，不拘一格地借鉴和吸收了不同舞蹈流派的风格和表现手法，从而创造出了不同于以往的，具有独特新风格的舞蹈。

美感体验

1979年5月23日，民族舞剧《丝路花雨》在甘肃黄河剧院首演，10月1日在北京人民大会堂演出，随即引起轰动，被称为“活的敦煌壁画，美的艺术享受”。创作者们大胆创新，发掘敦煌艺术宝库，将莫高窟中斑驳的壁画化为灵动的舞姿，把静止的画面、历史的瞬间、丝绸之路上的文明交流故事搬上舞台，动人心弦。45年间，《丝路花雨》走出敦煌，走向世界，先后在40多个国家和地区演出近4000场，所到之处无不刮起一阵“敦煌风”。这部诞生于中国西北的民族舞剧还开启了一个全新的舞种：敦煌舞。其后产生的《敦煌古乐》《大梦敦煌》等20多部舞台艺术精品都受到了它的影响。

《丝路花雨》(图5-7)基本保留了原作舞剧中的舞段，包括中国戏曲古典舞、软舞(绿腰舞、霓裳羽衣舞)、敦煌舞(仙舞、俗舞)、健舞(胡旋舞、柘枝舞)、印度舞、黑巾舞、波斯马铃舞、波斯酒舞、土耳其舞、盘上舞、新疆舞等各种形式。《丝路花雨》将丝绸之路和敦煌莫高窟作为宏大背景，并以敦煌壁画为情节线索，通过敦煌画工神笔张和女儿英娘以及波斯商人伊努斯之间情节曲折的经历，表达了他们互帮互助、惩恶扬善的故事。舞剧以几个普通人的形象塑造，表现他们悲欢离合与命运多舛的经历，由此引出各国人民之间的纯洁友情，歌颂了劳动大众共筑和平、追求自由的精神智慧和美好心灵。整个剧情跌宕起伏、扣人心弦、错综复杂、惊心动魄，人物情感变化丰富、性格多样、细腻绵长，演员舞姿曼妙飞扬、造型优美。舞剧具有很强的视听觉、观赏力和舞台表现力，以浓厚的敦煌舞蹈艺术风格，将瑰丽多彩的石窟壁画搬上舞台，形象地再现了敦煌文化的博大精深，歌颂了古代丝绸之路上人们善良友爱的真挚情感。

图5-7 舞剧《丝路花雨》剧照

以《丝路花雨》为代表的舞台艺术作品，使千年古迹再度获得生命，在推进中华文化走向国际舞台的道路上发挥了重要作用。回看敦煌舞的发展历程，对进一步推动中华优秀传统文化创造性转化、创新性发展有着启示意义。

课堂讨论

1.《丝路花雨》舞蹈中的哪些动作和技巧体现了不同文化风格的融合？

2.《丝路花雨》舞蹈如何通过服饰、道具和舞台设计体现丝绸之路的历史背景和文化交流？

自我检测

一、填空题

1. 舞蹈艺术具有鲜明的________，世界各国不同的历史时期都有着代表时代精神风貌的舞蹈艺术。

2. ________主要是指在广大人民群众中广泛流传，反映该地区广大群众的劳动生活，在历史长河和代代相传中形成的具有本地区民族特色和民族风格的舞蹈艺术形式。

二、简答题

1. 探讨大型音乐舞蹈史诗《东方红》如何通过音乐、舞蹈等艺术形式传达出对革命先辈的敬仰之情，以及对新中国成立和当前幸福生活的珍惜与热爱。

2. 在《丝路花雨》中，古典舞的技术和艺术表现有哪些特点？主要角色的塑造如何通过舞蹈动作和表演来实现？

主题二
和谐共鸣——舞蹈与音乐的对话

舞蹈不仅涉及音乐，还涉及美术等其他许多形式的艺术。在这些艺术形式当中，舞蹈和舞蹈音乐之间的关系非常紧密。舞蹈和舞蹈音乐之间具有许多共同之处，两者不仅都能帮助人们抒发和表达情感，而且都具有一定的节奏。所以，音乐是舞蹈中必不可少的部分，舞蹈通过音乐能够创造更加优秀的形象，从而加强艺术对人们的吸引和感染。只有完美融合舞蹈和音乐，才能够创造出成功的舞蹈作品，给人们带来更美妙的视觉享受和听觉享受。

一、舞蹈音乐的特性

舞蹈和音乐的关系不言而喻，有时候舞蹈音乐决定一场舞蹈的成败。任何优秀的舞蹈音乐都必须具备以下特性。

1. 舞蹈音乐的基础特性

从古至今，音乐花园里的经典舞蹈音乐都是引起大众共鸣的精品，属于雅俗共赏的品种。《四小天鹅》的明快悦动，《快乐的女战士》的活泼欢乐。这些舞蹈音乐是我们心目中的经典，无法忽视。舞蹈音乐是在特定的情况下，为特定舞蹈专门设计的音乐，有舞蹈本质的内涵和价值。舞蹈音乐与舞蹈配合得天衣无缝，声形俱佳，形成超越空间的独立艺术，获得了人们的喜爱。舞蹈音乐配合舞蹈的情绪表达，更是与生活中人们的喜怒哀愁无法分割。舞蹈音乐或节奏明快，或柔软妩媚，或大气磅礴，都是对生活的真实反映，我们无法拒绝，更难以忘记。

2. 舞蹈音乐的本质特性

音乐必然需要节拍和节奏，舞蹈音乐的本质特性就是规整的节拍与明显的节奏。这也是对音乐的基础要求，这样的舞蹈音乐才能更好地配合舞蹈，展现舞蹈的美。节拍注重音的强弱，节奏则注重音的长短，两者是舞蹈音乐的主要因素。音乐伴随舞蹈翩翩起舞，配合舞姿，调动情绪，将气氛渲染。不同的节拍和节奏配合着不同的舞步，形成最和谐的画面。舞蹈音乐能够使人情不自禁地感受舞蹈的意义所在，更是凸显不同艺术特色的重要因素。

二、舞蹈与音乐的融合性

从舞蹈与音乐的起源和发展中，不难发现两者都属于抒发和表达情感的重要艺术，且节奏感很强，舞蹈能够借助音乐创作出更加优秀的舞蹈作品。将舞蹈与音乐有效地融合，能创造更加完美的舞蹈作品，给人们带来一场视觉和听觉融合的盛宴。

1. 舞蹈与音乐的历史形象

在古代社会，舞蹈和音乐都是来源于社会劳动，是人们在集体劳动中发出的具有节奏感的呼声。舞蹈和音乐的结合，是社会发展中形成的完美艺术形式。舞蹈和音乐的融合丰富了歌舞音乐的形式，呈现细致的声乐部分，使器乐部分也更加灵活多变。舞蹈在近代呈现出独立的艺术形态，但是仍然与音乐有着密切的联系，尤其是现代音乐的融入，给舞蹈带来了更加强大的活力。

2. 舞蹈与音乐的共同之处

舞蹈和音乐间的密切关系，不仅体现在两者的来源上，还体现在两者的节奏感和抒情功能上。舞蹈和音乐都蕴含着丰富的情感，这些情感来自日常生活，只是音乐属于比较抽象的艺术，舞蹈则是属于比较具体的艺术。同时，音乐与舞蹈自身的节奏感都十分强，舞蹈作品需要音乐的带动，将舞蹈蕴含的独特的韵律美展现出来。

3. 舞蹈与音乐的有效融合

事实证明，古往今来的优秀舞蹈作品都是在音乐的伴奏下创作完成，并最终实现舞蹈演绎。换句话说，离开了音乐，优秀的舞台作品也将无法真正地呈现给观众。音乐紧跟着舞蹈的步伐，能够更好展现出舞蹈的形象，并传递出更加丰富的内涵。舞蹈和音乐的融合是从思想和动作两个方面去表达自身更加丰富的情感，合适的速度、节奏及长度都是两者之间最好融合的体现。

舞蹈像是一幅完美的画卷，舞蹈音乐与舞蹈的灵魂精神有着密切的联系。舞蹈的发展必然离不开音乐，而舞蹈音乐没有舞蹈的配合，也自然失去原有的价值和意义。

三、音乐与舞蹈的民族性融合趋势

音乐与舞蹈的民族性融合趋势是当前全球化背景下的重要文化现象。这种趋势体现了不同民族文化在音乐和舞蹈领域的互动与融合，反映了世界范围内对多样文化的包容和欣赏。

1. 文化根脉的现代表达

音乐与舞蹈的民族性融合，体现在对本土文化根脉的深刻理解和现代演绎上。艺术家们通过提炼传统音乐的精髓与舞蹈的精髓，结合当代审美趋势和技术手段，创作出既保持民族特色又富有时代感的作品。这种融合不仅是对传统文化的传承，也是对其在新时代背景下的创新和发展。

2. 跨文化对话的艺术实践

随着全球化的推进，音乐与舞蹈的民族性融合也体现在跨文化对话的艺术实践中。不同民族的音乐元素与舞蹈语汇相互碰撞、交融，产生了许多新颖独特的艺术形式。这种跨文化的融合不仅拓宽了舞蹈艺术的视野和表现空间，也促进了不同文化之间的理解和尊重，成为构建人类命运共同体的重要桥梁。

芭蕾舞剧《白毛女》深入挖掘了中国民间故事的深厚内涵，采用了河北梆子、山西梆子等地方戏曲元素，使舞剧充满了浓郁的中国乡土气息和文化底蕴。同时，舞剧在服饰、布景、灯光等方面也充分融入了中国传统美学，展现了中华文化的独特魅力。《白毛女》保留了芭蕾的基本技巧和审美标准，同时创造性地融入了中国民间舞蹈的动律和节奏，形成了既符合国际审美又具有中国特色的舞蹈语言，是中国民族特色与西方芭蕾舞语汇融合的杰出典范。

美感体验

舞绘《千里江山图》——《只此青绿》

2022年1月31日除夕夜，在备受瞩目的中央广播电视总台《2022年春节联欢晚会》上，舞蹈《只此青绿》一经登场，便惊艳了所有观众，在网络上收获“每一帧都是画”的赞誉（图5-8）。

《只此青绿》通过“展卷、问篆、唱丝、寻石、习笔、淬墨、入画”7个篇章，讲述了一位故宫青年研究员“穿越”回北宋，以“展卷人”视角“窥”见画家王希孟创作《千里江山图》的故事。典雅的服装、古意的造型、优雅的舞姿、古典的配乐，《只此青绿》将宋代传世名画《千里江山图》用舞蹈在舞台上再现出来，将观众引入王希孟的艺术世界，使观众徜徉在青山绿水中不能自拔。舞蹈《只此青绿》将这幅宋代名作搬上舞台，传达出对中华优秀传统文化及其创造者、传承者的崇高敬意。

《只此青绿》基于传统美学，却又并非一卷宋代图画的具象“复刻”或简单“还原”，主创们在一分一毫中寻找守正创新的平衡点。比如舞蹈编排，更多是取其神而轻其形，是从宋代的审美特点出发，以当代视角反观古典美学的一次探索与实践。

服装造型同样如此。虽然要表现的是宋制服饰，但剧中并没有一件完全复原的宋制服饰，更多的是一种对宋代美学的感受的体现。比如“青绿”片段的服装，并不是特别传统的宋制样式，但它传递出的是宋代美学中简约雅致的态度。

图5-8 舞剧《只此青绿》剧照

> 课堂讨论
>
> 1. 舞蹈《只此青绿》为什么能够广受好评?
> 2. 你认为《只此青绿》美在何处?

自我检测

一、填空题

1. 舞蹈音乐的本质特性就是规整的节拍与明显的________，这也是对音乐的基础要求。

2. 舞蹈和舞蹈音乐间的关系密切，不仅体现在两者的来源上，还体现在两者的节奏感和________上。

二、简答题

1.《四小天鹅》的音乐如何与舞蹈动作相契合?

2. 音乐和舞蹈中的民族性融合具有怎样的社会文化意义?请讨论未来可能出现的融合形式和趋势。

主题三
神形兼备——戏剧中的舞蹈元素

人们进行交流和情感的传递可以通过舞蹈的形式进行表现，于是在当前戏剧表演中会存在很多舞蹈的元素，从而最真实地反映出人性以及人生的真谛，无论是演员，还是观众都在观看表演的同时感悟人生，从而吸引观众的观看兴趣，提高舞台的感染能力，渲染舞台的氛围。

一、舞蹈在戏剧表演工作中的重要性

舞蹈在戏剧中起到关键的作用，其重要性如下所示。

舞蹈刻画了戏剧中真实的生活，演员利用舞蹈中的动作，表现人物想表达的情感与心理活动，优美的动作刻画了性格鲜明的人物，使整个戏剧的骨架更加完整、突出。同时，舞蹈为戏剧表演注入了鲜活的血液，现实生活中的场景远远比舞台戏剧中的场景丰富得多，为了不让观众有突兀的感觉，演员利用夸张的舞蹈渲染环境，从而使舞台的场景不再单调。

舞蹈可以丰富戏剧，起到抒情的作用，戏剧中人物的性格是鲜明的，时刻有着矛盾冲突，无论是台词还是音乐都要配合人物的动作，如果动作过于简单，观众无法注意到，所以只有夸张的舞蹈动作才能让观众意识到戏剧中人物与现实的不同。传统的舞蹈都以动作、形态来抒发情感，而戏剧中的舞蹈都是以无声的语言，将人物内心的复杂兴趣表现得淋漓尽致，尤其是在戏剧高潮时，演员的舞蹈动作尤为重要。

舞蹈元素可以提高戏剧的美感，一般情况下，戏剧表演需要按照一定的剧本进行，无论是场景的布置还是演员的安排。都需要根据剧本进行设置。舞蹈的作用就是为了提高戏剧的观赏性，避免观众的听觉疲劳，用视觉弥补听觉，渲染人物的情感，从而使戏剧表演得到升华。

二、舞蹈在戏剧表演工作中的实际运用

舞蹈在戏剧表演工作中的实际运用是一个充满创意与深度的艺术融合过程。在戏剧的广阔舞台上，舞蹈不仅是身体语言的简单展现，更是情感传递、情节推进和角色塑造的重要工具。它以其独特的魅力和表现力，为戏剧表演注入了鲜活的生命力。

1. 把握戏剧经典片段，提高戏剧的活力

戏剧表演中，舞蹈有多种表现手段，尤其是在当前戏剧表演中，很多演员会加入现代舞元素，例如，将爵士舞的节奏与剧情的跌宕起伏进行结合，使戏剧紧跟时代的潮流，彰显戏剧的时尚感，同时提高戏剧的感染力。

戏剧《野人》中就有大量的舞蹈元素，当舞台背景为人们砍伐树木的时候，演员就是采用舞蹈的形式表现出来的，山民们围绕着原始人进行夸张的动作表演，观众不难看出这些舞蹈代表着粗鲁的砍伐，等到大旱降临的时候，山民又开始跳起了傩舞，通过这些舞蹈的变化，观众可以清晰地感受到戏剧表演中的情节变化，舞蹈的变化突出了天灾人祸下，人们面对自然的挣扎，无须台词解释就能表现出人们的无助与彷徨，从而起到了升华戏剧主题的作用。

2. 实现舞蹈与戏剧的情景交融

戏剧有着悠久的历史，是中华传统文化中具有综合性、代表性的古典文学，而“意境”正是戏剧表演中追求的一种最高境界，属于传统艺术精髓。戏剧将歌曲、文学、美术等艺术形式融于一体，具有泛化美的特征。在戏剧表演中，“意境”有着极为重要的价值，这是传统美学的突出表现，能够表现出戏剧的独特文化魅力与民族特色，能够表现出完美统一、出神入化、情景交融的境界，让观看者产生情感共鸣，提高戏剧的艺术表达力与感染力。舞蹈在戏剧中的应用是能够将两者融于一体，为观众营造出独特的情境。

以《牡丹亭·惊梦》为例：

原来姹紫嫣红开遍，似这般都付与断井残垣。良辰美景奈何天，赏心乐事谁家院！……

朝飞暮卷，云霞翠轩；雨丝风片，烟波画船。

短短的两行字中，表现出了形象生动的意境，姹紫嫣红、烟波画船、云霞翠轩等，通过戏剧的表演，观众仿佛进入了美丽的春天，这些都是“实”的存在，也是意境中相对稳定的内容。在表演时，通过舞蹈与舞蹈效果为观众营造出了良好的意境。

此外，在意境中，还有很多内容是看不见、摸不着的，如戏剧《石榴树下》，传达了父女情深，依依惜别，声声叮咛的情境，在表演时，演员充分利用舞蹈表演，给观众留下了深刻的印象。

3. 正确理解与把握戏剧中人物的性格特点

即使是戏剧中的人物也具有生动的性格，演员想要表现出人物的性格，就要将自己的情感与人物的情感完美地结合在一起，理解并且把握好戏剧中人物的性格特点，从而将舞蹈展现给观众。对此，演员需要加强自己的理解能力、分析能力以及表现能力，保持自信的态度面对演出，加强对舞蹈动作的理解和舞蹈元素的融入力度，抛开思想中存在的束缚，走进角色的内心世界。

在戏剧《红高粱》（由同名小说《红高粱》改编而成）的表演中，呈现了一个可歌可泣的保家卫国、奋力抗击入侵者的故事，九儿身着红袄，红裤，红鞋袜靓丽登场，她以高亢明亮的嗓音、韵味醇厚的声腔、深刻动情的表演，边舞边唱，诠释了一个火辣辣、敢爱敢恨、顽强抵抗侵略者的九儿。

三、声乐与舞蹈融合的戏剧艺术

声乐与舞蹈作为戏剧艺术的两大核心元素，在艺术形式的表现方式上是互补的，声音艺术主要通过声音表现出来，而舞蹈则是运用肢体语言来表现。声乐主要是根据时间推移的过程，将人们带入听觉世界，通过声音将其感情表达出来，而舞蹈则是通过动作的变化，通过空间的形式吸引围观群众，通过形体将要表达出来的情感和故事以舞蹈的形式诉说给观众。

1. 情感表达的双重奏

声乐与舞蹈融合的戏剧艺术，为情感表达和叙事结构带来了全新体验与创新。在戏剧舞台上，声乐与舞蹈如同默契的伙伴，共同编织出复杂而细腻的情感网络。如音乐剧《歌剧魅影》的高潮部分，歌曲与舞蹈同步展现角色内心的激荡，使观众沉浸其中。

2. 叙事结构的创新构建

这种融合不仅丰富了情感表达，也为戏剧叙事结构带来了变革。传统戏剧多依赖对话和场景转换推动情节，而在声乐与舞蹈融合的戏剧中，歌曲和舞蹈成为重要手段。创作者通过精心编排，构建出富有层次和逻辑的叙事结构，使观众在欣赏中深入思考剧情背后的意义和价值。

3. 文化传统的现代诠释

声乐与舞蹈的融合还体现在对文化传统的现代诠释上。各国文化传统中的声乐与舞蹈资源，不仅是艺术创作的重要素材，也是文化传承的载体。在戏剧艺术中，创作者深入挖掘和提炼文化传统精髓，结合现代审美和艺术手法进行创造性融合，赋予传统文化新的生命力和时代感。中国民族歌剧《江姐》便是典范，它将中国传统民歌元素与西方歌剧表演形式相结合，通过声乐与舞蹈的精湛演绎，成功塑造了江姐的英勇形象，展现了革命主题和民族精神。

四、戏剧中声乐与舞蹈表演结合的要求

声乐与舞蹈在戏剧表演中不仅服务于情感表达，还承担着叙事功能。它们需紧密配合，通过音乐的节奏、舞蹈的动作，推动剧情发展，揭示矛盾冲突。同时，表演形式需与剧情内容和谐统一，确保观众能够清晰理解故事线索，感受戏剧的张力。因此，对表演者提出了更高的艺术素养要求。

1. 肢体语言的协同性

戏剧表演中，声乐与舞蹈的肢体语言需达到协同，要共同讲述故事、表达情感。表演者需精准控制身体每一个细微动作，使之与声乐旋律、节奏及歌词情感相吻合，形成和谐统一的视觉效果。同时，肢体语言还需服务于角色塑造，增强角色情感的传达与戏剧张力的表现。

2. 呼吸要求的连贯性

声乐与舞蹈的结合对呼吸提出了较高要求。歌者需掌握科学的呼吸方法，确保发声的饱满与稳定；舞者则需通过呼吸控制身体力量，实现动作的流畅与连贯。两者在戏剧表演中需保持呼吸的同步与连贯，使声乐与舞蹈更加和谐统一，增强表演的感染力。

3. 体能要求的挑战性

戏剧中声乐与舞蹈的结合表演对演员的体能提出了巨大挑战。表演者需具备良好的身

体素质，包括力量、耐力、柔韧性及协调性等，以应对高强度、长时间的表演需求。同时，还需通过科学合理地训练，提升体能水平，确保在表演中能够自如地展现声乐与舞蹈的艺术魅力。

美感体验

安徽黄梅戏唱腔优美婉转，与京剧、豫剧、越剧和评剧并列称为中国的五大戏剧品种。黄梅戏唱腔婉转优美，故事曲折动人，更为重要的是舞姿优雅，既有充满生活气息的俗，又有身段优美的雅，因此，可以说黄梅戏和黄梅戏舞蹈都是一门雅俗共赏的艺术。

舞蹈的美是构成黄梅戏艺术美的重要组成部分，其中的舞姿造型、韵味生活和内涵丰富之美值得细细地品味。

1. 舞姿造型之美

黄梅戏舞蹈形成的初期阶段，主要以民间舞蹈为主，如黄梅戏《无事生非》的第一场，李侯府张灯结彩，迎接唐侯大将军凯旋，四个小姑娘站在四个小伙的肩头，高高放下彩绸，还在台上绕场一周，这是采用花鼓灯的站肩渲染喜庆热闹的气氛，新颖而得体，体现了黄梅戏双人舞的舞姿美感。另外，还有一种叫作“杨花摆柳”的舞蹈形式也很普遍，具体形式是，表演者在出场之后、演唱之前先舞起手巾花，同时扭动身躯，做出柔美的女性姿态，犹如风摆杨柳一般，故而为这种表演形式赢得了“杨花摆柳”的美称，体现了黄梅戏舞姿柔美的一面。

2. 韵味生活之美

美在生活之中。在《天仙配》中，编导乔志良成功设计了《鹊桥》和《织绢》两场舞蹈，改变了传统演出中演员站着或者坐着不动的演出方式，变更为七仙女翩翩起舞的场面，大大增强了剧情的生活气息，也使得整个演出显得更加流畅、生动和优美。

舞蹈的韵味来自生活的情趣，同时舞蹈的韵味又能够增加戏曲的舞台表现力，为演员们在舞台上找到了优美的表达方式。有些舞蹈动作尽管来自下里巴人的生活，但搬上舞台以后则表现出一种真实或谐谑的味道。在《推车赶会》中，演员推独轮小车过程中的各种动作已舞蹈化，其他戏中的推车戏也选用其中的某些动作，如《罗帕记》中神仙变的车夫送陈赛金逃难，也是旦坐在独轮小车上，丑推着车跟在后面，二人就着锣鼓点子，一推一晃地向前行进。生活是细致入微的，每一个优美舞蹈动作的背后都有真实的生活支撑，这样的舞蹈表演自然会美。

3. 内涵丰富之美

舞蹈动作之美不仅体现在形式上，还体现在内涵上。如在《女驸马》的洞房一场戏中，严凤英有这样一段表演：剧中公主把她当成真驸马，她自己有苦难言，而又对公主深表同情。当她一人在场时，有一段独唱：“你我都是闺中女，怎效鸳鸯比翼飞？我为救夫乔改扮，无故累你守空帏。”严凤英说：“原来这里没有身段，只是在‘乔改扮’那里，用右手做兰花指，手心朝内，以中指从左眉绕到右眉，表示一下‘乔改扮’的意思。”后来，经过导演指点，对所扮人物此时的内心活动做了深入分析，觉得“我这个女孩子误招进宫做驸马，事情一败露，马上就得杀头，公主三番五次催我睡觉，谯楼也是更鼓频催，情况十分紧张。现在公主虽然被我哄去先睡了，假如我再不去，她当更会起疑心。在这样紧张的情况下，我要坐着不动地唱，从戏曲表演要求来看，是非常不够了”。于是，她运用程式，把动作放大，把内心的激动紧张情绪鲜明地告诉观众。她说：“我把原来的‘乔改扮’的兰花指小动作改成为一个全身的大动作，从‘走边’中化过来的一个身段，向前踩三步，然后蹲一个势，起身，左手撩袍，右手指乌纱帽，望着公主的卧室，唱‘我为救夫乔改扮’——把‘乔改扮’的范围从脸上扩大到纱帽、蟒袍。换了这个动作的身段，我的焦急和深深为公主抱屈的心情就比原来明朗多了。”由此可见，黄梅戏中的舞蹈充满着丰富的内涵。

舞蹈具有强大的表现功能。黄梅戏中，舞蹈的作用是其他表现手法无法替代的，合理地运用舞蹈动作，可以大大增加戏曲艺术的表现力，同时，给观众以美的享受。

课堂讨论

1. 黄梅戏舞蹈在历史发展的过程中经历了哪些重要的变化？

2. 黄梅戏舞蹈中的具体动作（如步伐、手势、转身等）如何展现演员的技巧与艺术表现力？

自我检测

一、填空题

1. 戏剧表演中，总会有一些经典的片段让人们在多年以后依旧难忘，引起后人模仿，从而提高了戏剧的活力，由此可见，戏剧也具有一定的________。

2. 声乐和舞蹈对表演者呼吸方法的要求有所区别，声乐表演中通常使用________的方式，能够使表演者气息稳定且流畅。

二、简答题

1. 舞蹈如何在戏剧中融合情感表现？请讨论舞蹈动作和舞蹈编排如何帮助传达戏剧中的情感主题。

2. 舞蹈在戏剧中如何与舞台设计相融合？请讨论舞台布景和灯光如何影响舞蹈的表现效果。

美的实践

主题
诠释自我——展现身体之美

实践名称	开展班级舞会
实践目标	通过开展班级舞会，在共同活动中增进集体感情，同时感受舞蹈的氛围，获得亲身参与集体舞蹈的体验，从而提高审美能力和审美素养
实践内容	利用一周的课余时间进行班级舞会筹备和个人练习，然后利用一节课的时间举行班级舞会。班级讨论舞会的举办事项、舞种选择等，对初学者而言，简单的交谊舞步、围成圆圈跳的“锅庄舞”、不变换队形的踢踏舞等是比较适合的选择；准备舞会相关事宜，如联系场地、准备音乐等
实践步骤	（1）根据班级成员的水平和兴趣，选择适合的交谊舞步，如华尔兹、探戈、快步舞等 （2）可邀请专业舞蹈教练进行指导，确保舞步的正确性和美观 （3）安排班级成员参加舞蹈排练，熟悉舞步并提高协调性 （4）根据主题布置场地，设置舞池、音响设备、灯光等，创造良好的舞会氛围 （5）除了交谊舞步，还可以安排一些轻松的互动环节或游戏，增加趣味性 （6）向参与者收集关于舞会的反馈，了解他们的体验和建议 （7）组织团队讨论，总结活动的成功之处和不足之处，为今后活动的开展提供参考
注意事项	（1）确保场地的安全，包括消防安全、急救措施等 （2）严格控制每个环节的时间，确保舞会按计划进行 （3）保持各部门之间的良好沟通，确保信息传达准确无误
实践评价	（1）评价参与者对交谊舞步的掌握情况和表现 （2）评估舞会的整体组织效果，包括场地布置、节目安排等 （3）衡量参与者的积极性和满意度，包括对舞会的总体体验 （4）评价舞会的氛围是否活跃，互动环节的效果如何 （5）分析参与者的反馈，并评估是否采取了有效的改进措施
实践心得	

模块六 表现心灵本真：绘画艺术

模块导言

在人类文化的丰富宝库中，绘画艺术以其独特的魅力占据了一席之地。它不仅是视觉的盛宴，也是心灵的独白。绘画艺术作为一种独特的文化现象和艺术形式，承载着人类的文化传统和精神追求，它不仅是技艺的展现，更是艺术家心灵世界的投射。在这一模块中，我们将一起探索绘画艺术如何表现心灵本真，感受其带来的情感共鸣和审美愉悦。

学习目标

- 知识目标

  1. 掌握绘画艺术的分类和特点。
  2. 掌握绘画艺术的审美方法。

- 能力目标

  1. 具备绘画艺术作品分析和评价的基本能力。
  2. 能够理解和解析绘画艺术作品的审美价值和意义。

- 素质目标

  1. 培养审美情趣和艺术修养。
  2. 提升对绘画艺术作品的感知能力和欣赏水平。

美的探寻

主题
绘影斑斓——漫谈绘画的特征类别

绘画艺术是美术领域中重要的一种艺术形式，它运用线条、色彩和形体等艺术语言，通过构图、造型和设色等艺术手段，在二维空间，也就是平面里塑造出一种静态的视觉形象。

绘画艺术之所以能引人驻足、引人思考，是因为它包含了艺术家们对艺术的理解与表达，美好的画作或自然天成，简淡拙朴，散逸着清寂空灵，或大胆自由，表达了对生命的渴望，对情感的张扬，对时弊的针砭及对真情的感悟。

绘影斑斓——漫谈绘画的特征类别

一、绘画艺术美的特征

绘画艺术的美是多方面的，主要体现在造型性、视觉性、瞬间性和表现性上。

1. 造型性

造型性是指绘画作品重视描绘对象的外形，力求准确塑造客观事物的形象。例如，齐白石通过准确地把握虾的结构和比例、运用简练的笔墨和丰富的墨色变化以及夸张变形和生动活泼的表现手法，创造出了既真实又生动的虾的形象（图6-1）。

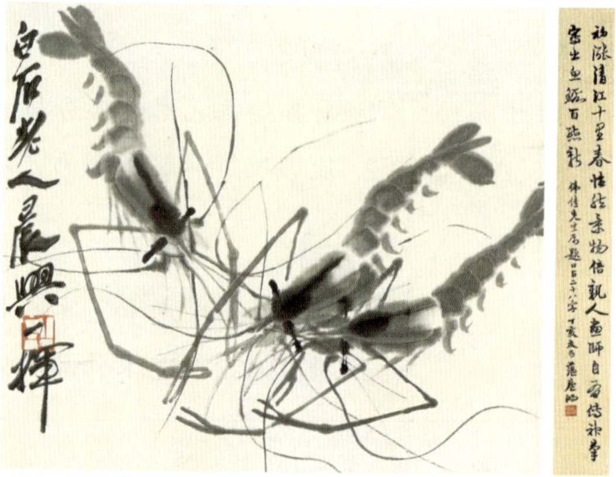

图6-1 齐白石《虾》

2. 视觉性

视觉性是指绘画作品需要欣赏者用眼睛去看，才能从直观的视觉形象中获得丰富的审美享受。每一幅画作都是艺术家对世界的独特解读，再通过巧妙的笔触表现出来。这种视觉性不仅让我们有美的享受，也让我们在欣赏中思考，理解艺术家的内心世界和创作理念。

3. 瞬间性

瞬间性是指绘画作品是在动和静的交叉点上，抓住客观事物发展变化的某一瞬间的形象，将它用物质材料和艺术语言固定下来。绘画作品之所以美，是因为它反映了事物运动变化过程中最精彩的瞬间。德加的《舞蹈课》捕捉了芭蕾舞课上的一个普通瞬间，展现了教练和舞蹈演员们的真实状态。教练拄着拐杖审视正在跳舞的女孩，而其他舞者则在休息、独自练习或观看，这种对真实瞬间的精准捕捉，使画作充满了生动感（图6-2）。

4. 表现性

表现性是指绘画作品能表现出事物内在的精神气质，传达出艺术家的思想情感和审美理想。换句话说，欣赏绘画作品，其实也是欣赏艺术家丰富的内心世界。塞尚的《圣维克多山》通过独特的构图、色彩、笔触等手法，成功地表现了山脉的巍峨以及自然与艺术的和谐统一（图6-3）。

图6-2 德加《舞蹈课》

图6-3 塞尚《圣维克多山》

二、绘画的分类及特点

绘画的种类繁多，范围广泛。按使用的材料、工具和技法来划分，可分为中国画、油画、版画、水彩画、水粉画、综合材料画等；按题材内容来划分，可分为肖像画、风景画、风俗画、静物画、历史画等。这里简要介绍三大画种，即中国画、油画和版画。

1. 中国画

中国画在世界美术领域自成体系，独具特色。同西方绘画相比，中国画有其自身的特点，概括而言，主要表现在以下几个方面。

中国画采用特制的毛笔、墨或颜料，在宣纸或绢帛上作画。毛笔的勾、勒、点、皴等不同技巧和方法，使中国画表现出变化无穷的线条情趣；墨的烘、染、泼、积、拓等墨法，让墨色产生丰富而细微的色度变化，使得以墨代色的中国画具有独特而丰富的艺术魅力（图6-4、图6-5）。无论是水墨画、工笔画，还是写意画，都非常强调“立意”和“传神”。艺术家往往只画山水的一个局部、花果的一枝一实，画中有大量的“留白”，都留给观众用想象来补充。

图6-4 郭熙《早春图》

图6-5 崔白《沙渚凫雏图》

中国画常与诗文、书法、篆刻有机地结合在一起，相互补充，交相辉映，形成了中国画独特的内容美和形式美。

2. 油画

油画是西方最具代表性的绘画品种，是用油质颜料在布、木板或厚纸板上画成，其特点是色彩丰富鲜艳，能够充分表现物体的质感。

西方绘画的主流审美趣味，在于真和美。其中古典写实油画就是追求对象的真实和环境的真实（图6-6、图6-7）。为了达到逼真的艺术效果，油画十分讲究比例、明暗、透视、解剖等科学法则，并将光学、几何学、解剖学、色彩学等科学作为绘画依据，例如，印象派莫奈的《睡莲》就是将物理光学作为创作理论依据的代表（图6-8）。

图6-6 维米尔《倒牛奶的女仆》

图6-7 维米尔《戴珍珠耳环的少女》

图6-8 莫奈《睡莲》

3. 版画

版画也是西方绘画的一个重要画种。它是用笔、刀或化学药品在选定的材料上进行刻画。珂勒惠支的版画作品以其深刻的主题、独特的风格和精湛的技巧而闻名。她的作品涉及社会问题、战争、贫困以及母性等，情感真挚，具有强烈的视觉冲击力（图6-9、图6-10）。

图6-9 珂勒惠支《磨镰刀》

图6-10 珂勒惠支《反抗》

中西方绘画源远流长，各有其独特的艺术魅力和审美特色。概括地讲，中国传统绘画尚意，西方古典绘画尚形；中国传统绘画重表现、重情感，西方古典绘画重再现、重理性；中国传统绘画以线条为主要造型手段，西方古典绘画主要是由光和色来表现客观事物；中国传统绘画不受空间和时间的局限，西方古典绘画则严格遵守空间和时间的界限。

当代中国绘画在继承传统笔墨技法的基础上，融入了更多的现代元素和创新理念。艺术家们注重对传统文化的挖掘和传承，同时也关注现实生活和时代变迁。他们的作品往往充满了诗意和哲理，富有深刻的文化内涵和时代意义。

现代西方绘画审美呈现出多元化和实验性的特征，包括抽象、具象、表现主义、超现实主义等多种风格。艺术家们尝试用各种新材料、新技术和新媒体来创作，挑战传统的绘画形式和观念。他们的作品一般注重个性和情感的表达，同时也不乏对现实社会的深刻反思。

然而不论是中国绘画，还是西方绘画，最深最厚的基础仍然是“真”与“诚”。

美感体验

《清明上河图》(图6-11)是北宋画家张择端的传世之作，是一幅绢本设色的长卷作品，宽24.8厘米、长528.7厘米，采用散点透视的构图法，以自然景观作为分隔，将繁杂的景物纳入统一而富于变化的画面中，并以细腻的笔触、丰富的色彩和宏大的场景，为我们呈现了一幅生动的北宋时期的社会画卷。

画中翔实记录了北宋都城东京(今河南开封)的市井生活，以汴河为中心，两岸商铺林立，舟船往来如梭，行人络绎不绝。艺术家张择端运用细腻的笔触，将人物、建筑、船只等描绘得栩栩如生，仿佛让人置身于北宋的繁华盛世之中。画面中的人物形象各异，涉及各个社会阶层，有商贩、工匠、文人、仕女等，他们或交谈，或劳作，或悠闲漫步，形态各异。每个人物都具有独特的形态和表情，体现了艺术家对人物内心世界的深刻洞察，反映了当时人们的精神状态和心理活动。

张择端运用独特的构图技巧，将画面分为近、中、远三个层次，使得画面既具有深度又富有立体感。同时，他运用流畅而有力的线条，将人物、建筑等描绘得生动而传神。无

图6-11 《清明上河图》(局部)

论是城市的繁华还是郊外的宁静，都充满了对自然和生命的热爱，展现了一种人与自然和谐相处的理念，体现了当时人们对自然和生命的尊重与珍视。

《清明上河图》所表现的“心灵本真”主要体现在生动的市井生活描绘、丰富的人物形象、对自然和生命的热爱、对社会的深入观察以及细腻的情感表达等方面。这些元素共同构成了这幅作品的独特魅力和内涵。

课堂讨论

1. 分析《清明上河图》的文化内涵，包括传统节日、民俗习惯、宗教信仰等方面。

2. 分析《清明上河图》在审美上的独特之处，如画面的节奏感、空间的层次感、细节的精致性等。

自我检测

一、填空题

1.《清明上河图》生动记录了________的城市面貌和当时社会各阶层人民的生活状况，是当时城市经济情况的写照。

2. 绘画艺术的美是多方面的，主要体现在________、________、________和______上。

二、简答题

1. 试分析和评价北宋郭熙《早春图》，并说一说这幅画的审美价值和意义。

2. 说一说中西方绘画的审美特征。

美的赏析

主题一
惟妙惟肖——绘画的生动如真

绘画艺术的“生动如真”是指艺术家在表现对象时，能够准确地捕捉和传达出对象的真实感和生命力，使观者产生仿佛看到真实事物的错觉。写实绘画是实现“生动如真”效果的重要手段之一，它的表达基于人们所拥有的日常视觉经验，所以写实绘画可以不通过“翻译”就能被各种身份的人所接受。它对内在艺术精神传播的准确性和普及性是其他绘画形式无法比拟的。正因如此，写实绘画也是向全社会传播时代文化不可缺少的艺术形式。

惟妙惟肖——绘画的生动如真

艺术家在写实绘画中所表现出的高超技艺，相信会令大多数同学感到惊奇。柏拉图与亚里士多德两位哲学家都说“模仿自然是艺术的本质”。但艺术的模仿不是徘徊于自然的外表，一件好的写实绘画作品，需要对自然进行提炼和升华，需要艺术家注入自己真切的思想和情感，并通过艺术的创造力，揭示出实际生活的本质与真谛，从而实现真正意义上的“真实”。

因此，不同时代、不同文化所理解的“真实”的标准也是不同的。

一、西方写实绘画

西方写实绘画所追求的是一种理性主义的视觉真实。中世纪绘画中的空间基本是平面化的，直到“欧洲绘画之父”乔托·迪·邦多纳在作品中增加了近大远小的透视关系，发明了一套直接观察自然，以再现客观现实的绘画方法，由此开创了绘画早期的科学时代。达·芬奇将其在解剖学、几何学等领域的研究成果，融入空间的塑造里，将绘画的“视觉真实”向前推进了一大步，复兴了古希腊雕塑、建筑的优雅与崇高、静穆与和谐（图6-12）。之后“油画之父”扬·凡·艾克以“实事求是”的精神，通过改进油画技法展示了现实世界里丰富多彩的景象和生活。

二、中国画的写实

与西方绘画注重视觉真实的倾向不同，中国画的写实，有着自身独特的表达方式。中

图6-12 达·芬奇《最后的晚餐》

国画注重线条，主张“以形写神”。谢赫“六法”之中的“应物象形”“随类赋彩”，是临摹自然，刻画造化的真实形态。中国绘画历经汉魏六朝发展臻于高点，直至与西方中世纪同时期的唐宋两朝，中国写实绘画达到了鼎盛。

唐朝张萱的《虢国夫人游春图》（图6-13）、顾闳中的《韩熙载夜宴图》（图6-14）等作品都是对真实历史人物和真实生活图景的生动描绘。

宋朝不仅有我们熟悉的《清明上河图》《千里江山图》等传世名作，宋徽宗赵佶本身也是一位具有精深造诣的画家，他的作品有《瑞鹤图》（图6-15）《芙蓉锦鸡图》等。黄荃的《写生珍禽图》（图6-16）标志着中国花鸟画家已经具备完善的写实能力。布莱克的诗句：“一沙一世界，一花一天国”，正适合用来赞美宋人精妙的花鸟绘画技术。一天的春色寄托于数点桃花，二三水鸟启示着自然的无限生机。

图6-13 张萱《虢国夫人游春图》

图6-14 顾闳中《韩熙载夜宴图》(局部)

图6-15 赵佶《瑞鹤图》(局部)

宋元山水画是最客观的，它以超脱小我主观地位的远近法，描绘大自然的千里山川，登高远眺云山烟景，无边的宇宙即是这一片云山的背景，饱含着中国人对自然、对生活真谛的理解。所以中国宋元山水画是最写实的作品，也同时是最空灵的精神表现，将心灵与自然完全合一。

图6-16 黄荃《写生珍禽图》

当然，“生动如真”并不是艺术真实的唯一表达方式，艺术家表达“真实”的途径其实是丰富多样的。

· 案例一

图6-17 罗中立《父亲》

《父亲》（图6-17）是一幅典型的现实主义油画作品，画面中的主人公是一位饱经风霜的农民父亲。他头戴白色毛巾，脸上布满了皱纹和沧桑。他的眼神深邃而坚毅，充满了对家庭、对生活的责任和担当。这幅画以细腻的笔触和真实的色彩，生动地展现了中国农村老年劳动者的形象和风貌。

《父亲》画面构图简洁明了，运用三角形构图稳定地展现出人物主体，突出了农民父亲的威严和庄重。在色彩运用上，罗中立巧妙地运用了暖色调，使得画面充满了温暖和亲切感。同时，他通过细腻的笔触和丰富的光影变化，生动地表现了人物面部的纹理和质感，使得人物形象更加真实可信。

我们在欣赏这幅画作时，不仅能够感受到农民父亲的艰辛与付出，还能够体会到艺术家对于人性的深刻理解与赞美。这种情感共鸣，使得《父亲》成为一幅具有普遍意义和永恒价值的艺术作品。

· 案例二

大型油画作品《一定要把淮河修好》（图6-18）由罗奇、黄福昌、廖大杰等艺术家共同创作完成。作品将治理淮河流域的场景刻画成中华儿女改天换地、气势磅礴的恢宏战

图6-18 《一定要把淮河修好》

场，既具有现实主义精神，又透露出浪漫主义情怀。

画面左侧，一位年轻的女子在忙碌的劳作间隙，手捧一碗清水，深情地望着她的丈夫，这一幕充满了温馨与柔情。她既是辛勤的劳动者，也是家庭温暖的守护者，这种既顾大家又顾小家的情感，在画中得到了深刻的体现。画面右侧，一位老者屹立于道路之上，头部微微超出地平线，笑容中透露出豁达与自信。他展望身前的大地，仿佛能看见过去的苦难与今天的繁荣，而他那如蓝天般清澈明朗的心情，是对美好生活的无限憧憬。

在构图上，艺术家巧妙地运用了“一半天一半地，一半天一半人”的布局，使画面既富有层次感，又充满了张力。温暖的色调、和煦的阳光，为画面营造出一种积极向上的氛围，让人感受到那个时代人民的坚韧不拔和勇于斗争的精神。

这幅作品不仅以宏大的叙事展现了人民投身于国家建设的豪情壮志，还以细腻的情感描绘表达了对人性的深切关怀。画中的每一个小人物，都是那个时代的见证者，他们用自己的汗水和智慧，书写了一段波澜壮阔的历史，这是人民对于美好生活的追求和向往。

课堂讨论

1.《父亲》这幅作品中的人物形象有何特点？艺术家如何通过这些特点来塑造一个典型的“父亲”形象？

2. 在《一定要把淮河修好》中，艺术家是如何通过画面中的众多形象来体现人民的劳动精神和集体力量的？

自我检测

一、填空题

1. ________将其在解剖学、几何学等领域的研究成果，融入空间的塑造里，将绘画的“视觉真实”向前推进了一大步，复兴了________雕塑、建筑的优雅与崇高、静穆与和谐。

2. 黄荃的________标志着中国花鸟画家已经具备完善的写实能力。

二、简答题

1. 说一说中西方绘画所理解的“真实”的差异。

2. 试分析唐朝张萱的《虢国夫人游春图》是如何对真实历史人物和真实生活图景进行生动描绘的。

主题二

色彩之境——绘画的丰富情感

色彩是能引起我们审美愉悦的、较为敏感的视觉要素之一，正是因为有了色彩，世界才会精彩纷呈。鲜艳的色彩容易吸人眼球，火红会不会令你着迷？明快响亮的柠檬黄，像不像钢琴弹奏出的高音？若是想要舒缓下来，你会想到什么颜色？是蓝色还是绿色？

色彩有着动人的感染力。无论是中国画还是西方绘画，色彩对画面氛围的传达都具有至关重要的影响。因此从某种意义上讲，色彩不但是自然世界的生命，也是绘画艺术的生命。

一、中国画的色彩

中国画对色彩的呈现，可以用“含蓄”来形容。中国画的传统颜色有朱砂、胭脂、花青、藤黄等，其中有一种颜色极具东方特征，那就是“青”。荀子《劝学》中提到“青，取之于蓝，而青于蓝”，在中国色彩文化中，“青”兼含了绿色和蓝色。中国古代青绿山水中，“青”多为蓝色。展子虔的《游春图》(图6-19)、李思训的《江帆楼阁图(图6-20)》都巧妙地运用了青绿等色彩，使得画面色彩鲜艳明快，富有生机，展现出春意盎然、生机勃勃的景象。王安石曾写道：“一水护田将绿绕，两山排闼送青来。”这是一首满是春意的诗，“青”在这里被赋予了积极的意义，是希望和生命的象征。

图6-19 展子虔《游春图》

图6-20 李思训《江帆楼阁图》

中国传统的水墨画，一淡一浓间，将墨色发挥到了极致。中国传统水墨画的色彩观受中国哲学的影响，可以追溯至阴阳五行说以及儒道玄学哲学思想，“无色而五色成焉”，水墨画里把墨色分成五种色度，那就是焦、浓、重、淡、清。“墨分五色”衬托出水墨画的清而有神，诠释了从墨色中所见的“五彩斑斓”，五色的运用使画面耐人寻味。

《富春山居图》（图6-21）画面仅用水墨渲染，在宣纸上即可转化为无穷的“色彩”，若明若暗的墨色，自然地笼罩在景物之上，超越了随类赋彩的传统观念，令人产生亲切之感。

图6-21 黄公望《富春山居图》

二、西方绘画的色彩

与中国画的含蓄不同，西方绘画往往通过色彩直抒情感。在西方古典写实绘画中，色彩的其中一个作用就是为了更好地再现客观世界，色彩从属于形体，单纯而厚重。而19世纪中叶后的一批西方艺术家则改变了色彩以往的境遇，他们使色彩逐渐摆脱了形体的桎梏，成为画中的主角。

19世纪，莫奈受透纳作品的启发，画出了《日出·印象》（图6-22），代表“印象派”遂即诞生。

印象派和古典主义最大的区别是印象派受到了物理光学的影响，追求自然转瞬即逝的色彩。于是，印象派艺术家们开始去户外，揣摩色彩变化的规律，描绘更加真实的自然。两堆再平常不过的干草，在不同的时刻、不同的季节，散发出了光与色的极致美感，莫奈用色

图6-22 莫奈《日出·印象》

图6-23 莫奈《干草垛》

彩的冷暖差异代替了古典写实绘画中简单的明暗变化（图6-23）。

而后印象派艺术家梵高，则将物质层面的色彩，带向了精神世界。金黄色的麦田（图6-24）与向日葵，大量出现在梵高的作品中。它们顽强热烈、灿烂绚丽，亦如梵高对生命的理解。

自此之后的野兽派（图6-25）、立体派（图6-26）、达达派、抽象派（图6-27）等现代派绘画不再以再现自然为目的，而是更加注重绘画的主观性、形式性和象征性。色彩作为绘画表现的主要手段，发挥着越来越重要的作用。

图6-24 梵高《金色的麦田》

图6-25 马蒂斯《红色的和谐》

图6-26 毕加索《格尔尼卡》

图6-27 罗斯科《橘色上的紫红、黑与绿》

三、中西融合的绘画色彩

20世纪初，一批中国赴国外留学的艺术家成为中西绘画融合的先驱。徐悲鸿整合了带有西方绘画色彩观念的光色表现效果，在绘画中打破了文人水墨一统天下的局面，对中国画的色彩变革做出了重要贡献。与徐悲鸿相比，林风眠更钟情于借鉴西画的色彩观，并使之进入中国水墨语言系统，他把西方绘画中的水粉染料运用到中国画的宣纸上去，使水粉与水墨画和谐统一起来，表现出丰富的色调。如此以来，既保留了中国水墨画的抒情写意的空灵韵味，又与西方印象派之后的现代审美趣味相融合，创造出超越传统章法格局的水墨语言（图6-28）。

无论是中国画家还是西方画家，他们都是通过色彩这一媒介来诉说他们的人生，通过画面上不同的色彩来传递心灵本真，这正是色彩于绘画的意义和价值所在。

图6-28 林风眠《柳荫归雁》

美感体验

北宋画家王希孟的《千里江山图》（图6-29）无疑是中国古代绘画艺术中的一颗璀璨的明珠。这幅画以长卷形式展开，画面壮阔，气势恢宏，长达1191.5厘米。整幅作品描绘了连绵不绝的群山、浩渺的江河湖水以及点缀其间的亭台楼阁、茅屋村舍、小桥渔舟。王希孟以细腻的笔触和丰富的墨色，勾勒出一幅江山如此多娇的壮美画卷。在这幅画中，我们仿佛能够穿越时空，置身于那遥远的北宋时代，感受大自然的壮丽与宁静。

王希孟运用高远、深远、平远等多种构图方式，使画面跌宕起伏，富有强烈的韵律

图6-29 王希孟《千里江山图》（局部）

感。这幅画虽然已历经千年，但山巅的那一抹青色却始终鲜亮，这得益于王希孟使用的矿物质颜色——石青和石绿，天然矿物质颜色不仅具有独特的色泽和光泽，而且能够经久不衰，历经风雨仍能保持鲜艳和生动。王希孟在作《千里江山图》时将颜色层层提亮，严谨工细。这幅用诚心描绘的作品，穿越千年，依然熠熠生辉。

王希孟在画中以细腻而流畅的笔触勾勒出山水间的轮廓，用丰富的墨色表现出山石的层次感和质感。同时，他还善于运用光影效果，通过明暗对比来增强画面的立体感和空间感，这使得整个画面既富有细节，又显得浑然一体，充满了生命力和动感。

在画中，我们可以看到古代文人墨客的理想追求和审美情趣，也可以感受到他们对自然和生活的热爱与敬畏。

课堂讨论

1. 分析《千里江山图》中青绿色彩的运用如何表现出大自然的生机与活力。
2. 探讨王希孟如何通过色彩的巧妙搭配，传达出画面的深远意境和宁静氛围。

自我检测

一、填空题

1. 中国画的传统颜色有________、________、花青、藤黄等多种。

2. 水墨画里把墨色分成五种色度，即“墨分五色”，这“五色”是指________、________、________、________、________。

二、简答题

1. 试比较中西绘画如何运用线条、色彩和构图来表达情感。
2. 试分析黄公望的《富春山居图》在中国山水画传统中的地位和影响。

主题三
意境悠远——绘画的深层意蕴

意境美即艺术形象中意与境、情与景、心与物交融契合的审美境界，是中国传统美学的基本要素之一。如果一件艺术作品能使观众或读者感受到一种超越具体形象的深远意义和美感，表现出一种深远、含蓄的意境，那么还可以用一个更美的词来赞美它——“意境悠远”。

中国画的“意境悠远”不仅仅是对自然景物的描绘，更是对人生哲理、精神境界的深入挖掘。它能够引发观众或读者的联想和感悟，使作品具有更广泛的启示性和深远的影响力。

具体来说，“意境悠远”是对画中有诗、不似之似、气韵生动、心境真实的追求。

一、画中有诗

苏东坡在评王维的画时说：“观摩诘之画，画中有诗。”道出了中国画的绘画意识和创作方法。“画中有诗”即画有诗的意境，画的诗化，画的文学化。王维创作的山水画作品《江干雪霁图卷》（图6-30）中，画面上有着连绵不断的群山，小船在广阔的大江上缓缓行驶，四周白茫茫的雪与肃穆的山有效营造出了一种宁静的氛围，向人们传递出了一种幽深淡泊的境界。

图6-30 王维《江干雪霁图卷》（局部）

二、不似之似

与西方写实绘画不同，中国画的侧重点在于情感的表现，而不是仅限于对客观自然事物的再现。中国画强调的是“神似”，在追求物体真实形态以外，还需赋予一种精神文化，使画面蕴藏丰富的情感和内涵。黄宾虹说：“不似之似，似为真似。”齐白石指出“妙在似与不似之间”。一幅“意境悠远”的中国画是能把这一点发挥得淋漓尽致的。画家把他在现实中看到的具象的东西，在头脑中经过变形、加工，演变成可以表达自己内心感受的形状，来寄托自己的情感。

三、气韵生动

“气韵生动”源自中国古代绘画“六法”之一，意谓艺术作品体现宇宙万物的气势和人的精神气质、风致韵度，达到自然生动，充分显示其生命力和感染力的美学境界。“生动”就是生命的运动，是“自然的”和“自我的”生命。“气韵”则是这种生命在艺术中的表现形态，即韵律和韵味，画家所追求的是一种音乐的境界，是一种韵律。例如，用笔的轻、重、疾、缓，用墨的浓淡、干湿，线的粗细、长短、曲直、疏密、穿插，色调的冷暖，构图的虚实，无不产生出不同的节奏和韵律。在这种节奏和韵律中，便表现了艺术中的“气韵”，欣赏一幅画，画中的“气韵”很重要，“气韵生动”能让人产生和谐的美感。

四、心境真实

中国画的意境是与情感相交融的，是艺术家想象改造和感情浸润的记忆表象，是一种历经锤炼、心境升华的境界。

中国画往往赋予花鸟、山川以人的品格，反映着艺术家们不同的审美追求与人生理想，这便是同一题材在不同画家笔下风格迥异的原因。但无论是怎样的画面，体现的是人在自然中对自身的观照，是自然生命和自我生命的升华，是对“心境真实”的探寻。

五代南唐的董源在《潇湘图》[①]（图6-31）中描绘了一片湖光山色，以意境悠远而著名。画中山峦平缓圆润，林间雾气弥漫，仿佛正笼罩于夏夜的气氛中，薄暮的微光在湖面上闪烁。《潇湘图》传达出清幽朦胧、平淡天真的意境，令人从中体味出画家那种静观、深思和内省的精神境界。《潇湘图》笔墨运用流畅自然，色调柔和细腻，画面呈现出一种和谐、宁静的美感。这种美感不仅来自自然景色，更源于画家内心深处的情感体验和审美

图6-31 董源《潇湘图》

① 潇，指湖南省境内的潇水河；湘，指的是横贯湖南的河流，湘江。潇湘一词，最早见于《山海经·中次十二经》：“澧沅之风，交潇湘之渊。”此后，潇湘一词广为流传，并不断被赋予新内容，作为美的象征。

追求。这幅画以其独特的艺术风格和深邃的意境，成了中国画中的经典之作。

“意境悠远”是一种高层次的艺术追求，它不仅仅是对美的追求，更是对人生意义和精神境界的探索和表达。

美感体验

潇湘夜雨、平沙落雁、烟寺晚钟、山市晴岚、江天暮雪、远浦归帆、洞庭秋月，渔村夕照，这些优美的名称和特有的意境，曾在艺术史上产生了重要影响，它们被合称为“潇湘八景”。潇湘八景，是中国文化中重要的艺术母题，影响了后世无数文人、画家、音乐家的创作。潇湘八景反映的是对自然美景的热爱和对人生哲理的思考，是一种追求诗意的精神。

· 案例一

南宋牧溪的《潇湘八景》（图6-32）运用极简的笔墨，勾勒出潇湘一带的山水风光。画面中的山石、树木、云雾等元素，虽寥寥数笔，却传达出深远的意境，展现了潇湘流域的自然美景与人文情怀。牧溪的画风深受禅宗影响，通过水墨的干湿浓淡，营造出一种超脱尘世、回归自然的精神氛围。画作体现了南宋时期文人画的精神风貌，即通过描绘自然山水来表达内心的情感与思考。

图6-32 牧溪《潇湘八景——渔村夕照》

· 案例二

党朝阳的《潇湘八景》（图6-33、图6-34）将传统山水画的精髓与现代艺术的创新融为一体。在创作过程中，他如同一位传统的文人画家，跋涉千里，深入潇湘大地，通过追溯和重新解读经典的山水图式，将潇湘的人文余脉融入自己的作品中。

党朝阳通过综合材料的运用，对林木、雨水、山野、月光、深山、古寺、大雪、江边、远山、渔舟、江水、楼阁等自然与人文元素进行了严谨的全新诠释。他将这些元素重新组合，采用交织、相融、叠透的手法，将墨韵与肌理并置于画面上，在可控与不可控之间营造出一种近似偶发、不可预见的复合空间，让画面呈现出一种错综复杂的层次感。再

图6-33《潇湘八景》组画之五:《江天暮雪》

图6-34《潇湘八景》组画之八:《渔村夕照》

通过美学重塑和现代转译，既源于自然又超脱于自然，将潇湘一带的景致转化为充满诗意的理想表达，使得画面兼具古典美学的韵味和现代艺术的视觉张力。

党朝阳在《潇湘八景》中展现了抽象的生命感与恒定的时间性，营造出了一个令人深思的精神空间。通过他对“潇湘八景”的现代诠释，我们不仅能够感受到他对中国传统山水画的深刻反思，还能体会到他对艺术母题的创新与重塑，以及对自我内心世界的细腻捕捉与呈现。

课堂讨论

1. 分析牧溪和党朝阳分别在《潇湘八景》中如何表现自然与人文的和谐，以及他们是通过何种手法将这一意境传递给观者的。

2. 讨论牧溪和党朝阳的《潇湘八景》在文化内涵和时代价值上有何异同。

自我检测

一、填空题

1. 所谓“六法”是指:________、________、________、________、________、________六个方面。

2. 中国画往往赋予花鸟、山川以________，反映着艺术家们不同的审美追求与人生理想。

二、简答题

1. 试分析和评价五代董源的《潇湘图》，说一说这幅画的审美价值和意义。

2. 选取一幅你熟悉的绘画作品，分析其主题内容和情感表达方式。

美的实践

主题

线上美术馆游——拓宽艺术视野

实践名称	美术馆展览
实践目标	通过线上美术馆观览，提高美术欣赏能力，拓展其艺术视野，培养审美情趣
实践内容	登录中国美术馆网站，在其“展示鉴赏—馆藏作品”栏目中欣赏绘画精品，选择自己最喜欢的一幅作品在班级分享
实践步骤	（1）打开浏览器，输入中国美术馆的官方网址，点击进入网站首页 （2）在网站首页寻找导航栏或相关链接，点击“展示鉴赏” （3）在“展示鉴赏”页面下，找到“馆藏作品”子栏目，点击进入 （4）在“馆藏作品”页面，你将看到众多绘画作品的缩略图或列表；逐一浏览作品，注意作品的标题、作者、创作年份、作品类别等信息 （5）根据自己的兴趣和喜好，筛选出感兴趣或觉得精美的绘画作品进行细致鉴赏 （6）在浏览过程中，注意作品的构图、色彩、线条、笔触等艺术元素。结合自己的审美标准和感受，选择一幅你认为最具美感、最打动你的作品 （7）确定分享的重点，如作品的主题、风格特点、艺术价值等。组织语言，用简洁明了的方式介绍所选作品。准备一些与作品相关的图片或视频素材，以便在分享时展示 （8）按照班级安排的时间和形式（如线上会议、面对面交流等），准备分享所选的绘画作品。使用准备的分享内容，向同学们介绍所选作品，并说明其美在何处。可以与同学们互动交流，听取他们对作品的看法和感受
注意事项	（1）对于所选的作品，除了基本的视觉感受外，还需要深入了解其创作背景、艺术家的艺术风格以及作品所传达的深层含义，以确保分享时有足够的内容可谈 （2）分享内容应简洁明了，逻辑清晰，能够吸引同学们的注意力并引导他们深入理解作品
实践评价	（1）所选作品应具有代表性，能够体现艺术家的独特风格和技艺，并表现出个人独特的审美视角 （2）能够准确描述所选作品的基本信息，如作者、创作背景、艺术风格等 （3）能够充分阐述所选作品的美之所在并与同学沟通，不仅包括作品的视觉美感，还应包括作品所传达的情感、意境和思想内涵等
实践心得	

模块七 体验空间匠心：建筑艺术

模块导言

立体庭院、高空景观、城市森林花园、智能住宅……无数新兴建筑拔地而起，勾勒出人类的未来生活图景。建筑，被誉为“凝固的史诗”，铭刻着人类久远的历史与文化。建筑，记录人类的过去和未来，承载人类对居住、对文化、对人生、对美的追求。有人说，建筑就是一首哲理诗。在高山之巅，在大海之滨，在东方，在西方，在乡野，在城市，在远古，在现代，这首诗歌点缀着人类文明的沧海桑田。

学习目标

- 知识目标

1. 了解建筑艺术的美及其具体表现。
2. 了解中西方古典建筑的风格与特点。

- 能力目标

1. 能够体会中西方古典建筑艺术的文化内涵和魅力。
2. 能够初步鉴赏中西方古典建筑艺术。

- 素质目标

1. 培养对建筑艺术的文化理解和审美感知等素养。
2. 培养学会运用辩证唯物主义的方法来认识建筑艺术以及分析中外建筑差异。

美的探寻

主题
巧夺天工——建筑的艺术之美

建筑是房子，从草原上的蒙古包到黄土高原上的窑洞，再到江南水乡的民居等，都是为了满足人的居住需求。但是当我们接触建筑，尤其是将建筑看作艺术的一个组成部分时，就会发现，这种观点是很不确切的。美国著名建筑师菲利普·约翰逊（1906—2005年）就说过“建筑就是艺术”，并认为建筑艺术是“母亲”艺术，是其他一切艺术的守护神。不同的建筑材料、不同的社会功用、不同的文化积淀，使得中国与西方的古典建筑有了不同的“艺术语言”。那么，中西方的建筑到底各有怎样的魅力呢？

巧夺天工——建筑的艺术之美

一、建筑艺术美

黑格尔将建筑艺术视为艺术之始，看作象征型艺术的代表；歌德把建筑比喻为“凝固的音乐”；雨果曾说：“建筑是石头的史书。”可见，建筑艺术以一种形态和内涵存在于这个世界，成为不可或缺的景致。

我国《辞海》中关于“建筑艺术”的定义是：“通过建筑群体组织、建筑物的形体、平面布置、立面形式、结构方式、内外空间组织、装饰、色彩等多方面的处理所形成的一种综合性艺术。”“建筑”和“建筑艺术”的概念是相互跨越的，没有单纯的“建筑”，也没有单纯的“建筑艺术”。所谓建筑艺术，是指按照美的规律，运用建筑艺术独特的艺术语言，使建筑形象具有文化价值和审美价值，具有象征性和形式美，体现出民族性和时代感。

二、建筑美的表现

建筑艺术的美，首先表现为它是“建筑”与“艺术”的和谐统一，既能满足人的物质需要和使用需要，又能满足人的精神需要和审美需要。其次，建筑作为一个技术与艺术的综合体，它的美还体现在技术和美学思想上。世界各国的建筑从木结构建筑，到砖石结构建筑，再到钢筋水泥建筑、轻质材料建筑等，其美学思想也随之产生了巨大的变化。最后，建筑艺术受到文化、风俗等因素的影响，因此表现出鲜明的民族风格。如西方哥特建筑（图7-1）升腾向上的、指向苍穹的尖屋顶，显示了人们追求精神的崇高；而中国古典建筑（图7-2）常采用的曲线优美的屋顶以及翘角和飞檐等装饰，则显示了人们对自然的亲和。

图7-1 西方哥特建筑

建筑艺术与其他视觉艺术有相通之处，比如讲究构图布局、运用点、线、面、色、光影、材质来表达思想情感，注重形式美规律的体现。

1. 色彩之美

色彩是建筑艺术的重要组成部分。建筑的美是综合了形态、色彩和材质的美而产生的。人们在欣赏建筑时，各种建筑的色彩，通过视觉反映到人的头脑中，产生种种色感，从而作用于人的感情。

图7-2 中国古典建筑

2. 对称之美

对称能给人以稳定、安静、庄重的感觉，古今中外很多建筑，如教堂、庙宇、宫殿等都体现了“对称”的特点（图7-3）。对称的建筑呈现出整齐严肃的布局，给人以美的享受。

对称之所以美，这是视觉美的天性使然。中国人对于自然的崇尚，更反映在对称美的普遍运用之上。对称的事物能给人一种“安静”的严肃感，蕴含着平衡、稳定之美。对称手法在中式建筑中有大量的运用，例如之前提到的中国传统建筑等。

图7-3 印度泰姬陵

3. 韵律之美

建筑中的韵律感一般是由类似形式的元素有规律、有秩序重复出现而形成的。无论是建筑的外观、材质，体块、构件，还是建筑色彩的排布规律，都可以在无形之中呈现出一种有节奏的韵律感，如同一串优美的音符，让人陶醉其中（图7-4）。

图7-4 北京大兴国际机场

4. 和谐之美

在建筑作品中，丰富的素材和色彩、多样化的表现手法，都能够提升作品的艺术形象，但这些变化必须统一于建筑的主题和视觉形象。例如，建筑大师贝聿铭设计的日本美秀美术馆（图7-5），将建筑与周围环境浑然融为一体，游览者穿过隧道时，可以远眺到主建筑物，与自然环境相融的主建筑物被借入到画面中，体现出自然和艺术的和谐美。

图7-5 贝聿铭设计的日本美秀美术馆

三、建筑的分类

按用途划分，建筑可分为民用建筑、工业建筑和农业建筑；按照承重结构材料划分，建筑可分为木结构建筑、砖木结构建筑、混合结构建筑、钢筋混凝土结构建筑、钢结构建筑、钢—混凝土组合结构建筑等。

当然，建筑艺术也有着不同于其他艺术的独特个性：拥有立体空间、外表与内部秩序具有音乐性。比如，我们感受一座建筑，在欣赏漫步间，情绪和感觉会随着时空转换。建筑的艺术性是建筑的基本属性之一，建筑有别于其他诸如绘画、音乐、雕塑等艺术，它是以其形体及其所构成的空间等给人以精神上的感受，满足人们的审美要求。建筑是人类文化的物质载体，既是物质产品，又是艺术创作。

建筑艺术的美是多元表达、多元整合，最终实现多元互补、多样统一的整体和谐的美。

四、中西方古典建筑的风格与特点

不同的建筑材料、不同的社会功用、不同的文化积淀，使得中国与西方的古典建筑有了不同的“艺术语言”。那么，中西方的建筑到底各有怎样的魅力呢？

1. 建筑材料

中国古代单体建筑无论规模大小，其外观轮廓均由台基、屋身和屋顶部分组成（图7-6）。纵观中国的古建筑不难发现，木头占据了很重要的位置，因而中国的建筑被誉为“木头的史书”。

木架骨骼（房屋的木构架结构），它的基本形式是用木柱立于地面，在柱子上架设木梁和木枋，木梁和木枋上面，架设用木料做成的屋顶架构，架构上铺设瓦顶屋面。

西方建筑以石材为主（图7-7）。古希腊的神庙，古罗马的斗兽场、输水道，中世纪欧洲的教堂……无一不是用石材筑成，无一不是这部“石头史书”中留下的历史见证。

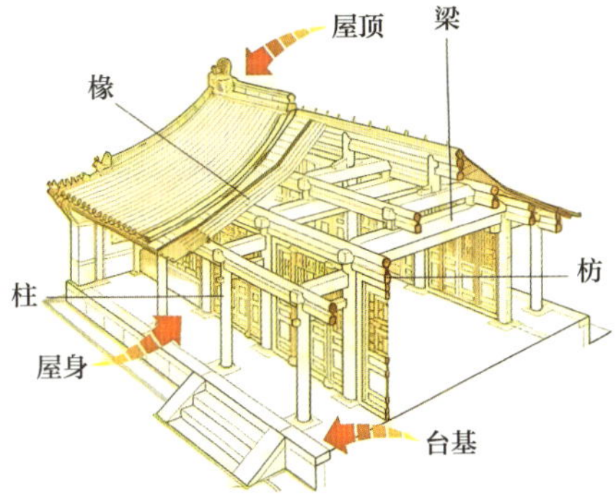

图7-6 中式古建筑基础结构

图7-7 西方古典建筑

一般而言，以土木为材的中国建筑质地熟软而自然，可塑性强，质朴优美。以石材为主的西方建筑质地坚硬而沉重，可塑性弱，阳刚气十足。

2. 空间布局

从建筑的空间布局来看，中国建筑是封闭的群体空间格局，在地面平面铺开，类似于“四合院”模式。例如，曲阜孔庙以重重院落相套而成，各种建筑的前后左右有主有宾，合乎规律地排列着，体现了中国古代社会结构形态的内向性特征、宗法思想和礼教制度。

与中国相反，西方建筑是开放的、单体的空间格局向高空发展。以相近年代建造、扩建的北京故宫（图7-8）和巴黎卢浮宫（图7-9）比较，前者是由数以千计的单个房屋组成的波澜壮阔、气势恢宏的建筑群体，围绕轴线形成一系列院落，平面铺展异常庞大；后

图7-8 北京故宫

图7-9 巴黎卢浮宫

者则采用“体量”的向上扩展和垂直叠加，由巨大而富于变化的形体，形成巍然耸立、雄伟壮观的整体。

3. 建筑形体

中国传统建筑特别注重“线条美”，讲究线条的婉转流动，擅长以线造型，以线传情。例如，在细节的雕琢上，中国古代的建筑在窗檐、门楣、屋脊上下足了功夫。那些富有中国传统特色的雕梁画栋、楹联匾额无不展现着中国文化的博大精深。

西方建筑讲究“体积美”，认为美的建筑是由明确的几何形体与几何比例关系以及确定的数量关系构成的，所以他们往往借助数的组合和几何形体来塑造建筑的形式美。罗马圣彼得大教堂（图7-10）不论是平面形状、体形组合乃至细部处理，都以几种简单的几何图形作为构图的依据，达到了高度的完整统一性。

4. 文化观念

中国传统美学神韵在于重视现实人生，讲究人伦秩序，淡化宗教信仰，始终灌注着众生知礼的现世精神，体现着传统儒家重视人的群体的生命意识。故而，中国古代都城尤为强调礼治秩序，在住宅布局上（图7-11），充分体现出儒家上下、男女尊卑礼仪的基本思

图7-10 圣彼得大教堂

图7-11 中国宫殿室内空间

图7-12 西方教堂室内空间

想，从而构成了一种体现人际关系的建筑空间模式。

而在西方，神学是欧洲封建社会的总理论，是包罗万象的纲领。教会成了社会的中心。对神灵的崇拜、对宗教敬畏的西方文明，深深影响着他们的建筑艺术，形成了主体风格多样变化、艺术造型高大雄伟的个性特征（图7-12）。可以说，西方建筑“个体”“崇高”的美学特征，就是张扬个性、崇尚个体形象的西方文化表征。

建筑是一面镜子，它清晰地反映着一定社会的政治、经济、思想和文化。

美感体验

建筑奇迹——大报恩寺琉璃宝塔

17世纪，一本记录欧洲人旅华的游记引爆了欧洲人对我国一座建筑的热情，将其奉为“南京的表征”“东方建筑艺术最豪华、最完美无缺的杰作”“世界建筑史上的奇迹”，这就是位于南京的大报恩寺琉璃宝塔。

大报恩寺琉璃宝塔是一座明代修建的古塔，塔高78.2米，九层八面，周长百米，全塔通体用琉璃烧制，其内、外表层全部用各种造型、各种颜色的琉璃构件榫合而成，金碧辉煌，绝非砖瓦可及。白天，在南京城的任意一处，都能抬头看见高塔。而夜晚，高塔的144扇窗户都会燃起油灯，并以极薄的蚌壳作为反光板，哪怕是风雨如注的黑夜，也能光芒璀璨，恍若仙境。大报恩寺琉璃宝塔是中国古典建筑技术、设计和艺术的巅峰之作。

我国作为世界文明古国之一，在建筑技术与建筑艺术上取得了极高的成就。大报恩寺琉璃宝塔是我国古建筑的代表作，其以大胆的设计、精细的工艺、突出的形象、美妙绝伦的视觉效果赢得中外人们的一致喜爱与赞叹，成为我国文化一张亮丽的名片。

课堂讨论

1. 你认为大报恩寺琉璃宝塔美在何处？
2. 大报恩寺琉璃宝塔有何艺术价值？又有何文化价值？

自我检测

一、填空题

1. 纵观中国的古建筑不难发现，木头占据了很重要的位置，因而中国的建筑被誉为“________”。

2. 中国传统建筑特别注重“________”，讲究线条的婉转流动，擅长以线造型，以线传情。

二、简答题

1. 试分析中国故宫与法国卢浮宫在整体布局上有何异同。

2. 你认为中国传统建筑中的“线条美”是如何定义的？研究中国传统建筑中的线条美如何体现文化和哲学观念，例如“中正”“中和”。

美的赏析

主题一

愿托乔木——建筑的结构之美

说到中国古建筑，首先映入大家脑海的就是飞檐翘角、粉墙黛瓦。从亭台楼阁到宫殿庙宇，大气精美的古代传统建筑都离不开精妙绝伦的木构技艺，历经千年的木构建筑是技术与艺术的完美结合，一榫一卯间，折射出匠心独运的力学、数学、美学和哲学智慧。

愿托乔木
——建筑的结构之美

一、古代建筑的生活哲学——从一棵树开始

在博大精深的中国传统文化中，五行学说占据着举足轻重的地位，而“木”作为五行之一，其象征意义深远且广泛。在自然的布局中，“木”被尊崇地安置于旭日初升、生机勃勃的东方，这里不仅是日出的起点，也是万物生长、生命力蓬勃的象征。因此，“木”被赋予了作为一切生命起源与延续的崇高地位，它不仅是自然界的绿色使者，更是人类生活不可或缺的伴侣。

追溯历史长河，几千年来，“木”这一质朴而坚忍的物质，深深烙印在中国人的日常生活中，无处不在地影响着人们的生活方式与思维观念。从日常生活的细微之处，如家中摆放的家具，多取材于优质的木材，不仅因其耐用美观，更因其中蕴含了人与自然的和谐共生之理念；厨房内用以生火做饭的柴火，虽简单却承载着炊烟袅袅、家庭温馨的记忆；再到宏伟壮观的宫殿庙宇、古朴典雅的民居院落，无一不是借助木材的力量，搭建起遮风挡雨、安身立命的家园。即便是人逝之后，也常以木棺入土为安，寄托着生者对逝者的哀思与尊重，同时也体现了对“木”作为生命循环见证者的深厚情感。《康熙字典》作为中国古代汉字字典的集大成者，其“木”部之下收录了多达1400个与“木”相关的汉字，这一数字不仅彰显了“木”在中国文化中的重要地位，也反映了古人对自然界中木本植物的细致观察与深刻理解。尤为值得一提的是，其中有超过400个汉字直接与建筑相关，从一个侧面揭示了古代中国建筑艺术中木材运用之广泛与精妙。

有人说，中国古代的房子是“种”出来的。上一辈给下一辈种树，储上木以待良工，承托着一种愿望在里面。木材在岁月的洗礼中逐渐成长，最终成为建造家园、承载梦想的基石，这一过程恰如人才的培育一般，需要栽种、培养、锻炼与发挥，方能成就一番

事业，实现自我价值。因此，“木”在中国文化中不仅是一种物质存在，更是一种精神象征，它教会我们尊重自然、顺应规律、持之以恒地追求美好生活。

二、古代建筑的梁架结构——玲珑剔透，一目了然

传统中国的木框架建筑就是利用梁柱，像骨骼般支撑着庞大的“屋顶”（骨骼式结构）。木建筑的框架结构为了保持木材的通风和便于更换，常常是外露的，因此结构本身做得玲珑剔透，一目了然。从梁架做法上，主要有抬梁式、穿斗式、井干式三种基本结构。

1. 抬梁式

抬梁式又称叠梁式，是中国古代建筑中最普遍的木构架形式，简单来说就是在立柱上架梁，梁上又立矮柱，往上又抬梁，由此层叠而上。檩直接放置梁上，承托椽条，其结构复杂，内部空间大，材料要求高，宫殿、庙宇、寺院等大型建筑常用（图7-13）。

抬梁式的特点：柱子数量少，与梁、檩、椽相互交织，其构件器形较大，结构复杂。

抬梁式的优点：用柱数量少、跨度大，可营造出开阔的空间，更能体现出建筑内部的雄伟气势，在宫殿、庙宇、寺院等大型建筑中普遍采用。

抬梁式的缺点：由于采用了大量的横梁，所用木材耗费较多，需要整根的木料作为屋顶支撑。另外，由于没有三角形架构，整体稳定性不足。

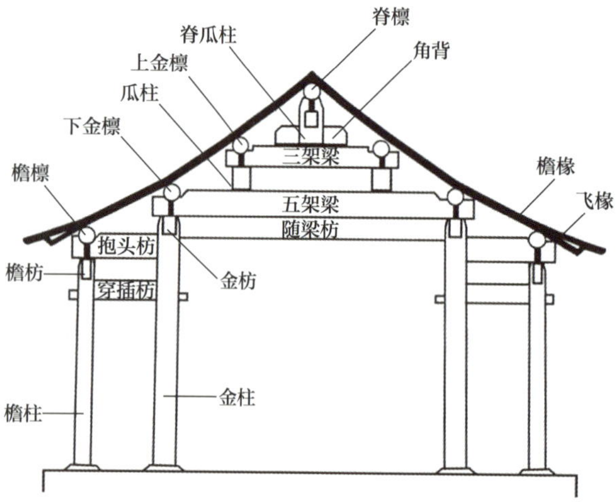

图7-13 抬梁式结构

2. 穿斗式

穿斗式结构是用穿枋将柱子串起来，形成一排排房架，檩条直接搁置在柱头，在沿檩条方向，再用斗枋将柱子串联起来，由此形成屋架（图7-14）。因柱和枋较多，内部空间受限后较小，材料要求低，多用于民居和较小建筑物。

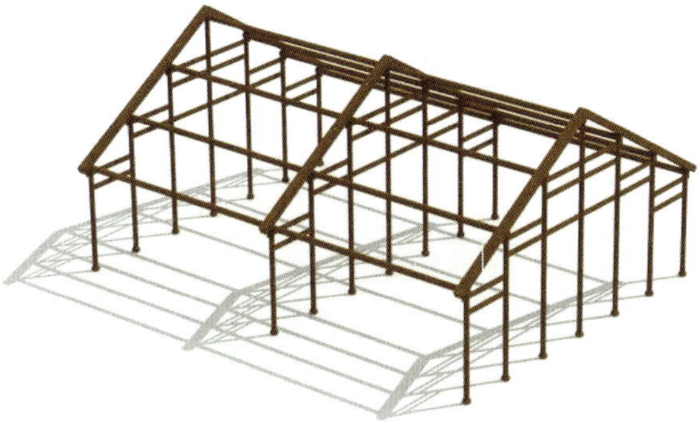

图7-14 穿斗式结构

穿斗式的特点：主要是梁用枋替代，柱子数量多，且较为细密，其结构缜密牢固。

穿斗式的优点：用料较少，可事先拼装成整体屋架，然后树立安装，便于施工、比较经济，在南方民居建筑中较为常见。而且其网状结构也很牢固，整体韧性较强。

穿斗式的缺点：由于采用了大量的柱、枋相连，室内不能形成贯通的大空间，不适用于宫殿等需要空间较大的建筑。

3. 井干式

井干式结构是一种不用立柱和大梁的房屋结构，而是用圆木或矩形、六角形木料平行向上层层堆叠（图7-15）。据刘敦桢先生所著的《中国古代建筑史》中所写，井干式在商朝后期的陵墓内出现，周代到汉代的陵墓曾长期使用这种木墩，汉初宫苑中还有井干楼。

井干式的特点：井干式结构需要大量木材堆叠成墙而非其他木结构成框架体系，太过耗费木材，不够经济划算，所以使用范围不及抬梁式和穿斗式广泛。但在多树木的地区材料充足使得井干式结构仍然保留。北欧、北美、韩国、日本等地方有被称为log house（木屋）的原木结构建筑，和我国的井干式构架建造方式大同小异。

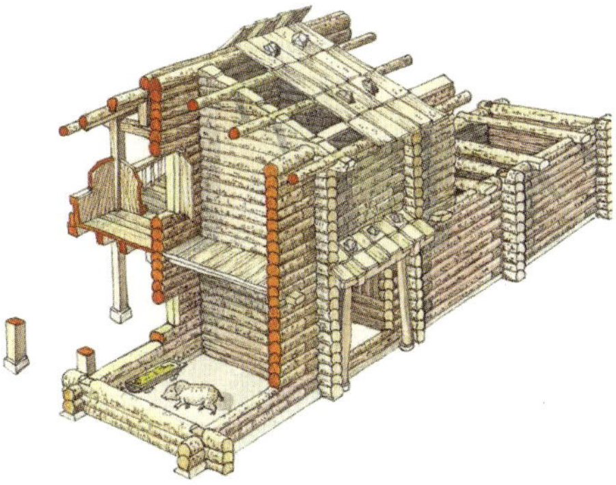

图7-15 井干式结构

三、古代建筑的榫卯结构——执子之手，与子偕老

榫卯，是在两个木构件上所采用的一种凹凸结合的连接方式。凸出部分叫榫（或榫头）；凹进部分叫卯（或榫眼、榫槽），榫卯咬合，起到连接作用（图7-16）。

中国古建筑中，有一种独特的构件之间的连接方式，就是斗拱（图7-17）。它也可以说是榫卯连接在建筑上的一种特别的表现。如果将不同形状的木件比喻成积木中最简单的基本单位，那么通过榫卯结构将一组小木构件相互叠压组合而成的构件，就是斗拱。由众多榫卯构件组成的斗拱，仿佛是自然生长出的一般，层层叠叠向上攀岩，就好像一棵参天大树一样，开枝散叶，生机盎然。

图7-16 榫卯结构

图7-17 斗拱

建于公元1056年的山西应县木塔（图7-18），高达67.31米，底层直径30.27米，全木结构搭建，没有用一颗铁钉，采用斗拱、柱梁镶嵌，穿插吻合，每两层之间设有一个暗层，这个暗层从外看是装饰性很强的斗拱平座结构，从内看却是坚固刚强的结构层。在经历了无数的战火和地震后仍能屹立不倒、熠熠生辉，其秘密在于神奇的“榫卯”工艺组成的斗拱灵活而又坚固。在斗拱的起承转合下，建筑体松而不散，能如太极般以柔克刚，巧妙化解各种冲击。

图7-18 山西应县木塔

美感体验

山西五台山佛光寺创建于北魏孝文帝时期。隋唐之际，已是五台名刹，“佛光寺”这个寺名屡见于各种史书。其中，佛光寺大殿是我国现存最大的唐代木构建筑。佛光寺大殿容晚唐大殿、金代配殿、北朝墓塔和两座唐幢于一寺，堪称荟萃中华古建瑰宝的第一寺。

大殿面阔7间，进深8架椽，单檐庑殿顶。殿身平面柱网由内、外两圈柱组成，属宋

《营造法式》中“金厢斗底槽”的营造方法，是宋代殿阁内部空间的划分方法之一，是殿身用一圈内柱与斗栱，将殿身空间划分为内外两层空间，外层环包内层。此做法可使佛像区不设立柱，以保证空间的完整性。正面中部五间设板门，内柱藏在板门之间。每间板门正对佛像一座，面佛直观，流线干净明晰，五尊佛像并列布置。外柱有侧脚。

大殿屋身上的斗拱很大，一组在柱子上的斗拱，有四层拱木相叠，层层出挑，使大殿的屋檐伸出墙体达4米之远，整座斗拱的高度也达到2米，几乎为柱身高度的一半，充分显示了斗拱在结构上的重要作用。

课堂讨论

1. 山西五台山佛光寺大殿的木质结构在建筑稳定性和耐久性方面有哪些特点？
2. 佛光寺大殿的斗拱系统在建筑承重和美学设计方面发挥了什么作用？

自我检测

一、填空题

1. 传统中国的木框架建筑从梁架做法上，主要有________、穿斗式、________三种基本结构。

2. 榫卯是在两个木构件上所采用的一种凹凸结合的连接方式。其中，凸出部分叫________；凹进部分叫________，榫卯咬合，起到连接作用。

二、简答题

1. 抬梁式相较于其他木构架形式，如穿斗式，有哪些显著的特点和优势？
2. 试分析榫卯结构如何利用木材的形状和结构特性来实现连接和支撑。

主题二
雕梁画栋——建筑的装饰之美

观赏中国古建筑外表，你会发现各个部分造型丰富、色彩绚烂，从建筑构件、雕刻纹样到各部分色彩和梁枋绘画（彩画），处处都彰显着古建筑装饰的多彩艺术。“雕梁画栋”这一成语正体现了中国古建筑的装饰之美。

一、装饰图纹

古建筑装饰图案中有各种各样的动物，其中以龙、凤、虎、龟等神兽为代表。这些古人认为充满神力或瑞祥的神兽被应用于装饰古建筑的屋脊、梁架、台基、门窗等各处。

龙，既是封建时期帝王权力的象征，又是百姓心中的神兽，所以无论是宫殿建筑还是民间建筑，龙的形象都被大量应用（图7-19）。狮子，在佛教中是护法的神兽，是古人心中威武的形象，所以古建筑大门口都会有狮子的雕塑，有守卫和保护建筑之意（图7-20）。除了龙之外的虎、凤、龟也是神力的象征，在古建筑装饰中频频出现，镇守四方。凤，从远古飞来的东方神鸟，它寓意美丽、吉祥，是中华民族文化的标志和精神象征。在古人眼中，龟象征长寿和神圣。在建筑的砖石构件、石碑座上可以看到龟作为装饰（图7-21）。鱼，在建筑的屋脊、梁架、室内摆设等处多有出现，其形象的象征含义有很多。古代“鸱吻”被认为可以通过摆尾降水灭火（图7-22），“鲤跃龙门”寓意功成名就。

除了动物，古建筑装饰中同样用各种植物形象做装饰，莲荷是最常见的，常用于建筑的筑础、栏杆、瓦当、墙面等处。卷草纹经常用于古建筑室内木构件和室外的砖石雕刻图案中。松树刚毅挺拔、竹子昂然有节、梅花傲雪独自开、石榴多籽，有“多子多孙”的寓

图7-19 龙纹样

图7-20 狮子雕像

图7-21 龟装饰

图7-22 鸱吻装饰

意，都成为建筑装饰的常用图案。有时，动物和植物搭配，共同形成象征意义。如松树下站立的仙鹤表示“松鹤长寿”（图7-23）。牡丹和桃子放一起，表示富贵长寿。

山水，是古代中国绘画的重要题材，有的写实，有的抽象。抽象化的山水，雕刻和绘制成山形和水波纹形、云朵形的图案，常常应用于建筑装饰中。除此之外，“和合二仙”等人物图案（图7-24）与四大名著等情节装饰图案，在民间建筑装饰中也是经常出现的。

图7-23 松鹤长寿纹样

图7-24 网师园情节砖雕装饰

二、装饰色彩

在历史演变中，由于文化、礼制等原因，中国古建筑在不同的建筑类型上创造了不同的建筑色彩效果。古代宫殿的色彩明亮而华丽。金灿灿的黄色屋顶，大红的宫墙、柱子和门窗，白色肃穆的大台基，屋檐下蓝绿相间的绘画，给人视觉上强烈的冲击。古代园林一般色彩淡雅、自然平静。在色彩装饰上，阁楼门廊有着白色的墙、灰色的瓦、暗红的门窗，搭配以绿色的树、灰黑色的石，呈现出幽静脱俗、自然雅致的风格特点（图7-25）。古代民居的色彩既没有宫殿的华丽，也没有园林的淡雅。青色的石头墙基、白色的灰质墙体、木料本色的梁柱、黑色的瓦片、灰色的砖雕给人简单朴素的感觉（图7-26）。

图7-25 园林的淡雅

图7-26 民居的朴素

三、装饰彩画

“彩画”是古人在建筑的梁架上绘制红、青、绿等色彩的绘画。它不仅美观，而且有一定的防水性，以增强建筑物的寿命。我国古建筑彩画历史悠久，内容丰富多彩，而且名目繁多，按照绘画题材的不同，可分为三大类。

1. 和玺彩画

和玺彩画大多画在皇家宫殿、庙宇主要建筑上。以龙凤、珠宝为主要题材，以蓝色、绿色为主，龙、凤等图案贴金粉以突出，看起来非常华贵（图7–27）。

和玺彩画根据建筑的规模、等级与使用功能的需要，分为金龙和玺、金凤和玺、龙凤和玺、龙草和玺彩画。

金龙和玺是和玺彩画中等级最高的形式。图案以各种姿态的龙为主，一般应用在宫殿中轴的主要建筑之上，如故宫三大殿，以表示“真龙天子”至高无上的意思。金凤和玺主要为金凤凰图案，用于皇后寝宫及神庙等。龙凤和玺彩画为龙凤图案交替构图，一般画在皇帝与皇后、皇妃们居住的寝宫建筑上，以表示龙凤呈祥的意思。龙草和玺彩画，又称宝珠吉祥草彩画，和玺彩画中等级偏低的一种，多用于宫殿和喇嘛教建筑。在古建筑中，彩绘占据着极其重要的地位，其历史悠久，内容丰富，是中国独有的文化。

2. 旋子彩画

旋子彩画主要应用于官方建筑，以带卷或旋涡形的花瓣为主要题材，会用蓝、绿、白、黑等颜色，有时也会施以金粉（图7–28）。旋子彩画的等级主要是根据用金量多少来区分的，用金量从多到少依次可分为金琢墨石碾玉、烟琢墨石碾玉、金线大点金、墨线大点金、金线小点金、墨线小点金、雅五墨、雄黄玉等几种。

旋子彩画形成年代较早，明代时就已经基本定型。旋子彩画的运用不局限于皇家建筑，通常官式建筑都可采用，因此是运用最为广泛的彩画形式。旋子彩画最大的特点是在藻头内使用了带旋涡纹的花瓣，即所谓旋子，这种花瓣也叫作“蜈蚣圈”。旋子的花瓣是由一些圆形相切的线条构成的有规则的几何图案，中间的花蕊称为旋眼，整个旋子就像围绕花蕊开放的花瓣，简洁而富于韵味。

3. 苏式彩画

苏式彩画主要用于民间建筑、园林建筑。以江南苏浙一带所喜爱的风景人物为题材的民间彩画，它以轻松活泼、取材自由、色调清雅、贴近生活而独具一格（图7–29）。苏式彩画根据其梁檩枋大木构图的不同可分为枋心苏式彩画、海墁苏式彩画、包袱苏式彩画三类。

图7-27　和玺彩画

图7-28　旋子彩画

图7-29　苏式彩画

美感体验

走进紫禁城宫殿建筑色彩

图7-30　紫禁城的色彩

由天安门、午门进入紫禁城，呈现在人们面前的是蔚蓝色的天空下面成片的闪闪发亮的金黄色琉璃瓦屋面，屋顶下面是青绿色调的彩画装饰，屋檐以下是成排的红色立柱和门窗，整座宫殿坐落在白色的石料台基之上，台下是深灰色的铺砖地面。蓝天与黄瓦，青绿色彩画和红柱红门窗，白台基与深色地面形成了强烈的对比，给人以极鲜明的色彩感染，所以紫禁城的总体色彩效果就是鲜明而强烈的（图7-30）。

红色和黄色是紫禁城的两种主要颜色，取这两种颜色是有其文化渊源的。周代规定青、赤、黄、白、黑五色为正色，黄色是五色之一，《易经》上说，“天玄而地黄”，在古代阴阳五行学说中，五色配五行和五方位，土居中，故黄色为中央正色。《易经》又说：“君子黄中通理，正位居体，美在其中，而畅于四支，发于事业，美之至也。”所以黄色自古以来就作为居中的正统颜色，为中和之色，居于诸色之上，被认为是最美的颜色。黄色袍服成了皇帝的专用服装。皇帝行进的道路在诸条并行的道路的中央，称为黄道。红色也是五色之一，人类认识红色很早，考古学家在原始的山顶洞人生活的山洞里发现有红色染过的贝壳和兽牙；在古代红妆代表着妇女的盛装；明朝规定，凡专送皇帝的奏章必须为红色，称为红本；清朝也有制度，凡经皇帝批定的章本由内阁用朱画批发，也称为红本；民间更是以红色为喜庆颜色，被大量用在结婚、做寿、生子以及节日的民俗活动中。所以紫禁城根据封建社会的礼制，在宫殿建筑上把黄色和红色作为主要色彩就在情理之中了。

在色彩学中，对比是指冷暖色对比和互补色对比，而红色和黄色共属于暖色调，蓝色和绿色称为冷色调，冷暖色调放在一起形成对比，并具有一定的互补性，使色彩格外分明、活跃，效果醒目而突出。紫禁城建筑就是运用这种对比规律，形成蓝天与金黄色琉璃瓦、青绿彩画与大红的柱子和门窗、白色的台基与深色地面的强烈对比，形成了极为富丽堂皇的总体效果。在宫殿建筑中，也并不是所有建筑都采用强烈的对比色彩。在紫禁城的御花园、宁寿宫花园等几处园林里，不少亭台楼阁也并不都是用黄琉璃瓦和红柱子，有的屋顶用黄心绿剪边，有的用绿心黑剪边和绿色的立柱。因为这些场所主要供帝后们娱乐和休息，不需要强烈色彩的刺激。

课堂讨论

1. 紫禁城宫殿中的主要色彩（如红色、黄色、金色）各自代表了什么文化或象征意义？请分析这些色彩在皇宫建筑中的象征作用。

2. 紫禁城宫殿建筑色彩如何与建筑的功能性相结合？请讨论色彩选择如何影响建筑的视觉效果和功能性布局。

自我检测

一、填空题

1. 古建筑装饰图案中，________，从远古飞来的东方神鸟，寓意美丽、吉祥，是中华民族文化的标志和精神象征。

2. 我国古建筑彩画历史悠久，其中，________以龙凤、珠宝为主要题材，以蓝色、绿色彩色为主，龙、凤等图案贴金粉以突出，看起来非常华贵。

二、简答题

1. 分析不同类型的图纹，如花卉纹、动物纹、山水纹等，在古建筑装饰中的应用。

2. 分析不同地区古建筑装饰彩画的特色，如南方与北方建筑中的彩画差异。

主题三

庭院深深——建筑的布局之美

在中国古代，无论是王公大臣、富商巨贾，还是文人学士、普通百姓，都建造了大大小小的院落。一起走进这些院落，感受那“庭院深深深几许”的布局之美吧！

中国古代建筑在平面布局方面有着共同的组织规律，以“间”为最基本的单位（图7-31），由若干间组成单栋建筑，再由若干座单栋建筑组成庭院，最后由若干个庭院组成建筑群（图7-32）。

由走廊、围墙等将四幢房屋围合成封闭性较强的庭院，称为四合院。四合院是中国古建筑的基本形式，是住宅的主要形式。建筑组群的院落空间是中国居住空间的精髓。

图7-31 古代建筑平面布局示意图

图7-32 建筑样式

一、古建筑平面布局中的“进”与“跨”

在古建筑平面布局中，“进”与“跨”是描述空间组织和流线的重要概念，尤其在古代宫殿、寺庙和其他大型建筑群中具有重要作用。

1.“进”

“进”表示建筑的规模（图7-33）。表示前后串联的关系，纵向有多少个院子就叫多少进院落，“口”字形的称为一进院落；“日”字形的称为二进院落；“目”字形的称为三进院落。

2.“跨”

“跨”表示左右并联的关系（图7-34），横向有多少串院子就叫多少跨院落，并可按照位置分别称东跨院、西跨院等。

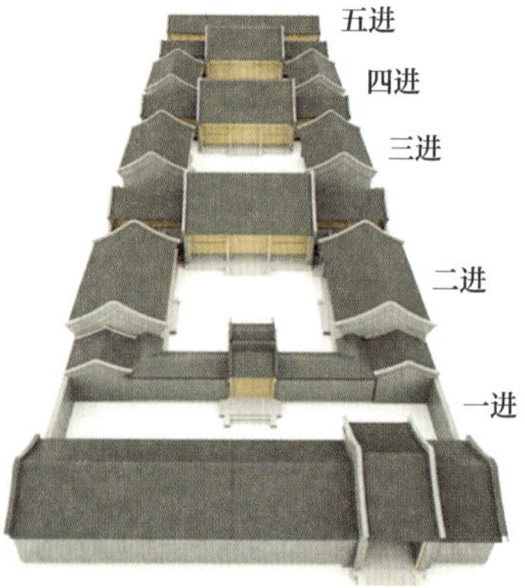

图7-33 五进四合院

图7-34 东跨院与西跨院

二、四合院的主要构成

三进院落的四合院是明清时期最标准的四合院结构（图7-35、图7-36），布局最为合理、紧凑，是民间大量采用的形式。

四合院的正门一般都设在倒座房的东南角，从大门进来，迎面是影壁墙。走进一进院，迎面垂花门；踏进第二进院，穿过抄手游廊。走到内院，可见正房、东厢房、西厢房。正房东、西两侧各有一间耳房，耳房前各有一座一丈见方的小院。正房后面为后罩房。四合院上承天光，下接地气，人在其中，其乐融融，这种居住形式，实现了人与大自然关系的高度和谐。

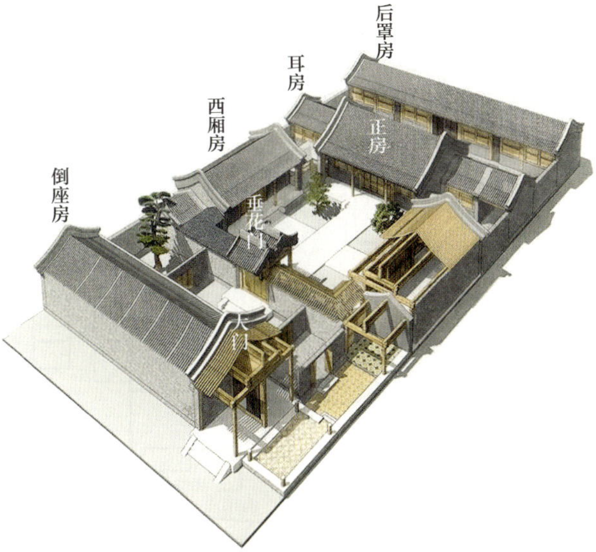

图7-35 三进院落

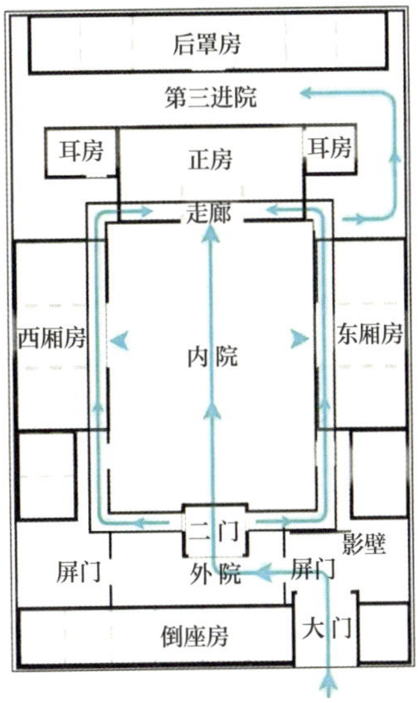

图7-36 三进院落平面布局

三、古建筑群体布局方式

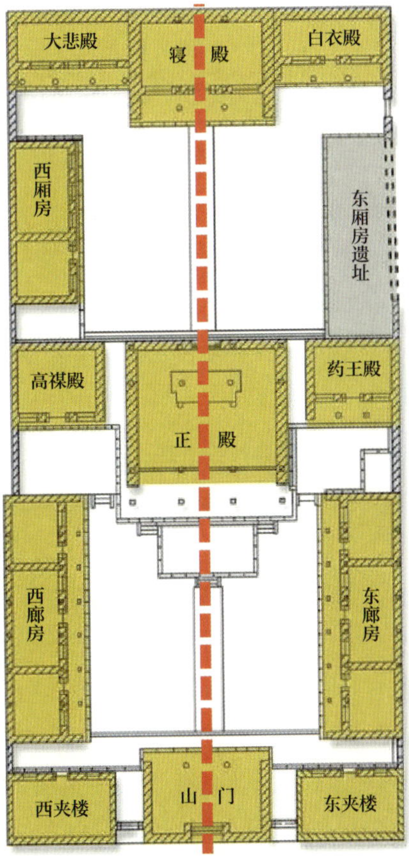

图7-37 对称式布局平面图

庭院布局方式是一个封闭系统，反映了中国当时的生活方式，长幼有序、主次分明。中国古建筑布局分为对称式布局与自由式布局。

1. 对称式布局

对称式布局有一条明显的中轴线，在中轴线上布置主要的建筑物，在中轴线的两旁布置陪衬的建筑物。布局主次分明，左右对称（图7-37）。宫殿、坛庙、寺观、祠堂及一般的民居建筑基本上都采用中轴对称的布局方式。

北京故宫是现存中国古代最大的建筑群，中轴对称布局的典型代表。整个建筑群由若干个庭院组成，每个庭院又有若干个建筑组成，是中国古代建筑群组合的典型。工匠们运用了烘云托月、绿叶托红花等手法，衬托出主要建筑的庄严雄伟。

2. 自由式布局

自由式布局不求整齐划一，不用左右对称。一般没有一条明确的轴线，其布局的方法是按照山川形势、地理环境和自然的条件等灵活布局。自由式布局常用于园林及风景名胜建筑（图7-38）。

江南一带的民居，常常呈纵深布局，一进一进的房屋和院落造成庭院深深的感觉。院落上部设有屋檐，出檐深远，使得院落可以长时间处于阴影之中。“庭院深深锁清秋”正是南方天井院落的真实写照。

中国的古建筑设计布局，犹如一幅中国画长卷，必须一段段地逐渐展开看。每通过一道门，进入一个庭院，从庭院的这一头走到那一头，一院一步一景都在变换，给人以深切的感受。

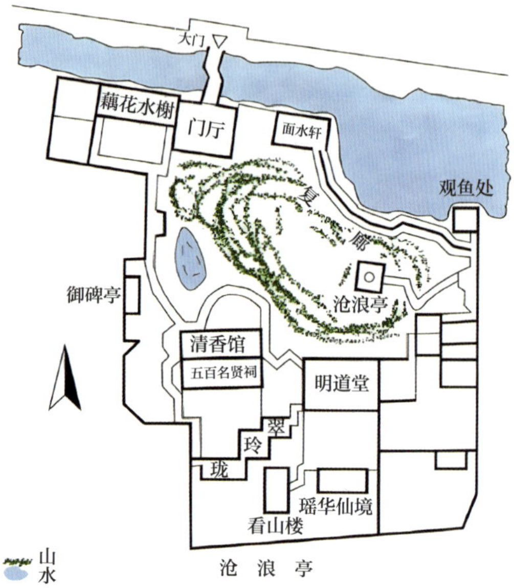

图7-38 自由式布局平面图

美感体验

北京传统合院式建筑——北京四合院

北京四合院作为老北京人世代居住的主要建筑形式，驰名中外，世人皆知（图7-39）。自元代正式建都北京，四合院就与北京的宫殿、衙署、街区、坊巷和胡同同时出现了。据元末熊梦祥所著的《析津志》载：“大都街制，自南以至于北谓之经，自东至西谓之纬。大街二十四步阔，三百八十四火巷，二十九街通。”

北京的四合院不仅院落宽绰疏朗，起居十分方便，还蕴含着深刻的文化内涵，是中华传统文化的载体。四合院的营建极讲究风水，从择地、定位到确定每幢建筑的具体尺度，都要按风水理论来进行。风水学说，实际是中国古代的建筑环境学，是中国传统建筑理论的重要组成部分。四合院的装修、雕饰、彩绘也处处体现着民俗民风和传统文化，表现一定历史条件下人们对幸福、美好、富裕、吉祥的追求。登斯庭院，有如步入一座中华传统文化的殿堂。

北京四合院的布局不但体现了封建宗法制度对住宅的影响，同时也反映了北方住宅对尺度与空间的安排已达到比较高的水平。它的建筑特点是对外隔绝，形成一个封闭性的小天地；对内严格区别尊卑，构成小与大、内与外的几进庭院；在布局上讲究中正对称、正南正北。大门的方位一般为南向，位于整个住宅的东南。地位高的人家，大门采用屋宇式（有门屋），地位低的人家采用墙垣式（无门屋）。大门外设照壁，入门迎面设影壁，影壁前置石台花盆。入门折西，则为前院，院子很浅，房屋倒座，用作门房、客房，还有隅角杂物小院。前院与里院，以门隔开，外人不得进入。门设于中轴线上，常用“垂花门”形

图7-39 北京四合院

式，即四角檐柱不落地，悬于半空，如花下垂。里院由正房和两侧耳图垂花门房、东西厢房构成长方形庭院，是院主人一家生活起居的天地，其中正房由长辈居住，厢房由晚辈居住。院中栽花种树，养鱼养鸟，构成人与自然融洽相处的氛围。正房以北有时另辟小院，布置厨房、仓库及仆役住室，称为“后罩房”。整个建筑除贵族府第可以用琉璃瓦、彩画、朱红大门外，一般四合院都用青灰色砖瓦，色调朴素淡雅，跟皇家建筑形成鲜明对照。

简单的四合院仅里外两个院落，大的四合院是纵横院落，形成纵深几进、两侧跨院的格局。不论院落有多少进，正房和垂花门都在中轴线上，而且垂花门都位于最后一进的入口处，即院主人居住的院落的入口处。北京的胡同南北距离有限，只能容纳四五进的四合院，因此大型住宅往往要另择地段，以便布置园林。北京现存的许多王府建筑就是如此。

课堂讨论

1. 北京四合院的布局如何体现风水理论和文化象征？

2. 北京四合院的空间布局如何体现中国传统的空间组织理念？请分析其“院落式”布局对居住空间的分配与使用的影响。

自我检测

一、填空题

1. ________是中国古建筑的基本形式，是住宅的主要形式。
2. 中国古建筑布局分为________与自由式布局。

二、简答题

1. 古建筑平面布局常见的结构形式有哪些？
2. 现代建筑在平面布局设计中需要考虑哪些因素，以适应当代生活方式？

主题四
嬗变与传承——建筑的革新之美

在现代生活中，大家会发现，无论是公共建筑还是私人住宅，这些建筑都有着非常接近的风格。从发展趋势来看，世界各地的建筑也存在趋同的倾向。一般来说，现代建筑泛指19世纪中叶以来的建筑艺术及其风格。这一百多年里，由于思想突破、科技进步、需求改变等，现代建筑设计也呈现出颠覆性变革。

一、现代建筑嬗变之路

现代建筑的嬗变之路，是一条承载着历史沉淀与未来展望的壮阔轨迹。在这条道路上，建筑不再仅仅是遮风挡雨的居所，它更是时代精神的载体，科技发展的见证，以及人类审美与功能需求不断融合的产物。

1. 从外形到空间

20世纪建筑领域最重要的观念变革，是“空间”的概念取代了以往“形式”的观念。德国现代建筑大师格罗皮乌斯认为，建筑意味着把握空间。

在现代建筑运动中，建筑师对空间观念的拓展，是在长、宽、高三维空间中引进时间因素，从而产生流动空间的概念。如德国建筑大师密斯·凡德罗设计的巴塞罗那国际博览会德国馆（图7-40）、美国建筑大师赖特设计的古根海姆博物馆（图7-41），都表现出对四维空间的探索。

2. 从形式到功能

在现代建筑运动中，实现了从形式美学到功能美学的转变。20世纪，美国建筑设计师沙利文就提出了“形式追随功能”。明确指出功能与形式的主从关系。

功能主义的建筑美学主要有两种类型：一种是“比拟于生物”的美。如赖特设计的流水别墅（图7-42），借山石落水，浑然天成，向我们诠释出人、建筑、环境融合的有机美。另一种是“比拟机械”的美。20世纪最著名的建筑大师勒·柯布西耶认为住宅是居住的机器。他设计的萨伏伊别墅（图7-43）深刻体现了现代主义建筑所提倡新的建筑美学原则，彻底颠覆了传统建筑的思维方式，一直成为后来乃至当今建筑设计广泛应用的模式。

3. 从静态到动态

西方古典建筑空间多表现为静态的艺术形式，后来这一形式被打破。如巴塞罗那国际

图7-40 巴塞罗那国际博览会德国馆

图7-41 古根海姆博物馆

图7-42 流水别墅

图7-43 萨伏伊别墅

博览会德国馆，空间之间都没有确定的限定，而是相互延伸，相互渗透，整个建筑空间就像水一样在流动。“流动空间”彻底改变了以前封闭空间的概念，实现了从静态之美到流动之美的转变。

在当代，数字化技术使建筑空间的概念产生了极大的变化。建筑大师扎哈大胆运用几何和流线造型、参数化技术手段让建筑与景观和大地融为一体，打破建筑传统的解构主义风格，运用圆润的锐角，流畅的弧线和漂浮感，呈现出前所未有的视觉冲击力。

4. 从单一到多样

现代建筑是建筑材料与技术创新的结晶。从古至今，建筑材料从单一走向多样。铸铁、钢筋、平板玻璃、强化水泥等建筑材料的问世，使现代建筑姿态万千。如上海中心大厦、卢浮宫金字塔、光之教堂、悉尼歌剧院、国家体育场等，无不体现出现代建筑材料之多样。

随着科技的进步和社会的发展，现代建筑在材料、结构、设计等方面不断创新，呈现出前所未有的多样性和丰富性。高层建筑如雨后春笋般涌现，不仅改变了城市的天际线，也提升了土地的使用效率。同时，绿色建筑、智能建筑等新型建筑理念的兴起，更是将环保、节能、智能化等现代科技元素融入建筑之中，推动了建筑行业的可持续发展。

在现代建筑的嬗变之路上，建筑师们不断探索与尝试，他们将传统文化与现代审美相结合，创造出既具有时代特色又富有文化底蕴的建筑作品。这些建筑不仅满足了人们居住、工作、娱乐等多元化需求，也成为城市文化和精神面貌的重要展示窗口。

二、现代建筑传承之美

现代建筑在传承传统建筑美学方面既保留了传统的精髓，又融入了创新和现代技术，形成了独特的建筑风格和设计理念。

1. 中而新，苏而新——苏州博物馆

粉墙黛瓦，片石成山；一窗即一景，一门一山水。古典在这里沉淀，现代在这里生长，这是属于苏州博物馆的建筑之美。

图7-44 苏州博物馆

苏州博物馆是现代主义建筑大师贝聿铭先生的倾心之作，建筑造型与所处环境自然融合，空间处理独特，建筑材料考究，最大限度地把自然光线引入到室内。它充分将传统与现代、自然与生活相融合，是一次用西方的建筑设计手法来诠释古典江南建筑的创新尝试（图7-44）。

2. 中国的温度——中国美术学院象山校区水岸山居

建筑设计师王澍的“水岸山居”，波浪形的黑瓦屋顶、黄色的夯土墙、竹墙为栏的水泥路，宛如水乡的长廊，又如山地的村落。作品将现代主义特有的单纯冷静，悄无声息地筑入江南水乡的和风细雨之中，用土、木、竹这些充满历史传承的自然材料，表达了中国人的乡土眷恋之情；用一座园林建筑，诠释了具有真正中国温度的设计理念（图7-45）。

图7-45 中国美术学院象山校区水岸山居

“东方之冠”——上海世博会中国馆

图7-46 上海世博会中国馆

“东方之冠”坐落在世博园区浦东区域主入口的突出位置，位于南北、东西轴线交会的视觉中心，主体造型犹如华冠高耸、天下粮仓，整体布局，隐喻天地交泰、万物咸亨（图7-46）。

“东方之冠”由国家馆和地区馆两部分组成。国家馆居中突起，形如冠盖，层叠出挑，制似斗拱，形成“如鸟斯革，如翚斯飞”的态势；外表从上到下，由深到浅4种红色的“退晕”渐变，极富生气和活力，传达出喜庆、吉祥、欢乐、和谐的情感，展示着“热情、奋进、团结”的民族品格；顶部平面呈泾渭分明的网格架构，这个设计灵感来自中国古代城市棋盘式的布局，即“九宫格”结构，其文化底蕴则来源于周代王城的形制理论。地区馆外墙和内部装饰运用叠篆手法，以地名点缀，体现中国源远流长的历史文化；周边自然折转的空中游廊、台阶步道和园林小品，相互衔接，异常完美。

“东方之冠”融合了中国古代营造法则和现代设计理念，诠释了东方“天人合一，和谐共生”的哲学思想，展现了艺术之美、力度之美、传统之美和当代之美，体现着厚重的中国文化，表达着无数中国人的开放情怀，展现出城市发展的中国智慧、中国传统、中国特色、中国精神。

课堂讨论

1. 上海世博会中国馆的设计理念如何体现中国传统文化与现代建筑技术的融合？
2. 中国馆的外形设计在结构上如何实现？请讨论其在建筑结构上的创新与挑战。

自我检测

一、填空题

1. 功能主义的建筑美学主要有两种类型，一种是“________”的美，另一种是“比拟机械”的美。

2. ________是现代主义建筑大师贝聿铭先生倾注心血的封笔之作，是一次用西方的建筑设计手法来诠释古典江南建筑的创新尝试。

二、简答题

1. 在设计上海世博会中国馆时，建筑师如何利用斗拱元素表达了中国传统文化的核心价值？

2. 国家体育场（鸟巢）和国家游泳中心（水立方）在设计中使用了哪些现代建筑材料？这些材料的选择依据是什么？

美的实践

主题

云端觅境——体验建筑之美

实践名称	云端觅境——全景故宫
实践目标	通过线上故宫观览，提高建筑欣赏能力，拓展艺术视野，培养审美情趣
实践内容	数字时代，在高清摄影、VR技术的支持下，一些经典建筑完整、高清、立体、真实地登上了“云”的舞台，打开“全景故宫”网页，欣赏古典建筑之美，请选择自己最喜欢的内容在班级分享
实践步骤	（1）打开浏览器，搜索“全景故宫”的官方网址，然后点击进入网站首页 （2）导航中文首页，进入主页面 （3）你将置身各个宫殿中央。映入眼帘的有太和殿、慈宁宫、养心殿、乾清宫等。点击每个宫殿上方的文字标签，便可进入该殿内详细观览 （4）移动鼠标360° 看到不同的宫殿，可近看可远看，点击相关的宫殿就能进去“走走”。同时配有相关知识讲解，遇到一些特别建筑也可以点击了解相关的历史知识 （5）选择你要分享的建筑作品，用简洁明了的方式介绍所选作品，阐述该建筑体现的艺术美
注意事项	（1）确保网络连接稳定，以保证游览的流畅性和高清画质 （2）对于所选的建筑作品，除了基本的视觉感受外，还需要深入了解其历史阶段以及建筑作品所传达的深层含义
实践评价	（1）能够准确描述所选建筑作品的基本信息，如所在位置、建筑风格等 （2）能够充分阐述所选作品体现的建筑艺术美 （3）在交流互动环节，应能够积极参与讨论，发表自己的看法和见解，并与同学进行有效的交流和沟通
实践心得	

模块八 书写笔墨韵味：书法艺术

模块导言

如果说文学是组织文字的艺术，那么书法就是书写文字本身的艺术。在书写文字的过程中，古人不断总结经验、改进工具和写法，最终形成了“徘徊俯仰，容与风流。刚则铁画，媚若银钩。”（欧阳询《用笔论》）的独特书法艺术。书法是中国的国粹，博大精深，源远流长，是东方艺术的代表。从古到今，世界上数千种文字仅止于记事传言，虽有写得美观、带有艺术意味的文字，但是只有汉字的书写上升为一门高雅的艺术，产生了别具一格的形式意味和笔法体系，以及严格的技艺规范和品评标准，从这种审美意味所表现出的道德精神，是书法艺术的精神构成，也使书法艺术成为世界艺术史上的瑰宝。

学习目标

- 知识目标

1. 了解中国书法书体的演变。
2. 了解各个时期的书法经典作品。

- 能力目标

1. 能够区分书法中的各类书体。
2. 能够初步鉴赏书法作品。

- 素质目标

1. 提升对书法艺术的文化理解和审美感知素养。
2. 培养文化自信与民族自豪感。

美的探寻

主题
最美符号——书法的演进历程

中国书法作为一门古老的艺术，古称“书契”，孔颖达注《尚书·序》说：“书者，文字；契者，刻木而书其侧：故曰‘书契’也。”中国书法原本只是汉字的一种书写方式，但它能成为人类艺术长廊中独放异彩的文化瑰宝，被誉为“无言的诗，无形的舞，无图的画，无声的乐”，这无疑与它蕴含的文化内涵和审美价值息息相关。

最美符号——书法的演进历程

唐代杰出书法家孙过庭曾写过一部著述，即《书谱》，这是我国古代书法理论史上一部具有里程碑意义的著述。在这本洋洋洒洒的论著中，他在阐述篆、隶、草各书法体的不同特征后说：“然后凛之以风神，温之以妍润，鼓之以枯劲，和之以闲雅，故可达其情性，形其哀乐。验燥湿之殊节，千古依然；体老壮之异时，百龄俄顷。”

孙过庭的这段话告诉我们，掌握了各体书写特征，并不等于掌握了书法艺术。只有使文字的书写具有“风神”，才能升华到艺术境界，进而上升为书写艺术。孙过庭的论述与中国现代著名美学家宗白华所说的中国书法的美学思想有异曲同工之妙。宗白华说，中国书法之所以能成为艺术品，就是因为汉字的象形特点和毛笔用笔的丰富性，这两者给书法家提供了无限的想象空间，于是就产生了书法艺术。

中国书法是汉字的书写艺术，而汉字又是一种特殊的书写符号，书体众多，有篆书、隶书、楷书、行书和草书，这些书体结构特别，富于变化，具有很高的美学价值。后来汉字经过书写方法和字体的演变，已逐渐脱离象形而变成了抽象的点画结构。

汉字从萌芽到成熟有一个漫长的历史过程，现在所能见到的系统的早期文字是殷商的甲骨文。

一、甲骨文

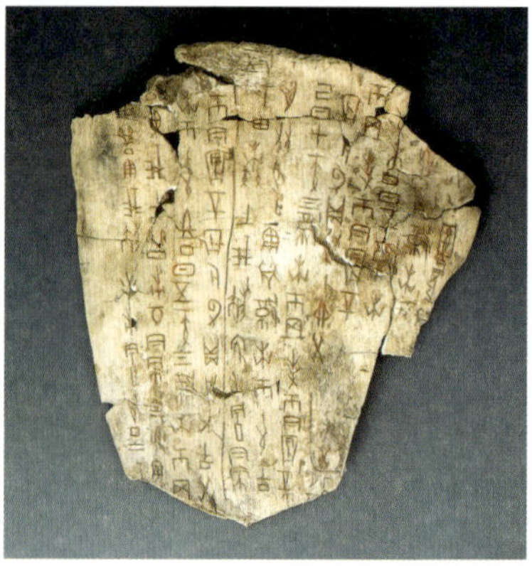
图8-1 甲骨文

甲骨文（图8-1）是殷商时期通行的文字，因锲在龟甲兽骨上而得名，为了刻写用刀的方便，线条以直为主，大小参差不齐，章法错落有致，具有一种天真烂漫的美感和对称、稳定的格局。甲骨文具备书法的三个要素，即运笔、结字、章法。从字体的数量和结构方式来看，甲骨文已经是发展到了有较严密系统的文字了。汉字的“六书”原则，在甲骨文中都有所体现。但是，甲骨文的原始图画文字的痕迹还是比较明显，象形意义也比较明显。

二、金文

金文，是指汉字的一种书体名称，指的是铸造在殷商与周朝青铜器上的铭文，也叫钟鼎文。商周是青铜器的时代，青铜器的礼器以鼎为代表，乐器以钟为代表，“钟鼎”是青铜器的代名词。西周时盛行金文，它是刻在各种青铜器的铭文，又称“钟鼎文”。金文与甲骨文一脉相承，但更成熟，其线条较甲骨文粗壮，富于变化。如《毛公鼎》，其为西周晚期的重器，鼎内壁铸有铭文，32行，近500字，是现存青铜器铭文中最长的一篇，堪称西周青铜器中铭文之最。该铭书法极其饱满庄重，充满了无与伦比的古典美。《散氏盘》则豪迈朴茂，其中，散氏盘铭文的最大审美特征在于一个“拙”字，拙朴、拙实、拙厚、拙劲，线条的厚实与短锋形态，表现出一种斑驳陆离、浑然天成的美。

三、小篆

小篆是秦朝推行的文字，也是我国汉字发展史上第一次统一的文字，汉字发展到小篆阶段，逐渐开始定型（轮廓、笔画、结构定型），象形意味削弱，使文字更加符号化，减少了书写和认读方面的混淆和困难。其字形状取纵势，呈长方形，点画粗细均匀，圆润婉通，结构均衡对称，富于装饰性。

四、隶书

隶书不仅仅是古文字和今文字之间的一种过渡，也是古今文字的分水岭，它最终完全脱离了古文字，它改变了古文字的形体和作用，对开创和巩固两千多年的方块汉字的形体起了决定性的作用，是汉字由繁趋简，由散走向统一、规范的一个重大而有意义的文字改革。如东汉时期王敞的《曹全碑》（图8-2）、《乙瑛碑》《礼器碑》《史晨碑》偏秀美，《张迁碑》《衡方碑》雄强，还有东汉时期王升的《石门颂》（图8-3）更奔放等。

五、楷书

楷书，也叫正楷、真书、正书，从隶书逐渐演变而来，更趋简化，字形由扁改方，笔画中简省了汉隶的波势，横平竖直。楷书形成于汉代，盛行于魏晋南北朝，到唐代达到顶

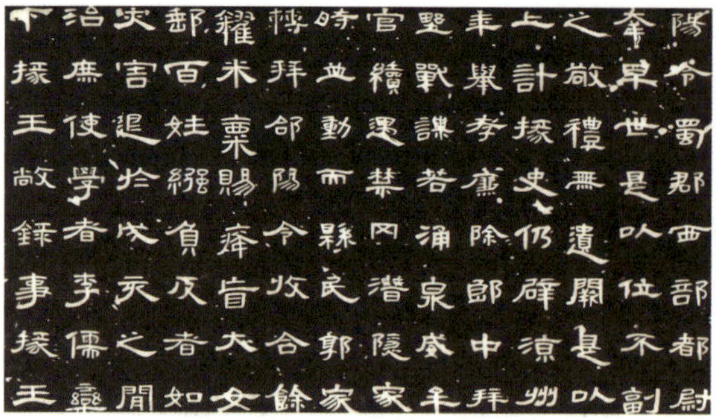

图8-2《曹全碑》(局部)

图8-3《石门颂》(局部)

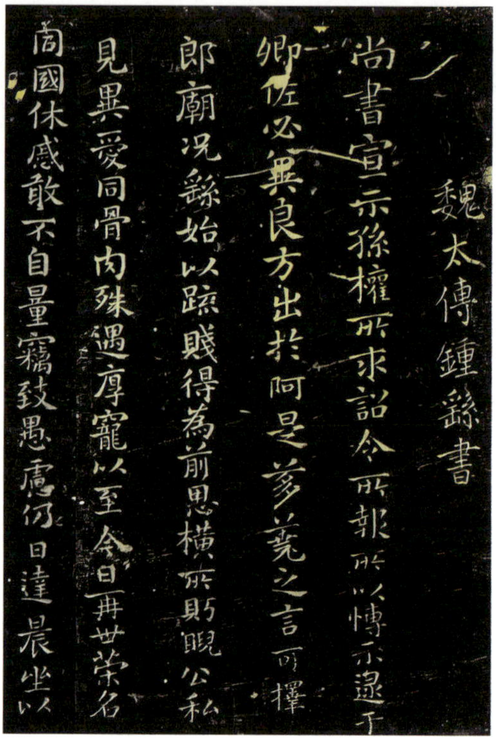

图8-4《宣示表》(局部)

峰。楷书有大楷、中楷、小楷之分。最先萌芽、成型的是小楷，因为它是从简牍之类的日常朱墨字迹里萌生，其形成约在汉魏之际。东汉中后期，楷书已呈呼之欲出之势。曹魏钟繇于楷书有加工、推行之功，所作小楷，人称“章程书”，如《宣示表》(图8-4)。小楷字帖甚多，传世的墨拓中，要以晋唐小楷的声名最为显赫，如东晋王羲之的《乐毅论》《黄庭经》，王献之的《洛神赋十三行》，唐代钟绍京的《灵飞经》等。

六、行草

行草是介于行书和草书之间的一种书法字体。东晋时，王羲之进一步改革钟繇的笔法，使之彻底摆脱了隶书笔意。王羲之创造的行草，古人谓之“清风出袖，明月入怀”，一篇《兰亭集序》神韵超逸，足使千家书家倾倒(图8-5)。《兰亭集序》是东晋书法家王羲之的得意之作，被誉为“天下第一行书”。此帖记叙了兰亭周围的山水之美和人们聚会时的欢乐之情，是王羲之与好友在暮春时节“天朗气清，惠风和畅，少长咸集”的情形下，乘兴写下的。

至于后朝名家叠起，群星璀璨，唐人尚法，宋人尚意，元明尚态。虽无书体演变，但风格迥异，无不体现出每个时代的精神风貌。

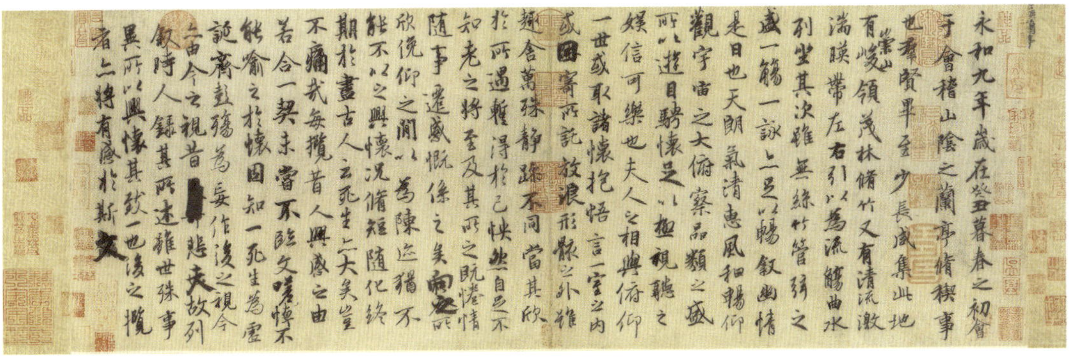

图8-5《兰亭集序》

美感体验

《玄秘塔碑》

《玄秘塔碑》全称《唐故左街僧录内供奉三教谈论引驾大德安国寺上座赐紫大达法师玄秘塔碑铭并序》，现藏于陕西西安碑林博物馆（图8-6）。此碑是唐代书法家柳公权楷书代表作。此碑用笔结字几乎无可挑剔，笔力挺拔矫健，斩钉截铁，棱角分明，避开了颜字肥壮的竖画，将横竖写得大体均匀而瘦硬。结构上融合欧体的方整，中宫收紧，将楷法推到了极致的境界。

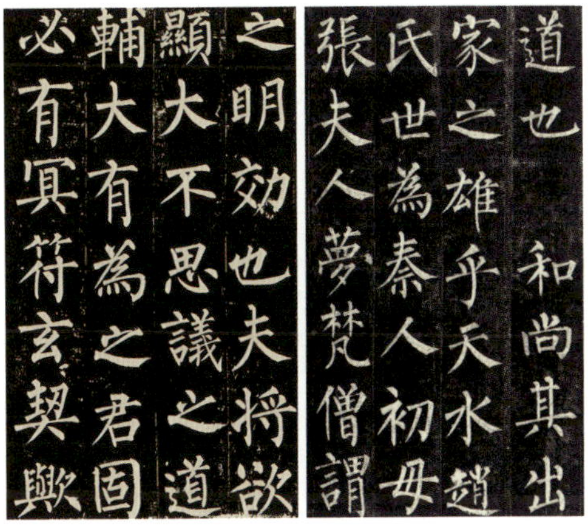

图8-6《玄秘塔碑》（局部）

课堂讨论

1. 柳公权在《玄秘塔碑》中使用了哪些独特的笔法？这些笔法如何影响了碑文的整体结构和视觉效果？

2.《玄秘塔碑》对后代书法家的影响有哪些？柳公权的楷书美学如何在书法历史中传承和发展？

自我检测

一、填空题

1. 金文，指的是铸造在殷商与周朝青铜器上的铭文，也叫________。

2. ________是古今文字的分水岭，它最终完全脱离了古文字，改变了古文字的形体和作用。

3. ________形成于汉代，盛行于魏晋南北朝，到唐代达到顶峰。

二、简答题

1. 甲骨文中的字形演变对现代汉字的形成有什么影响？可以从哪些具体例子来说明这种演变？

2. 楷书与其他书体（如隶书、行书、草书）相比，有哪些独特之处？

美的赏析

主题一
行云流水——书法的线条之美

行云流水
——书法的线条之美

书法艺术被称为线条的艺术，线条作为独立价值的审美元素，存在于不同书体结构中，书法中的点画、结构、章法都是通过书法优美的线条表现出来的。

欣赏书法的线条美，一是要感受书法线条的力量美。书圣王羲之功力深厚，笔力强劲，其字迹有“入木三分”的美誉。书法线条的力量体现书法的生命本质，是书法欣赏的基础。书法的力度使线条具有弹性力量，看上去精神饱满。力量美强调字具有硬度、分量、质感、骨力及神韵，表现出阳刚、劲健之美。二是要欣赏书法线条的形质美。书法线条的质量是书法中的生命线，只有高质量的书法用笔、高质量的线条，才能产生高质量的作品。三是要感受书法线条的节奏感。中国书法呈现出很多的风格，不同的风格有不同的节奏特征，欣赏书法的节奏感，可以从每一个笔画看到书写者的动作，书写者的情绪，书写动作中的提按、轻重、缓急、顿挫，用墨的枯润、浓淡等。现通过颜真卿的《祭侄文稿》（图8-7）来加以分析。这件作品原不是作为书法作品来写的，文中季明为颜真卿堂侄，在安禄山叛乱时惨遭杀戮。颜真卿援笔作文之际，悲愤交加，情不自禁，一气呵成此稿。由于心情极度悲愤，情绪已难以平静，错漏之处增多，时有涂抹，但正因为如此，此幅字写得凝重而又神采飞动，笔势圆润雄

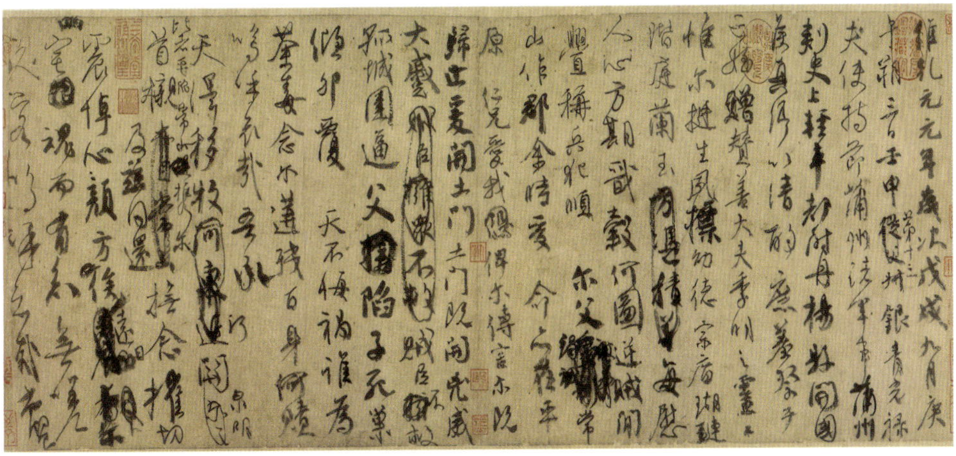

图8-7《祭侄文稿》

奇，姿态横生，得自然之妙。通篇波澜起伏，时而沉郁痛楚，声泪俱下；时而低回掩抑，痛彻心肝，堪称动人心魄的悲愤之作。

一、圆转遒劲的篆籀笔法

圆转遒劲的篆籀笔法，作为中国传统书法艺术中的精髓之一，其独特之处不仅仅在于其形态上的圆转流畅，更在于其蕴含的力量与韵味。这种笔法以其宽博浑厚、气魄宏大的特点，让人在观赏中感受到一种非凡的艺术魅力。该笔法以圆笔中锋为主，藏锋出之。书法主要是线型的笔墨造型艺术。点画的方圆，也就成了书法审美中最普遍的特征，其中分成两个层次：一是形态上，二是意象上的。从形态上而言，也就是我们常说的方笔圆笔，方为刚，圆为柔，方主静，圆主动，刚柔相生，动静先偕。运笔方法所形成的迹象，一种是逆势平铺中锋，当笔中的墨较少或较浓，写到劲疾之处，往往会在笔画的中心线上出现一道白痕（无墨），而轮廓意如双钩，其迹象给人向外凸出的方棱的意象。另一种则是顺势裹笔中锋，写到劲疾处，笔画的中心线上，往往会出现一道墨痕，而两边轮廓线枯笔，这在《祭侄文稿》中表现得相当普遍。

二、线条的力度

所谓线条的力度是指从字的点画形态中体现出来的“力”的感受。力度是功力的体现，需要长期笔墨功夫的积累和磨炼。不论何种风格的书法作品，都必须以力度为基础，没有笔力，即使线条的形态再美也会变得毫无审美内涵。笔法中体现为轻、按、顿、挫为重，沉着痛快，即便如此，由于每个人的性格各异，在运笔时所表现出来的力度也会不同，从而直指人的人格情怀。《祭侄文稿》中，表现出大起大落，运笔苍古，表现出浓烈、倔强、雄伟的审美情趣，具有强烈的冲动性的情调，视如狂风骤雨，骏马腾飞，雄伟壮观，有一股浩然之气，有了提按顿挫，才有可能使书法从纯粹的造型上上升到节奏化、韵律化的境界。

三、渴涩生动的墨法

墨色也是线条形式美的重要因素，成功的书法作品不但应笔力遒健，布局天然，而且要墨色华滋，流光溢彩。古代书家对墨色都十分强调。清朝包世臣认为“墨法尤书艺一大关键”。水墨是字的“血肉”，只有水墨调和，墨彩绚烂，书法作品才会风神超迈，充满生机。此稿渴笔较多，且墨色浓重而枯涩。这与颜真卿书写时所使用的工具（短而秃的硬毫或兼毫笔、浓墨、麻纸）有关。这一墨法的艺术效果完美契合了颜真卿当时撕心裂肺的悲恸情感。而此帖真迹中，所有的渴笔和牵带的地方都历历可见，能让人看出行笔的过程和笔锋变换之妙，对于学习行草书有很大的益处。

美感体验

颜真卿《自书告身帖》(图8-8)，其书法线条苍劲老到，点画圆挺，提、按、转、折交代分明，线条对比强烈，有大小、粗细、网转、顿挫之分，使结体雄伟宽博，因势生形，劲峻秀润，自然多姿，已达到炉火纯青的艺术境界。詹景凤称此书："书法高古苍劲，一笔有千钧之力，而体合天成。其使转真如北人用马，南人用舟，虽一笔之内，时富三转。"董其昌谓："此卷之奇古豪放者绝少。"

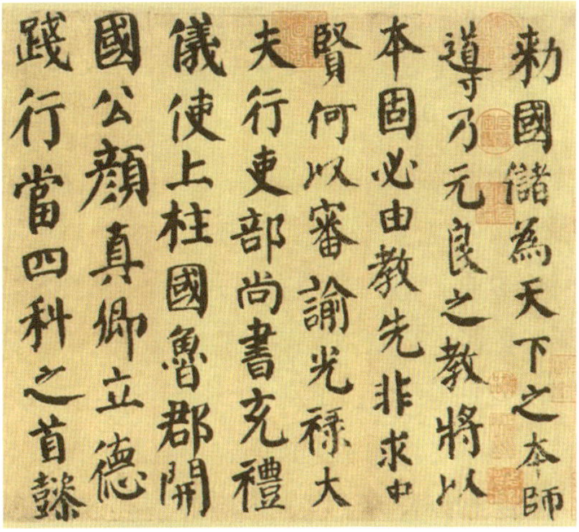

图8-8 《自书告身帖》(局部)

课堂讨论

1.《自书告身帖》中颜真卿的线条起伏如何影响整体的视觉节奏？这些线条的变化在书法美学中有什么作用？

2.《自书告身帖》在书法技法上对后世书法家的影响有哪些？

自我检测

一、填空题

1. 书法________体现书法的生命本质，是书法欣赏的基础。

2. ________是线条形式美的重要因素，成功的书法作品不但笔力遒健，布局天然，且墨色华滋，流光溢彩。

二、简答题

1.《祭侄文稿》中线条的粗细变化对整体书法效果有何影响？

2. 在现代书法创作中，如何借鉴《祭侄文稿》中的线条力度技巧来提升书法作品的艺术性？

主题二
均衡和谐——书法的结体之美

中国特有的方块汉字，决定了汉字造型上有着强烈的空间结构感。这也决定了书法的美感，不仅建立在美的线条之上，还有赖于美的空间结构。就像盖房子，无论基本材料质量多精良，但如果没有很好的空间架构，房屋也不可能具有美感。所以，欣赏中国书法美，除了学会欣赏其基本的线条美之外，还要学会欣赏其空间结构美。正如蔡邕《九势》中所说："凡落笔结字，上皆覆下，下以承上，使其形势递相映带，无使势背。"就是说书法的点画之内，字里行间，要有互相映带、脉络贯通的气势，方能产生艺术的感染力，让人欣赏到作者的"笔墨情趣"。

书法艺术的结体，指每个点画线条之间的搭配组合，也叫"结字"，又叫"间架结构"。汉字是由不同形状的点画按特定的规范形式组成，复杂纷繁的字样，因为书法家不同的用笔，写出了不同的点画形态，并将这些点画按自己喜爱的方法搭配成字，于是就产生了不同风格的结体，因而也产生了千姿百态、多样变化的结体美。

简单的点画线条在书法家的笔下可以产生出姿态万千变化无常的结构造型，如小篆的古朴圆健，隶书的婀娜多姿，楷书的端庄稳重，行草的豪迈奔放。这就像画家使用三原色可以描绘出丰富多彩的图画，音乐家使用七个音节可以谱写成美妙动听的乐章一样。

当然不同的字体偏重不同，各个书家的具体应用也各有差异，就拿唐楷来说，唐朝楷书经魏晋六朝的不断演变，法度已经成熟，体势亦趋完备，气骨刚健、端庄平正的优美楷书为世人立范，从而表现出一种理性的时代风格，以欧阳询、虞世南、薛稷、褚遂良、颜真卿、柳公权为代表的楷书大家，堪为后人立法。如欧体险峻、颜体端稳、柳体瘦硬都是在遵循形式美内在规律的前提下，充分利用汉字形体的可塑性，表现出不同风格和意趣的结构的造型美，从而给人以不同的艺术享受。

以上法则的运用，可概括成三种结构形式美的表现形式。

一、奇与正

孙过庭《书谱》中说"初学分布，但求平正；既知平正，务追险绝；既能险绝，复归平正"。可以这么理解，一是奇为不正，即在书势上采取以侧取势的方法，而正便是平正，横平竖直，体式平和稳定。二是将这两字合为一词组，即似奇反正，通过奇侧的变化，突出字在重心上的平衡。

奇与正是矛盾对立的，但又是相辅相成的。一味追求平正，虽然端庄朴实，却常常缺少神采气韵，一味追求奇变，虽也雄爽飞动，却多流于狂怪庸俗，二者都是结体的大忌。

正确的方法应该是，在平中求奇，常中求变，于不平中求平正，于不奇中求停匀，使奇与正融为一体。

二、疏与密

疏密，是指点画间距离的大小。构成一个字的点画，首先要疏密停匀，长短肥瘦都要有适当的比例，才符合字形结构的平衡统一规律。如欧阳询《九成宫醴泉铭》中，“东”字横画平稳而略带向右上之势，竖钩挺拔为字之脊梁，两侧撇捺则适度延展，形成外松内紧之态，疏密对比鲜明，既显稳重又不失灵动；“越”字结体精妙，“走”字旁笔画密集紧凑，如同行云流水，一气呵成。而“戉”则宽绰舒展，横长竖短，与“走”字旁形成鲜明对比，尽显欧阳询楷书艺术之精髓。

三、违与和

和是整齐和谐，协调一致，秩序井然，是多样的统一。违，是变化多样，参差错杂，异军突起，是统一中的对立。因此，从广义上说，结体上的许多问题，如奇正、疏密等，都包括在违与和这一对关系之中。违与和的统一是书法形式美的主要规律。从狭义上说违与和是指点画排列的种种形态，如俯仰、向背、参差、开合等关系如何处理的问题。例如，柳公权《玄秘塔碑》的“三”字，第一笔横平，第二笔向右上倾斜，第三笔横向，虽与第一笔平行，但呈仰视，可以说笔笔不同，字字有异。

违与和的统一是书法结体必须遵循的原则。二者虽然相互依存，相互约束，但又不是相伴的，在不同的书法和不同的风格中可以有所偏盛，如以楷书与草书相对而言，则楷书偏于“和”，而草书偏于“违”。

美感体验

《颜勤礼碑》

此碑于1922年在今西安出土，螭首方座，高268厘米，宽92厘米。四面刻字，碑阳书字19行，阴书字20行，每行各38字。碑的左侧书字5行，每行37字。右侧的铭文已被磨去。1948年，《颜勤礼碑》被移存西安碑林博物馆。

《颜勤礼碑》四面刻字，现存三面。碑文追述颜氏祖辈功德，叙述后世子孙在唐王朝的业绩。用笔横细竖粗，藏头护尾，方圆并用。点画的端部及转折处得到了最大限度的强调，提按的笔法较之前人上升到主导地位。丰富多变的笔法将粗与细、方与圆、高与低、曲与直、奇与正、快与慢等诸种矛盾巧妙地统一在一个笔画之中，使每一个点画都透露出朝气蓬勃的生命气息。《颜勤礼碑》方圆兼施、以圆为主的运笔方法和笔画形态，集中表现了一种含蓄之美，最符合中国传统的“含而不露”的审美理想，也是颜体楷书美学价值之所在。

课堂讨论

1. 颜真卿在《颜勤礼碑》中如何平衡结构的规整性与笔法的自由性？这种平衡对书法结体美的表现有什么影响？

2. 颜真卿的《颜勤礼碑》在书法史中占据什么样的地位？其结体美对书法史的发展有何重要影响？

自我检测

一、填空题

1. 书法艺术的结体，指每个点画线条之间的搭配组合，也叫“结字”，又叫“________”。

2. 孙过庭________中说“初学分部，但求平正；既知平正，务追险绝；既能险绝，复归平正”。

二、简答题

1.“奇”和“正”在书法中分别指什么？这两种风格如何定义并体现在具体的书法作品中？

2.“疏”与“密”在字形结构和布局中有什么具体表现？如何通过笔画的安排和字形的组合来体现这两种特点？

主题三 布局精妙——书法的章法之美

章法指的是书法的谋篇布局，书法以汉字为载体，通过汉字的排列组合，形成一个黑与白的世界。章法中最直接的就是字与字的、行与行的排列组合，合理的布白会给作品增添可观性和艺术性。一幅优秀的书法作品，一定要体现出整体形象的布局之美，也就是章法之美，它有驾驭整体、统览全局的作用。

一、走进章法之美

怎样的章法才能体现书法的美感呢？首先，字与字之间要有宾有主。欣赏一幅字，章法上必先立主字以统率全篇，字行之间主宾分明、互相照应、错落有致。其次，在章法上要虚实处理得当。书法是运用黑白两色来表现艺术空间的，黑则实、白则虚。书法作品要虚实相映，实中有虚，虚中有实。如明代董其昌的行书白多黑少，以虚见实，其作品疏朗雅韵，空灵神旷；王铎的草书黑多白少，实中见虚，其作品点线缠绕、变幻多端、纵横交错，具有浓烈的密实酣畅之感。再次，章法美的一个重要内容，是要体现书法的气脉。任何一种书体，都要有一种连绵不断的气脉通贯其间，从而体现气韵与神采。我们常说的“笔断意连”实际上就是一种气脉的连贯，使字与字相互连缀形成整体气势。是行气贯通，而不是一笔写成一篇字。一幅书法作品必须是一气呵成，笔笔相拥，不可间断。否则，会断了气脉而失去整体气势之美。最后，章法美的表现形式有“纵有行，横有列”“纵有行，横无列”以及“纵无行，横无列”三种。“纵有行，横有列”适用于小篆、隶书和楷书，具有排列整齐、和谐均匀之美。“纵有行，横无列”适用于行书和小楷，较自由连贯，活泼而不失规矩。“纵无行，横无列”适合于大篆和草书，有奔放随意之美，能够充分发挥个性而不失法度。另外，书法章法中的题款及印章与作品遥相呼应，能起到画龙点睛和锦上添花的作用。

明代董其昌在《画禅室随笔》中云：“古人论书，以章法为一大事。盖所谓行间茂密是也。余见米痴小楷作西园雅集图记，是纨扇，其直如弦，此必非有象迹，乃平日留意章法耳。”聚笔画而成字，集众字而成篇，章法之美可谓是书法家所追求的最高境界。

一幅良好的书法作品，其字与字、行与行间需要首尾顾盼，既要相互避让，又要相成相就，即前面的字、行既要写出自己应有的体型和风貌，又要为后面的字、行提供照应，而后面的字、行必须顺应前面的字和行来书写，形成“唱和”，互相映衬，相互照应，而使字字自然活泼，行行生动。王羲之在《兰亭集序》中写的“之”字各不相同，也是因为其前后文所及处的行不同，王羲之出于对章法的考虑而为之。

同时，书法作品还要如国画一般“留白”，有字的地方叫“黑”，无字的地方叫“白”；字中有着笔墨处叫“黑”，无笔墨处叫“白”。《书筏》中云：“精美出于挥毫，巧妙在于布白。”黑与白相对，虚与实相生，整个作品才能气韵生动，富于神韵。如果说结构是单个字中对点画线条的组织，那么章法则是对字乃至所有线条更为复杂的组织，组织是否协调妥当，直接关系到作品的成败，所以笪重光指出“精美出于挥毫，巧妙在于布白”。

二、章法的主要表现形式

1. 纵有行，横有列

小篆，隶书，楷书适于用这种表现形式。这种格式具有和谐匀称的美感，但由于每个字都限定在大小相同的方框之内，章法的变化受到限制，容易产生均齐呆板之弊，为了弥补这一缺点就需要在结体的变化上下功夫，使它从整体上看虽然整齐，但从局部看，每个字的结体富有大小疏密之别、奇正参差变化。

2. 纵有行，横无列

这种章法形式多用于行书与小楷，它的行距大都大于字距离，且每行中字数不等，由于一行中不受字数限制，所以字的体态变化有更大自由，书写者可以根据布局的需要，或大或小或奇或正，使章法上具有丰富的美感。

3. 纵无行，横无列

这种章法形式完全摆脱了一切人为格式的束缚，即笔可以随意转，让笔墨在纸上自由驰骋，尽情倾泻书写者的心怀情愫，又能妙合于自然之美，表现出宇宙的奇变，它是一种最能表现书法章法美的形式。大篆和草书都采用这种章法。

美感体验

《兰亭集序》

王羲之的《兰亭集序》共28行，纸本，作品自然而安详，结字疏密而富有变化，字行微敧而又不失端庄，流淌着王羲之的风度、修养、情操、襟怀乃至创作时的心态。观之，如一幅肃穆恬静的山水图轴，又宛若一曲缠绵的田园交响乐，淡远而典雅。《兰亭集序》不愧为中国书法中的天下第一行书。《兰亭集序》为什么能有如此美感效果？

1. 虚实处理好

一篇书法黑处是实，白处是虚，虚与实是对立的统一，虚与实相依相生，在一幅作品里，有墨处重要，没墨处同样重要，邓石如认为“计白以当黑，奇趣乃出”。成功的章法，无论是分行布列的安排，还是落款钤印的位置都应服从于整体的虚实处理，把作品的各个部分组合成一个统一而协调的整体。

2. 气脉连贯

书法艺术中的章法集字成行，字与字，行与行之间要求一气呵成，精神飞动，行气就是书法作品中点画与点画、字与字、行与行之间的一种无形的联系，成功的作品总是行气畅通，富有节奏和生命力，而若行气不畅，就会字字独立，呆滞无神。唐代张怀瓘《书断》说：“字之体势，一笔而成，偶有不连，而血脉不断，及其连者，气候通其隔行。”

气候连贯追求的虽然是“连”，但是高明的书法家却着眼于“断”，因为连与断是互相依存的，只连不断，既不可能也不可取。

一幅优美的书法，宛如一曲优美的音乐，它那富于节奏韵律的笔势笔意，像一泓清泉流泻于字里行间，时而舒缓，时而急促，时而通畅，时而停歇，用无声的旋律给人以美的感受，这就是章法的艺术魅力。

课堂讨论

1. 王羲之在《兰亭集序》中如何处理虚实关系，以保持整体书法的平衡与和谐？

2.《兰亭集序》的书法美学如何与当代审美观相结合？其美学特征在现代社会中的价值是什么？

自我检测

一、填空题

1. 书法作品还要如国画一般“________”，有字的地方叫“黑”，无字的地方叫“白”；

2. ________的章法形式完全摆脱了一切人为格式的束缚，它是一种最能表现书法章法美的形式。

二、简答题

1. 章法在书法艺术中指的是什么？它包含哪些表现形式？

2. 试举例说出历史上有哪些书法家对章法的发展做出了重大贡献。

美的实践

主题
临摹经典——传承书法艺术的精髓

实践名称	临名家之作
实践目标	通过临摹唐代著名书法家颜真卿的作品《颜勤礼碑》感受楷书的特点和魅力，提高对书法艺术的鉴赏水平
实践内容	西安碑林是中国古代文化典籍刻石的集中地点之一，也是历代著名书法艺术珍品荟萃之地，有着极高的历史和艺术价值，《颜勤礼碑》就存放于此。登录西安碑林博物馆网站，在其“精品视窗”栏目中选择国宝名碑进行临摹，并选择自己最喜欢的临摹作品在班级分享
实践步骤	（1）打开浏览器，输入西安碑林博物馆官方网址：http://www.beilin-museum.com/，确认网址无误后，点击进入网站首页 （2）导航至“精品视窗”栏目页，点击进入 （3）选择颜真卿的《颜勤礼碑》进行临摹；如三点水、垂露竖、悬针竖、撇、捺、竖钩、弯钩等笔画，并临摹下列字，可用双钩法、单钩法、意临法等方法进行  （4）分享临摹作品
注意事项	（1）需深入了解作者有什么艺术成就，有什么艺术特色等内容 （2）在临摹过程中要注意握笔姿势，运笔姿势等 （3）注意临摹工具的使用安全，避免浪费和污染环境
实践评价	（1）能够准确运用书法技法，包括笔画的粗细、力度、转折、提按等 （2）能够体现临摹对象的艺术风格和个性 （3）注重在临摹过程中对书法工具的选择和使用情况
实践心得	

模块九 沉浸科技时代：数字媒体

模块导言

当代人的生活离不开各种各样的媒体，它们是人们表达、传递、接收信息的媒介。随着信息技术的发展，数字媒体越来越普遍地走入人们的日常生活中。数字媒体艺术是一门跨自然科学、社会科学和人文科学，集中体现了“科学、艺术和人文”理念的艺术，是以数字技术为载体、立足于传媒行业、具有独立审美价值的艺术作品创作和数字产品的艺术设计。作为一种独特的艺术表现形式，数字媒体艺术和当代艺术与后现代文化有着千丝万缕的联系，并和西方科技史、现代艺术发展史息息相关。

学习目标

- 知识目标

1. 了解人文与科技美的关系。
2. 了解人文精神在科技发展中的作用。
3. 了解北京冬奥会开幕式中的人文与科技。

- 能力目标

1. 能够从科技产品中分析人文因素，理解科技美。
2. 能够感知和欣赏科技美，具备科技与人文相结合的思维。

- 素质目标

1. 培养对人文精神的尊重，加深对科技发展的全面认识。
2. 培养爱国主义情怀，增强文化主体意识，强化文化担当。

美的探寻

主题
科技与人文——数字艺术新视界

人文与科技是因人类生产生活和人的发展需要而产生的。科技的进步交织着人文的发展，法国作家福楼拜曾说：“艺术与科学总是在山脚下分手，最后又在山顶上相遇。”这是对人文与科技最好的诠释。

科技与人文——数字艺术新视界

一、人文与科技美的关系

从战国时期青铜铸造技术所制作的曾侯乙编钟（图9-1），到当前的3D音乐、AI自动作曲系统；从文艺复兴时期达·芬奇将透视学融入绘画的创造，到印象派根据光学理论作画（图9-2）；从工业革命后未来主义画派在作品中所表现出的机械动态的美（图9-3），到当前使用机器人、生物技术、3D打印技术和动画制作技术等新技术创作的新媒体艺术……这一切无不反映了人文与科技相辅相成的紧密关系。

科学技术为人文艺术提供了新的物质技术手段、传播手段，并促使了新的艺术形式的产生和美学观念的变化。科技与人文都是对人生最高境界“真善美”的追求，科技偏重的

图9-1 曾侯乙编钟

图9-2 梵高《向日葵》

图9-3 波尼丘《美术馆里的骚动》

是“真”，而人文偏重的是“善”和“美”。“真是美的基础，善是美的灵魂，美是真与善的结合，即美是真与善的统一，也就是和规律性和合目的性的统一。”（李泽厚《美学四讲》）科技离不开人文支撑，人文也离不开科技为其增美。只有真与美和善结合，科技才会焕发更耀眼的光芒。

二、北京冬奥会开幕式中的人文与科技

在2022年的立春之日，北京冬奥会开幕式使用了超大8K地面屏幕、人工智能动作捕捉、虚拟仿真技术等数字科技。从“雪花”火炬台到超高清地面显示屏、再到“冰立方”，元宇宙、高科技加持的北京冬奥会开幕式，是一场融合科技感、体验感、唯美感的视听盛宴。

1. 数字里的人文与科技

“春风如贵客，一到便繁华”“天地始交，万物并秀”“露从今夜白，月是故乡明”……北京冬奥会开幕当天，恰逢二十四节气中的“立春”，伴着一句句相应的古诗，二十四节气以自然而充满东方哲理之美的方式为冬奥会开幕倒计时。冬奥会开幕式突出的二十四节气，就是中国古人智慧和人文结合的典范，它是中国上古农耕文明的产物，不仅指导农耕生产的时节体系，更包含有丰富的民俗事项，蕴含着悠久的文化内涵和历史积累，其中所流露出的天人合一、道法自然、躬耕劳作、天下太平的哲学与社会理想，是中华民族悠久历史文化的重要组成部分。

2. 形象里的人文与科技

在冬奥会开幕式上震撼人心的“冰瀑”环节中（图9-4），一滴水墨从天而降晕染开来，“黄河之水天上来”的意境呼之欲出，随后，河水慢慢冰冻，变成一片冰的世界。充满了中国美学的意趣和山水画的美感，唤起了人们心底的文化情结。

这些内容的呈现需要硬件与技术的高度协同和完美配合。为显示这些效果，项目团队完成视觉设计100余版，核心装置编程40多版，设计效果图7000多张，多媒体视频汇报30多套；搭建几十米的巨大LED屏的冰立方。

由数百名小朋友手持和平鸽模型灯笼表演的节目《闪亮的雪花》（图9-5），寓意着和平、友谊、团结和圣洁。孩子们在奔跑时，脚下的雪花会跟随他们拉出长长痕迹，要实现这样的效果，视觉效果团队做了2万多张效果图，在超过一万平方米的场地上，对将近500名小学生的动作进行实时动态的捕捉和呈现，终于实现这浪漫、自然，又包含科技含量的效果。

图9-4 “冰瀑”环节

图9-5 节目《闪亮的雪花》

北京冬奥会开幕式上汇聚了一系列现代科技，以科学技术为载体将种种奇思妙想变成现实，通过多维度的表达方式让美好的寓意充分彰显，让世界人民从全新的角度理解中国文化与艺术语言，展示出人文自然与现代科技相结合的“中国式浪漫”。北京冬奥会开幕式中所呈现出的极致美感，使观众获得了情感的共鸣。

美感体验

《复兴大道70号》

2019年国庆期间，为庆祝中华人民共和国的70华诞，人民日报社新媒体中心推出了长图H5作品《复兴大道70号》，上线后迅速引发热议。该作品结合超长画卷和“一镜到底”的

图9-6 《复兴大道70号》手绘长图节选

形式，通过丰富多元的场景变化与内容细节，描绘了新中国70年来的光辉岁月，记录了时代变革与社会发展的沧桑巨变，被网友赞为“当代版清明上河图”（图9-6）。《复兴大道70号》上线后传播效果显著，口碑较好，受到用户的广泛欢迎，成功掀起了一场“集体回忆”。

1. 典型化场景+全景式展现

H5作品《复兴大道70号》以复兴大道为主轴线，通过用户横屏滑动手机，宛如漫步在复兴大道，沿途画面自然串联起时间与空间、场景与事件，让用户拥有如同拉开画卷般的全景式观看感受。该作品以“开国大典”为起点，选取“一五计划”、原子弹爆炸、恢复高考、改革开放、北京奥运会等500多个重要历史事件和典型场景，足足刻画了4000多个人物，展现了500余座建筑，创造了同类新媒体产品的最大尺寸和最全内容。

2. 多元化视听+交互式体验

《复兴大道70号》在手绘长图基础上，还加入了丰富的视听元素，如充满年代感的声效：叫卖声、自行车铃铛声、孩童的玩闹声等不绝于耳；还有许多让人一秒“入戏”的影视配乐：《让我们荡起双桨》《敢问路在何方》等，都带给用户怀旧且温暖的感觉。该作品不仅呈现出多元化的视听特色，在用户体验上也是颇具匠心。该作品巧妙融入了AI“换脸”技术，用户可以在不同的历史场景中上传自己的照片，生成属于自己的年代纪念照，如宣传农村土地改革的宣传员、指挥交通的交警、为北京奥运喝彩的观众等。通过这样的交互式体验，在唤醒集体记忆的同时，也做到了个性化、定制化，有利于用户在社交平台上转发，高度契合了全媒体时代“人人参与、人人传播”的特点。

课堂讨论

1. 在《复兴大道70号》中，如何体现传统文化与现代数字艺术的结合？
2. 数字艺术的发展对传统艺术形式意味着什么？

自我检测

一、填空题

1. 科学技术为________提供了新的物质技术手段、传播手段，并促使新的艺术形式的产生和美学观念的变化。

2. 法国作家________曾说："艺术与科学总是在山脚下分手，最后又在山顶上相遇。"

二、简答题

1. 科技的进步如何影响人文领域中的美学观念和表现形式？

2. 不同文化背景下，人文美与科技美的关系和表现是否有所不同？如何理解这种文化差异对美学的影响？

美的赏析

主题一
数字梦境——数字图形的无限创意

一、图形的定义

“图形”是日常生活中使用频率很高的词，但是却没有确切的定义。从实际情况来看，下面所列的都可以称为图形：

①人类眼睛所看到的景物；

②用照相机、摄像机等装置获得的照片、图片；

③用绘图机或绘图工具绘制的工程图、设计图、方框图；

④各种人工美术绘画、雕塑作品；

⑤用数学方法描述的图形（包括几何图形、代数方程或分析表达式所确定的图形）。

可以看出，图形是一个宽泛的概念，它既包括描述图形，也包括自然图形。描述图形是计算机图形学早期重点解决的问题，包括各种几何图形，由函数式、代数方程和表达式所描述的图形，已经从纯粹的“图”的概念进入了动态的“形”的深度。自然图形则包括景象、图像、图案、图片以及形体实体。随着计算机技术和数码技术的发展，除了报纸、杂志等媒介外，人们还通过网络、多媒体等方式接收信息，图形在网络等新媒体传播中发挥着越来越重要的作用。

二、数字技术表现

计算机的普及，数字产品的风靡，以及摄影技术、电子科技、印刷技术的发展和进步，对现代图形创意设计产生了巨大的影响。这些先进的技术手段在改变图形创意表现的物质基础和行为方式的同时，也为图形创意表现提供了全新的操作平台，图形的形式和处理手段变得越来越丰富，且简单易行。摄影技术、计算机技术、印刷技术等可以有效地让图形的创造、展现、效果处理产生特殊效果。图形创意表现大多虚幻而超现实，因此，面对不同的表现对象，选择不同的电子产品、器材、工具，运用不同的处理手法是图形创意表现取得成功的前提。在数码成像技术中，利用数字技术手段来表现图形的艺术形式，改变了以往图形设计的表现方式，其所产生的形态效果具有强烈的现代感和艺术冲击力。

1. 设计领域的数字技术

在设计领域里，复印机、扫描仪、计算机、数码相机等产品是不可缺少的工具（图9-7）。有了这些数字产品的介入，人们的工作习惯、思维方式与观念等都随之发生了变化。对于这些工具，应该掌握它们的性能，有选择、有针对性地加以利用。运用这些工具所表现出来的图形常常可以产生手工无法达到的效果。

图9-7 数字技术工具

2. 数字图形的表现

数字图形是指利用数字技术表现的图形，具有强烈的现代感和视觉冲击力，在艺术表现领域里逐渐形成独具特色的视觉艺术语言。其特殊而多样的效果是其他任何表现技法都无法达到的。数字技术所具有的准确、方便、快捷、易修改、可复制等特性在图形创意表现过程中显得尤为突出。

数字图形的表现主要运用计算机软件来完成，强大的设计软件对数字图形的表现给予了强大的技术支持，各种外挂滤镜使图形表现效果达到了极致，只需要点击鼠标，便可以轻松地创建不同效果的视觉图形。不同的设计软件有不同的功能和侧重点，应充分了解各种设计软件的优势，掌握各种设计软件的表现技巧。比如，图形编辑软件CorelDRAW、Illustrator、Freehand、Photoshop在图形的生成和图片效果处理方面很有优势，通过图层、通道、路径、滤镜可以制作出不同视觉效果的图形。

在滤镜下可以运用动态、像素化、模糊、笔触、粗糙、拼贴、浮雕、简化、盖印、扭曲等工具制作各种效果。CorelDRAW、Illustrator是强大的矢量图形软件，其图形生成和处理功能可以轻松地勾画图形的造型。Photoshop与CorelDRAW、Illustrator在设计中常常互为补充，交替使用。另外，3D Studio Max和Maya都是三维动画软件，建模性能强大，渲染完备，两者也可以结合使用。

三、数字图形在数字艺术中的应用

数字艺术一般指的是用计算机处理或制作出和艺术有关的影音、动画或其他艺术作品。相对于传统艺术作品，它在传播、存储、复制等方面都有不可替代的优势。数字艺术是艺术和科技的高度融合，也称为计算机图形学。有了数字技术作为基础，图形的发展得以进一步的延伸。近年来，数字图形大量运用于视觉设计领域（图9-8）。

图9-8 动画制作

美感体验

手机游戏作品《故宫：口袋宫匠》

《故宫：口袋宫匠》是一款由故宫博物院与腾讯联合发布的建筑类创意游戏，通过微信小程序或下载应用软件就能迅速参与，具有很强的娱乐性和交互性。

在游戏中，玩家化身为宫廷建造师，和宫廷御猫一起体验搭建“养心殿”“慈宁宫”的全过程。玩家需要快速学习古建筑知识，用“贪吃蛇”的玩法收集材料，再用类似“推箱子”的方法计算如何将材料放置到指定的地点。另外，该款游戏还需要玩家收集故宫各地的文物碎片，拼凑在一起来解锁更多的隐藏文物，通过有趣的漫画人物形象、中国传统的色彩、丰富的文物图鉴，实现了寓教于乐、文化传承的目标。

课堂讨论

1.《故宫：口袋宫匠》如何将传统故宫文化与现代数字图形艺术有效结合？

2. 游戏中使用了哪些数字图形技术来提升用户的视觉体验？这些技术如何帮助展现故宫的历史和文化？

自我检测

一、填空题

1. ________包括景象、图像、图案、图片以及形体实体。

2. 数码成像技术中，利用数字技术手段来表现图形的________，改变了以往图形设计的表现方式。

二、简答题

1. 什么是“数字图形”？数字图形的创意表现有哪些特点？

2. 数字技术（如虚拟现实、增强现实等）在图形创意中扮演了什么角色？

主题二
光影幻境——影视动画的视觉魅力

何谓动画？当人们说起这个名词时脑海中定会浮现出许多形象或场景，它可能是大闹天宫的孙悟空，或是小丑鱼尼莫的海底探险之旅，又或是非洲大草原上小狮子辛巴的成长故事，这些都是人们对动画最直观的印象和记忆（图9-9）。从概念上来说，动画是指通过连续播放一系列画面，给视觉造成连续变化的图画。它的基本原理与电影、电视一样，都是视觉暂留原理。就是说人的眼睛看到一幅画或一个物体后，这个物件映射在人的视网膜上在1/24秒内不会消失，这时如果有另外一个物件出现在眼前，即产生了连续不断的视觉效果。可以说动作的变化构成了画面的运动，这种变化就是动画的本质。

图9-9 动画场景

一、动画简史

旧石器时代的石洞壁画（图9-10）、埃及墓画（图9-11）和希腊古瓶上都出现过通过绘画来表现分解动作的图案，也发现过连续动作的分解图，这些画被视为人类捕捉动作的证据。不过，在没有专用的设备来表现这些带有连贯动作的图像前，单独的动作分解图像是不能被称为真正意义上的动画的。中国的民间艺术走马灯、皮影戏等类似动画艺术的形

图9-10 石洞壁画

图9-11 埃及墓画

式，也只能算作动画艺术的雏形。

从16世纪开始，手翻书的活动图画引起了许多人的关注，人们开始对运动、时间、距离等之间的关系展开了各种形式的探索和研究。这个时期，也就是人们有意识研究“动画”效果的萌芽时期。当时的人们还不曾想到，他们所做的种种努力，是在为未来一项伟大的艺术发明揭开层层面纱。直到17世纪，动画的探索开始出现成果，一种名叫“魔术幻灯”的装置带来了光影动画，这种表现形式受到大量观众的欢迎。许多动画史的著作中都记录了在探索动画这条路上充满传奇的故事，正是这些人的不懈追求和一系列的科学实验研究，使人们逐渐获得了对动画原理的了解。动画制作技术的发展得益于19世纪电影摄影技术的发展。

1888年，法国人埃米尔·雷诺发明了可在屏幕上放映、供多人一起观看动态图画的光学影戏机，这一天被法国电影史学界视为动画片的诞生日，雷诺也被称为“动画之父”。光学影戏机使这些动态图画具备了现代动画片的基本特点，但真正的动画电影直到电影诞生之后十年才走上银幕。

中国动画始于20世纪20年代，万氏兄弟四人——万籁鸣、万古蟾、万超尘、万涤寰，是最早思考如何把西洋动画中国化的有心人。万氏兄弟自幼喜爱绘画，在多次试验后于1922年绘制成功中国第一部动画广告片《舒振东华文打字机》，片长仅有1分钟，却开创了中国动画的历史。万氏兄弟在1926年克服重重困难，完成了第一部动画片《大闹画室》，它也是中国美术片的开始。自从这部动画片上映后，引起了观众的极大的兴趣，他们的创作也一发不可收，连续创作了数十部具有本土特色和民族特色的中国动画艺术片。

新中国成立之后，万籁鸣、万古蟾、万超尘成为上海美术电影制片厂的主创人员。从1960年起，他们开始重新投入新中国成立前就已开始尝试的大型动画片《大闹天宫》的创作。历时四年，至1964年，他们筹划了二十多年的第一部中国动画大片计划终于变成了现实——《大闹天宫》（图9-12）上映。这部长达114分钟的鸿篇巨制，绘制了近7万幅画作。

影片一经面世便产生了巨大的轰动，很快在海内外收获了数不清的荣誉，连续在国际电影节上夺魁，并在全世界几十个国家上映。对于这部影片，直到今天谈论起来依然赞叹其内在的技术和艺术价值。仅此一片就足以说明，当时的中国动画电影已经进入了世界先进行列。

图9-12《大闹天宫》

2011年上海美术电影制片厂再次将这一经典用3D的形式搬上银幕，向经典致敬。可以说《大闹天宫》将中国动画的成就推向了巅峰。此外，万氏兄弟还于1957年制作了中国第一部剪纸动画片《猪八戒吃西瓜》（图9-13），另外还有《渔童》（图9-14）《济公斗蟋蟀》（图9-15）《人参娃娃》（图9-16）等作品。这些作品的制作技巧日臻成熟，在创作中汲取了中国皮影戏和民间窗花的艺术特色，活灵活现地展示着动画角色和故事，在艺术和技术上达到了新的高度。

图9-13《猪八戒吃西瓜》

图9-14《渔童》

图9-15《济公斗蟋蟀》

图9-16《人参娃娃》

二、数字技术与动画新发展

众所周知，传统二维手绘动画片里，数以万计的画面全都是画家们手绘出来的。打草稿、描线、着色全都要手工完成。这种技术在1940年迪士尼公司出品的《木偶奇遇记》里，已经相当成熟，此后数十年间都没有大的发展。在这种情形之下，动画片在20世纪70年代开始衰落，人们甚至开始怀疑动画片的前景。但是，从以《美女与野兽》和《狮子王》为标志的转折点开始，动画片开始复兴，而这一复兴的过程，正是数字技术在动画领域被广泛利用和实践的过程。数字技术在动画行业的运用，不仅大大降低了动画片的制作经费，缩短了制作周期，在表现力上更是经历了前所未有的突破和提高。可以说，正是数字技术使动画这一种古老的艺术形式焕发了青春。

随着计算机合成技术、3D技术、摄影技术的进步，影片制作要成熟很多，如《帕丁顿熊》(图9-17) 中小熊帕丁顿的形象已经更加真实，融合效果更加完美。

图9-17 《帕丁顿熊》

1995年，皮克斯动画工作室完成了第一部电脑制作的三维动画长片《玩具总动员》，其出场收获好评如潮，数字动画有了自己独特的艺术风格，这种全新的动画表现形式被大众认可并接纳。影片在美国本土成为1995年票房冠军，在全球也创造了三亿多美元的票房。次年《玩具总动员》获得奥斯卡金像奖最佳原创配乐、最佳主题曲、最佳原创剧本等多项提名。这部影片最重要的贡献在于技术上的大胆探索与创新，对于动画电影的制作来说也是一场革命性的突破。它既没有对真实物体的拍摄，也没有传统的手绘过程，完全是由计算机制作而成。影片制作中共有100多台计算机参与创作，耗时4年完成全片76个角色，366个物件和1561个镜头的制作。片中的街道、楼房、花园都栩栩如生，如同真实世界一般。

自《玩具总动员》(图9-18) 大获成功之后，数字动画影片快速发展，之后迪士尼和皮克斯又联手陆续推出了一系列三维数字动画电影，《海底总动员》《料理鼠王》(图9-19)《玩具总动员2》《飞屋环游记》等，这些影片与传统动画最大的不同是，它们都是数字技术出神入化的创造品。全三维技术广泛用于动画电影制作并获得极大成功，使数字动画逐渐成为动画市场上的主流。

由于艺术表达方式的多样性和无限性，决定了数字动画的未来是没有止境的。数字动画技术的强大功能，使得动画的表现方式千变万化。数字动画技术依然在前行探索中，艺术的至高要求也在促使技术的不断研发，动画创作者在多方面进行尝试以赋予动画艺术更完善的表达和更精良的表现，一些能让动画制作者更随心操作和控制的新软件在不断开发之中，数字动画技术的完善定会在动画领域创造无限的可能性。

图9-18《玩具总动员》

图9-19《料理鼠王》

美感体验

数字动画《飞屋环游记》

图9-20《飞屋环游记》

《飞屋环游记》（图9-20）由皮克斯动画工作室精心打造，以卓越的3D技术创造了一个既真实又超现实的梦幻世界。影片中，那一串串色彩斑斓的气球，不仅承载了老人卡尔对逝去妻子的无尽思念与追忆，也象征着对未知世界的勇敢探索与无限向往。数字技术的精妙运用，让这一切在银幕上得以生动再现，观众仿佛能随着那座飞翔的屋子，一同穿越云层，探索未知。

《飞屋环游记》的数字艺术之美，不仅仅体现在视觉效果的震撼上，更在于其对细节的极致追求与情感的深刻挖掘。从细腻的角色建模到逼真的光影效果，从宏大的场景构建到细腻的情感刻画，每一帧画面都透露出制作者对于美的极致追求与对情感的深刻理解。尤其是影片中那些关于梦想、勇气、友情与亲情的温馨故事，通过数字媒体的独特魅力，得以跨越时空的界限，触动每一个观众的心灵。

此外，《飞屋环游记》还以其独特的叙事手法和深刻的主题思想，为数字媒体艺术赋予了新的生命。它不仅仅是一部简单的动画电影，更是一部关于人生、成长的哲理诗篇。影片通过卡尔与小罗素这一老一少的奇妙组合，探讨了梦想与现实、坚持与放弃、孤独与陪伴等深刻主题，让观众在欢笑与泪水中感受到生命的真谛与美好。

课堂讨论

1. 数字媒体技术是如何增强《飞屋环游记》的视觉叙事效果，深入情感共鸣的？

2. 请以《飞屋环游记》为例，探讨数字媒体技术对当代观众美感体验的影响。

自我检测

一、填空题

1. 从概念上来说，________是指通过连续播放一系列画面，给视觉造成连续变化的图画。

2. ________的运用实现了以往动画制作难以想象的自由度，还实现了以往手法无法达到的震撼气势。

二、简答题

1. 影视动画的视觉效果如何通过光影、色彩、构图等元素来增强其艺术表现力？

2. 你认为色彩与光影的结合如何影响观众对动画场景的感知和体验？

主题三
沉浸体验——交互式媒体的奇幻世界

一、走进交互式媒体设计

1. 交互的概念

交互是指双方之间的来回互动，例如，两个人共同进行活动或者游戏就属于一种交互行为。网络的交互是指进入新媒体时代后，原有的传播形式已经发生改变，艺术创作者通过网络媒体传播作品并在传媒平台收集观众的评价与反馈，人们通过网络选择自己想要观看的事物或内容，网络交互也是虚拟技术的最初表现形式。传统艺术通过发布、传输和接收这种单一的形式进行传播，艺术创作者很难获得用户的反馈，而虚拟技术使交互的过程变得更加真实，能够增强观众的观感。为了能够获得更好的感官体验，在基础交互的基础上发展出了交互设计，它能让更多的人参与到某一特定的场景中进行极其真实的体验。

交互的概念在新媒体环境中更加广泛，包括体感游戏和互联网等多个领域，为人们提供了脱离现实社会并在虚拟社会中进行体验的机会，在艺术、技术、作者、受众之间建立了更加紧密的联系。在虚拟空间中通过虚拟技术交互来实现双方反馈的传达，其所形成的互动模式会对人们在虚拟空间中的体验形成重要的影响。在新媒体环境中，交互性已成为虚拟技术的重要特点，该特点吸引了大量的受众群体。交互设计以用户为主体，对用户的相关信息进行了解，通过设计人员的引导设计出更加符合用户需求的产品，转变用户的思维模式。

2. 虚拟技术与艺术的交互

交互是虚拟技术应用过程中的核心所在，虚拟技术能够呈现出多种不同的形式，当前虚拟技术已经被广泛应用到了游戏和军事等领域当中，通过多年来的实践获得了一定的成就。虚拟作品中具备了很强的交互性，必须通过用户的交互操作才能够完成作品，展示出本身特色，而传统的交互仅仅停留在表面。

当交互技术、网络技术以及虚拟技术成为艺术创作者的重要创作工具时，人们对于艺术的被动接受态度会减弱，和艺术之间形成的互动感会逐渐增强。虚拟技术和艺术的结合产生了互动艺术形式，艺术作品和受众及创作者之间有着十分密切的关联，活动装置艺术、互动视频和互动媒体等都属于新的互动形式。虚拟现实艺术同样属于观赏性的艺术形式，在虚拟空间当中建立形象，人们可以在其中进行体验，以此来传达艺术创作者的思想。虚拟技术的出现从某种程度上引领消费文化观念，虚拟现实艺术产品通过交流互动而使得艺术创作者和虚拟艺术作品之间形成新的关系，为人们带来更好的审美体验。艺术创作者利用虚拟技术进行创作时，除了提升自身的审美价值之外，也增强了受众的修养（图9-21）。

图9-21 虚拟技术

在虚拟现实艺术的整个创作过程中都应用了互动思维，这充分表现出了交互式虚拟现实艺术的重要意义，即必须有更多的人参与进来，艺术才能够拥有更高的价值。随着科学技术的进步，虚拟现实交互式艺术得到了快速地发展，现有技术能够对真实的生活景象进行模拟，将艺术作品的作用更好地发挥出来。虚拟现实艺术除了增强虚拟环境的艺术审美，也增强了用户审美价值，使得交互艺术的虚拟特征更加明显。在虚拟技术中，实现了对现实的仿真，按照客观规律和物理法则等方面来模拟现实中的真实景象，从而产生交互。例如，数字校园这一作品能够让人们沉浸在校园风光当中，并满足多种场合的观看要求。人们通过虚拟现实技术沉浸在该校园环境中，并在其中体现出自身的探索认知能力。

二、交互式媒体艺术的信息传播特点

交互式媒体艺术通过先进的技术手段，如触摸屏、传感器、虚拟现实（Virtual Reality，VR）和增强现实（Augmented Reality，AR）等，使作品能够实时响应观众的操作和输入，从而创造出一种前所未有的参与感和沉浸感。这种互动性不仅让观众成为作品的观赏者，更使其成为作品的一部分，进而直接参与到创作和体验的过程中。

1. 交互式

交互式媒体艺术打破了传统的单维度信息传播媒介的传播方式，以及传统信息传播的单向或互动的线性传播路径，将多种媒介形态进行组合应用和融合传播，实现了多种媒介的优势互补，从而搭建全方位的信息传播空间，为受众打造如身临其境般的信息接收效果。除此之外，它通过VR、AR和全息投影（图9-22）等各种“声”“光”“电”技术的媒介融合，以及人工智能等相关媒介技术实现的人机交互，产生了信息与受众的真实互动交流。

图9-22 全息投影

2. 场景式

交互式媒体艺术通过多媒体融合和媒介设备，搭建了场景式的虚拟信息空间，使受众能够沉浸在信息组建的艺术产品氛围内，全身心淋漓尽致地感受艺术产品的魅力。同时，其利用三维图形、全息投影、传感等计算技术，将投影技术和交互技术结合，继而使人们对情绪的理解后进行创作，营造出使人沉浸其中的情感环境和感官场景，以期使观展者最大限度地获得情感共鸣。

3. 体验式

交互式媒体艺术通过跨媒介沉浸式交互空间的搭建，带领受众参与“真实”的虚拟信息世界，置身于由信息营造的虚拟艺术空间，使其获得前所未有的感官体验，对信息产品本身产生良好的互动反馈。其本质上是一种沉浸式交互体验，是真正实现人、媒介、信息和空间融合交互的手段。如跨媒体沉浸式交互艺术展，注重的不仅仅是“情”的表达，更注重的是“感”的体验。它打破依靠视觉、听觉获取信息的传统传播方式，将观展者变为参展者，使观众通过交互，参与到艺术展的创作中，并与全方位沉浸式投影相结合，给观众最大限度的参与感、体验感。但在交互设计中，对用户需求的把握最为重要，如若不能准确把握用户真实需求，作品就无法立意。

美感体验

在国内，上海、南京等一线城市对跨媒体的交互设备利用逐年增多。数字时代背景下，融合数字体验已经成为智慧文旅空间营造不可或缺的组成部分，例如，南京博物院利用沉浸体验和交互技术辅助人们更好地感受古代战争。该展览主题明确、表现清晰，在2020年给人以深刻的印象。

2023年，南京博物院与数文科技合作打造了一个全新的数字文物交互展示艺术装置展项，展项将主题创意、空间设计与数字展示技术相融合，为社会公众提供鲜活、丰富、多元的深度沉浸式观展体验。

其中，“物华天宝”精品文物数字化互动装置由小间距LED显示屏、OLED液晶拼接显示屏、红外触摸框、图像处理器、灯光以及定制型材构成（图9–23）。装置兼容三维模型和平面影像展示与交互，具有极佳的展览展示效果，一屏多用，可广泛适用于博物馆、图书馆、美术馆、文化馆、档案馆、规划馆、科技馆、科研院所等各类公共文化教育空间和商业文化体验空间。

图9–23 交互式媒体互动装置

课堂讨论

1. 南京博物院如何设计沉浸体验以增强文化展览的互动性和观众的沉浸感？
2. 交互技术如何影响观众对展览的参与度和满意度？

自我检测

一、填空题

1. 虚拟现实作品中具备了很强的________，必须通过用户的交互操作才能够完成作品。

2. 交互式媒体艺术通过多媒体融合和媒介设备，搭建了场景式的________，使受众能够沉浸在信息组建的艺术产品氛围内。

二、简答题

1. 什么是交互式媒体设计？它与传统媒体设计有何不同？
2. 交互式媒体艺术的信息传播有哪些特点？

美的实践

主题
创意无限——AI赋能艺术实践

实践名称	AI赋能文创设计
实践目标	感受科学原理的美妙，体悟技术应用的巨变，培养跨领域的合作能力与创新思维
实践内容	利用AI生成创意设计、优化设计流程等
实践步骤	（1）确认所需的AI工具和软件，如图像生成工具等是否已安装和配置完成，准备好设计任务所需的素材、数据集、模板等 （2）将参与者分成小组，并为每组分配具体的设计任务（如生成艺术作品、优化设计图案等） （3）参与者使用AI工具进行设计实践，如生成艺术作品、应用风格迁移等，利用AI工具生成创意作品，并进行调整和优化 （4）各组展示他们的设计作品，分享使用AI工具的过程和结果
注意事项	（1）确保所有设备和AI工具正常运行，避免技术故障对实践活动的影响 （2）确保使用的数据集不含有敏感或隐私信息，并遵守数据保护规定 （3）合理分配每个环节的时间，确保活动能够按时完成
实践评价	（1）评估作品的创意性和创新性，是否有效利用了AI工具 （2）评价参与者对AI工具的熟练程度和技术应用的准确性 （3）分析设计作品的美学效果和实际应用价值
实践心得	

模块十 领悟职业魅力：职业美育

模块导言

职业美，这一概念深刻揭示了个人在职场环境中所展现出的卓越品质与高尚素养。它不仅仅包括专业技能，更涵盖了职业道德、工作态度、团队协作能力以及个人魅力等多个维度。职业美是每位职场人士在日复一日的工作中，通过不懈努力与自我超越所积累起来的宝贵财富，它直接映射出个人的职业素质和内心深处的价值观。职业美育不仅仅是一个简单的知识传授过程，更是一个深入人心的价值观塑造与能力提升的旅程。职业美育帮助职场人士更好地理解职业美的内涵与外延，激发他们追求卓越的内在动力，并逐步将职业美的理念融入日常工作的每一个细节之中。

学习目标

- 知识目标

1. 了解职业美的表现形式。
2. 了解职业的多元之美。

- 能力目标

1. 能够分析不同职业美的特征和要求。
2. 能够根据自己的所学专业，制订相关的职业计划。

- 素质目标

1. 培养对不同职业的理解和尊重，认识到每种职业的价值和社会贡献。
2. 培养良好的职业道德，尊重职业规范。

美的探寻

主题
职业风采——职业的多元之美

在浩瀚的职业海洋中，每一种职业都如同星辰般璀璨，以其独特的魅力与风采，共同编织着人类社会的多彩图景。

一、职业美的表现形式

职业美是一种在工作和职业环境中通过职业素养与外在形象展现出来的综合美感，它涵盖了多个方面，是职业素养、专业技能、外在形象及职业精神等多方面因素的综合体现。具体来说，职业美可以包括以下几个方面。

1．职业素养

职业素养是职业美的核心。它体现在从业者对工作的专业态度、敬业精神以及职业道德上。一个具有高度职业素养的人，对待工作认真负责，遵守行业规范，尊重并维护职业的尊严与声誉。

2．专业技能

专业技能是职业美的重要组成部分。在技术类职业中，精湛的技能往往能够让人叹为观止，如工程师对精密机械的精准操控、艺术家对艺术作品的匠心独运等。这些专业技能的展现，不仅体现了从业者对技术的掌握程度，也展现了他们追求卓越的精神风貌。

3．外在形象

外在形象是职业美的直观体现。它包括了从业者的着装、仪容仪表、言行举止等方面。一个得体的着装、整洁的仪容仪表以及优雅的言行举止，都能够给人留下良好的印象，从而提升个人的职业形象。在服务行业尤为如此，服务人员的形象往往代表着企业的形象，因此他们更加注重外在形象的塑造。

4．职业精神

职业精神是职业美的灵魂。它包括了敬业精神、创新精神、团队合作精神等。一个具有职业精神的人，会全身心地投入工作中去，不断追求进步与卓越；同时，他们也会积极面对挑战与困难，勇于担当责任与使命。这种职业精神不仅能够激励个人不断前行，也能够为所在团队或组织注入强大的动力与活力。

5．环境塑造

职业美的展现还离不开良好的职业环境。一个和谐、开放、包容的职业环境能够激发从业者的潜能与创造力，促进他们的成长与发展。同时，良好的职业环境也能够提升整个职业领域的形象与声誉，吸引更多优秀人才的加入。

二、职业的多元之美

职业的多元之美，体现在各类职业的价值之中。教育类、技术类、服务类等不同职业领域，各自绽放着独特的光彩。

1．教育类职业的启迪之美

教育类职业肩负着塑造未来、传承文明的神圣使命。在这一领域，职业之美主要体现在教育者的智慧启迪与心灵引导上。老师们如同园丁，用心浇灌着每一颗求知的心灵，让他们在知识的海洋中茁壮成长。他们不仅传授知识，更注重培养学生的思维能力、创新精神和人格品质，为学生的全面发展奠定坚实基础。

在教育的过程中，老师们不仅传授知识，更在引导学生探索未知、追求真理的道路上扮演着重要的角色，这是教育类职业之美的深刻体现。

2．技术类职业的精湛之美

技术类职业是推动现代社会发展的核心力量，它们以科学为基础，技术为翼，不断推动人类文明的进步。这类职业之美，首要体现在技艺的精湛上。工程师对精密机械的精准操控、程序员对复杂代码的巧妙编织、艺术家对艺术作品的匠心独运，都展现了技术类职业从业者对技艺的极致追求。

技术类职业从业者需经长时间的学习与实践，方能掌握技艺精髓。他们不断挑战自我，突破极限，力求每个细节都尽善尽美。这种对技艺的执着与热爱，不仅为他们带来成就感与满足感，更使他们的作品成为技术与艺术的完美结合，展现出独特的审美价值。从业者们在不断探索与尝试中，推动着技术的革新与进步，为人类社会的发展贡献智慧与力量。这种勇于创新、敢于挑战的精神风貌，正是技术类职业之美的体现。

3．服务类职业的关怀之美

服务类职业是连接人与人之间的桥梁与纽带。在这一领域，职业之美主要体现在服务人员的温情与关怀上。服务人员们以真诚的态度、热情的服务和专业的技能，为顾客提供优质的服务体验。他们用自己的行动诠释着“以人为本”的服务理念，让顾客在享受服务的过程中感受到温暖与关怀。

关怀之美，在于其背后的用心与细致。服务人员们深知，每个顾客都是独一无二的个体，他们有着各自的需求与期待。因此，在服务过程中，他们注重细节、关注顾客的感受，力求为每一位顾客提供个性化的服务体验。这种用心与细致的服务态度，不仅赢得了顾客的信任与好评，更让服务类职业成为社会中极具人情味的职业之一。

当前，在职业的多元之美中，跨界融合成为新趋势。不同职业领域界限日益模糊，技术革新、管理创新、服务升级推动着各行各业的相互渗透与融合。这种跨界融合不仅促进了知识共享与交流深化，更为职业发展注入了新活力与可能。

美感体验

刘伶俐：我要为孩子们撑起一片蓝天

“站上这三尺讲台，我就成为这群特殊孩子的妈妈。”在湖南衡阳市特殊教育学校的课堂上，刘伶俐（图10-1）一边用手语比划，一边展示着嘴、舌、牙齿、喉咙的变化，耐心地教着：“春、眠、不、觉、晓……”当她发现有的孩子把拼音“h”的音发成了“e”，便温柔地让孩子的小手放到自己的嘴边，另一只小手则放到孩子自己的嘴边，通过对比感受气息和发音的不同。经过几次反复的练习，孩子终于发出了正确的读音。

“每天至少要花两三个小时跟班里的孩子们一对一地上课，喉咙都嘶哑了。”这种外人看来特别费力气的课，刘伶俐已经坚持了许多年。在台下，是一群被“静音”的孩子；在台上，则是一位如妈妈般细心、温柔的老师。

“孩子们不该有‘有苦难言’的命运……”刘伶俐之所以选择成为特教老师，是因为她的邻居是聋哑人，她便有了“阿姨要是能开口说话该多好”的初心。这份心疼，也转化为了她不懈的努力。

2008年，衡阳市特殊教育学校创办了学前聋儿康复语培训班，刘伶俐主动请缨担任班主任。她不仅教孩子们学习，还照顾他们的饮食起居，像是他们的保姆，又像是他们的妈妈。小云亮是刘伶俐带过的学生之一。一个夜晚，小云亮突然肚子痛，刘伶俐接到电话后二话不说就往学校跑，由于下雨路滑，她接连摔了好几跤。但她不顾身上的疼痛，背起小云亮就赶往最近的医院。在接下来的几天里，刘伶俐白天上班，中午去医院送汤送饭，晚上又陪护在病床前。出院后，为了帮他补上落下的课程，每天晚上，刘伶俐都来校给他补课，还给他带来营养餐。就这样，面对这群几岁就离开父母的“折翼”孩子，刘伶俐用挚诚的爱浇灌着他们的心田。“遇到困难，总是刘老师第一个鼓励我、关心我、帮助我，她像妈妈一样爱我！”刘伶俐里的一名小女孩打着手语告诉记者。

图10-1 刘伶俐

成为班主任后，刘伶俐坚信：“只有不会教的老师，没有教不会的学生。”经过多年的探索实践，她自创了唇舌操、触摸法和情景教学等方法，帮助听障学生进行言语康复，学会说话，让他们能与人正常交流。

小寒湘就是这样一个“创造奇迹”的孩子。虽然8岁才被家长送来接受康复训练，但刘伶俐没有放弃。刚开始说话的时候，小寒湘发出的基本都是含混不清的“聋哑音”。刘伶俐对她进行了一系列的训练，还每天给她布置生活上的训练课程。慢慢地，小寒湘的发音清楚了很多。如今，小寒湘已经成年，不仅成功走出了无声世界，还成了一名舞蹈演员。

回想自己多年的特教生涯，刘伶俐深情地说：“我的学生是一群‘折翼’天使，从踏上三尺讲台的那一刻起，我就要为他们撑起一片蓝天。”

课堂讨论

1. 刘伶俐老师33年如一日的坚持与奉献，体现了哪些职业美德？
2. 如何理解并学习这种“平凡中的伟大”，将其应用于自己的职业生涯中？

自我检测

一、填空题

1. ________是个人获得经济收入的来源，是个人维持家庭生活的手段。

2. ________是根据职业的主要工作内容和性质，将职业分门别类，并由国际标准职业分类专家委员会编定的分类标准。

二、简答题

1. 什么是“职业风采”？它如何体现职业的多元之美？
2. 如何通过塑造职业形象来提升个人职业风采和专业性？

美的赏析

主题一
扎根土地——农学的自然之美

“布谷催耕早，嘉禾熟麦秋。入冬仍秀实，一岁两丰收。（清朝罗大佑）”这是诗人关于“岁丰年稔”的美好愿景。

扎根土地——农学的自然之美

其实，在古代，传统农业有时会遇到一场天灾或许就会遭遇颗粒无收的境遇。很庆幸当前所处的时代，不仅有“无土栽培”（图10-2）、“立柱式栽培”（图10-3）、“墙体式栽培”（图10-4）等现代农业种植技术，还有着具备综合环境控制系统的智慧温室；利用卫星导航系统进行定位的农机自动驾驶（图10-5）；能大幅提升种子变异率的航天育种（图10-6）……在多种现代科技手段的加持下，最大程度地保证了“岁丰年稔”。

图10-2 无土栽培

图10-3 立柱式栽培

图10-4 墙体式栽培

图10-5 农机自动驾驶

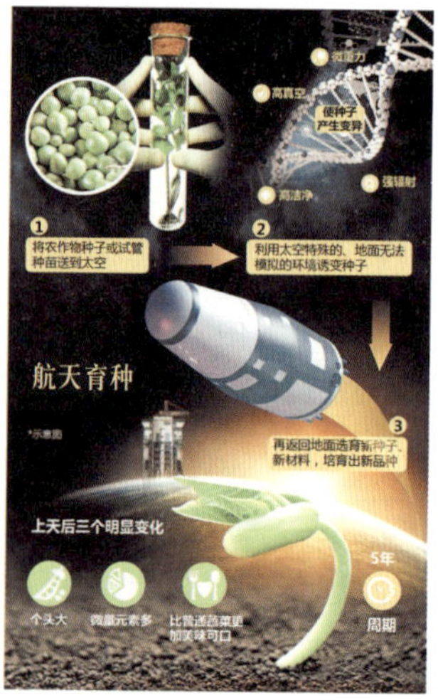

图10-6 航天育种

一、农业与科技美的关系

在广袤的田野上，农业承载着人类生存最初的刀耕火种，现代化的农业机械科技力量不断推动着农业生产的变革与飞跃。这些技术革新不仅提高了农作物的产量与质量，还极大地减轻了农民的劳动强度，让农业生产变得更加高效与可持续。在这一过程中，科技之美得到了淋漓尽致的展现：精准的播种与灌溉系统如同大自然的画师，在田野上勾勒出一幅幅生机勃勃的绿色画卷；智能化的农机设备则如同勤劳的蜜蜂，不知疲倦地在田间地头穿梭，将科技的智慧播撒到每一寸土地。同时，农业也以其独特的方式诠释着自然之美与劳动之美。四季更迭中，农田里色彩斑斓的农作物仿佛是大自然精心布置的调色盘，展现着生命的多样与丰富。而农民们辛勤耕耘的身影，则成为这片土地上最美的风景线。他们用自己勤劳的双手，将科技的种子播撒在希望的田野上，让科技之美与农业之美相互交融，共同绘就了一幅幅动人的田园诗画。因此，农业与科技美的关系，既是一种相互依存、相互促进的共生关系，也是一种在实践中不断探索与创新的动态发展关系。

新的农业科技正在深刻改变世界农业的面貌，不仅创造出了具有秩序美感的现代农业新景观，也为我们追求“诗意的栖居”提供了丰富的物质保障，而蕴含于其中的更为深层次的美感，则需要我们用心去感知。

科技提升了农业效率，改变了农业种植模式，增强了农产品品质……科技的应用还提升了农业的美感。传统的农业生产往往被视为一种“苦差事”，而现代科技则将农业生产转变为一种具有艺术性和美感的体验。

二、扎根农业一线的时代楷模

今天来听一听扎根于农业一线，通过科学研究改变农业发展的两位时代楷模的故事。

1. 稻田里的守望者：袁隆平

“我梦见水稻长得比高粱还高，穗子比扫帚还长，我和同事坐在稻穗下乘凉。”这是杂交水稻之父袁隆平（1930—2021年）（图10-7）心中的梦想。

袁隆平曾说“人就像种子，要做一粒好种子”，而他也践行了自己的话语，躬身田野，解决了大半个中国的温饱问题。

他解决了三系法杂交稻研究中的三大难题，使杂交水稻一步一步向新的台阶迈进；提出了选育实用光温敏核不育系导致不育的起点温度指标和选育的技术策略，使两系法杂交水稻研究走出了低谷；研究了核心种子生

图10-7 袁隆平

产程序和冷水串灌繁殖等重大技术，使两系法杂交水稻研究最终取得成功；设计出了以高冠层、矮穗层和中大穗为特征的超高产株型模式和培育超级杂交稻的技术路线，并在超级杂交稻研究方面连续取得重大进展。他为粮食持续稳定增产做出了巨大贡献。

工作中，他严谨认真，臻于至善；生活里，他有趣可爱，温情而磊落。袁隆平的事迹，写在祖国的土地上，也写在千家万户的饭桌上。

2. 太行山上的新愚公：李保国

“农民需求是个什么样的，我怎么从这个角度把我的山治好、把我的树种好，这是要把我变成农民；把农民变成我呢，就是要全力以赴提高农民的素质，把我们的农民个个变成专家，真正靠我们的农业产业，靠山吃山富起来。”这是来自河北农业大学原教授、博士生导师李保国（1958—2016年）（图10-8）说的话。

图10-8 李保国

他一生致力于太行山区生态治理和帮助群众脱贫奔小康。始终奋战在科技兴农、扶贫攻坚和教书育人第一线，先后取得研究成果28项，获得省部级以上奖励18项，技术推广面积1826万亩，培育了16个山区开发治理先进典型，帮助山区农民增收58.5亿元。参与开发聚集土壤、聚集径流“两聚”理论，使邢台前南峪森林覆盖率达到90.7%，植被覆盖率达到94.6%，被誉为“太行山新愚公”。

这不仅是数字上的变化，也是生活上的变化。在“太行山新愚公”的身上，我们看到的是无私奉献、一心为民的品质。“授人以鱼不如授人以渔”，在李保国的精心指导下越来越多的农民实现了脱贫致富。

2016年李保国去世后，他的妻子郭素萍作为团队的核心成员，毅然决然地继续行走在李保国曾经奋斗过的田间地头。

古有氾胜之、贾思勰、王祯、徐光启，今有袁隆平、李保国。扎根于农业科研一线，在田间挥洒辛勤汗水的楷模还有许多，如颜龙安、张先程、李必湖、庄巧生等。

科技的发展给人们带来了丰收的喜悦，为人们创造了生活美。在体悟农业美的过程中，人与自然、人与社会、人与自身建立了一种美妙的愉悦和共情关系。“知农”进而才能“爱农”。

美感体验

颜龙安：俯身农田求新稻，勇闯新路攀高峰

颜龙安，江西萍乡人，1937年9月出生，中共党员，江西省农业科学院名誉院长，中国工程院院士，我国籼型杂交水稻的开拓者和主要发明者。曾获国家技术发明奖特等奖等荣誉，先后3次被评为全国劳动模范和先进工作者，5次被评为江西省劳动模范。

1937年9月，颜龙安出生于江西省萍乡市湘东区一个小山村，家中世代务农，在兵荒马乱的年代，满是饥饿的记忆。对于饥饿的切身之痛，颜龙安不会忘记，这也激发他立下“让人人能吃饱饭”的宏愿。1962年，他大学毕业后放弃了待遇更好的工作机会，主动要求回到萍乡市农业局，从此俯首农田，在泥土与种子中开始了开创新技术、培育新稻种的科研之路。这一路艰辛，一走就是一生。

1971年2月，33岁的颜龙安来到袁隆平在海南岛的基地——南红农场跟班学习，参与全国水稻雄性不育系选育攻关。党和国家的支持使他更加坚定事业追求的决心和勇气，他连续7年在海南从事研究工作，3个儿女出生时他都不在妻子身边，沉重的家庭负担落在了妻子一个人肩上。

1972年冬，颜龙安成功选育“珍汕97A”和“二九矮4号A”轰动了全国，成为我国首批“野败”籼型不育系水稻品种，敲开了我国杂交水稻“三系”配套的大门。长期奔波于江西、海南两地，艰苦的研究和辛勤的劳作，身高一米七的颜龙安当时只有48千克，真可谓“稻肥人瘦”。

1985年，我国粮食基本实现自给，颜龙安又开始思考如何让老百姓吃得好，把育种方向由产量高、抗病虫害转为兼顾米质好。“752”系列组合陆续问世，其中“中优752”达到国标二级米质。为了解决杂交早稻不好吃的难题，提高农民种植双季稻的积极性，颜龙安历时近10年选育出“汕优102”，不仅产量高而且口感好。1987年，他又在水稻中发现了萍乡显性核不育水稻，属世界首创。

繁重复杂的工作、淡泊无私的生活，颜龙安甘之若饴。他一直运用“高超的专业技能+包容的协作精神=人才成长的摇篮”这个公式，培养出一批批的杰出人才和业务能手。颜龙安说：“人的生命不单是岁月的刻画，最重要的是精神的谱写，多一点对人民的奉献，就等于延长了自己的生命。”年过八旬的颜龙安，依然和自己的团队奋斗在一起，努力整合江西全省的杂交水稻科研力量，实现他在20世纪80年代提出的攻关目标：再育成一个杂交水稻新品种，大幅度提高杂交水稻产量，向着优质高产多抗绿色超级稻新目标前进！

课堂讨论

1. 颜龙安在农业创新方面有哪些具体的贡献？请列举并分析他所推动的主要技术或实践。

2. 探讨颜龙安作为农业楷模的榜样作用，并提出如何借鉴他的经验。

自我检测

一、填空题

1. ________诗云："布谷催耕早，嘉禾熟麦秋。入冬仍秀实，一岁两丰收。"

2. 传统的农业生产往往被视为一种"苦差事"，而现代科技则将农业生产转变为一种具有艺术性和________的体验。

二、简答题

1. 现代科技（如无人机、传感器、自动化设备）如何改变农业的视觉美感？

2. 如何通过展示农业科技的美学价值，提高公众对现代农业的接受度和支持？

主题二
铸就匠心——工学的技术之美

科技美属于广义的社会美，它同自然美、艺术美并列，并与之有着密切的联系。

一、科技与美的关系

科技美存在于人类创造性的科学发明和发现活动中，如工学、农学、医学、天文学等领域。在人的审美意识达到较高发展阶段，理论思维与审美意识交融、渗透的情况下，科技美得以产生，同时影响着社会、经济、人文的发展。

铸就匠心——工学的技术之美

布鲁诺说："科学是我心中的温暖和愉快，你使我无所畏惧，视死如归。入狱者虽难得重见天日，你却能把锁链和铁窗粉碎。"居里夫人（图10-9）说："我认定科学本身就具有伟大的美。一位从事研究工作的科学家，不仅是一个技术人员，他还是一个小孩儿，在大自然的景色中，好像迷醉于神话故事一般。这种魅力，就是使我终生能够在实验室里埋头工作的主要原因。"正因为科技美的存在，严肃冷静的科学研究工作才会使人充满了激情，充满了丰富的想象力和创造力，使生活充满了诱惑和魅力。

图10-9 玛丽·居里（居里夫人）

科技为生活创造出日新月异的美。如果说始于18世纪60年代的第一次工业革命实现了机械化；始于19世纪70年代的第二次工业革命实现了电器化；始于20世纪40年代的第三次工业革命实现了自动化。那么，如今的我们正有幸见证第四次工业革命实现智能化的历史时刻。

二、智能化时代的科学技术

智能化时代的科学技术涵盖了许多领域。

1. 全能的雕塑：3D打印技术

1983年，查克·赫尔（图10-10）发明了3D打印技术，当时也被叫作立体平版印刷，这一项技术的产生让查克·赫尔名声大振。1984年查克·赫尔申请专利并且成立了自己的公司，同时也获得了欧洲发明家大奖提名。

图10-10 查克·赫尔

它的基本原理是把一个通过设计或者扫描等方式做好的3D模型按照某一坐标轴切成无限多个剖面，然后一层一层地打印出来并且按原来的位置堆积到一起，仿佛一位艺术家在创作雕塑作品一般，形成一个实体的立体模型。经过近二十年的发展，3D打印技术已经应用在多个领域中：在医疗行业（图10-11），可以运用3D打印技术为需要器官移植的患者“量身打造”所需器官；在建筑行业（图10-12），建筑工程师和设计师使用3D打印建筑模型不仅可以精确表达出设计意图，而且快速、环保、成本低；在文物保护领域（图10-13），博物馆里可以使用3D打印的复制品来替代原作不受意外事件的伤害，同时复制品也能使文物更为广泛的传播。

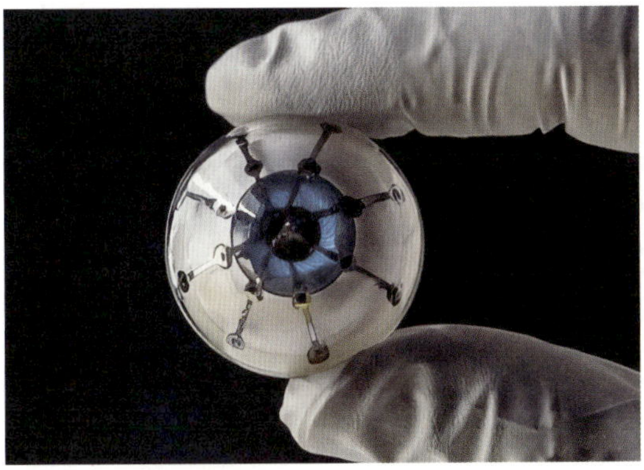

图10-11 3D打印在医疗行业

图10-12 3D打印在建筑行业

图10-13 3D打印在文物保护领域

2. 人类的朋友：智能机器人

在日常生活中可能有的同学已经接触过智能管家和扫地机器人（图10-14）。回到家中，只需要呼唤一声智能管家的名字，这位智能管家就能帮我们打开电视机、空调、窗帘等电器和家居设备，它基于语音识别和人工智能技术为我们管理家中的事务。扫地机器人通过智能感应器侦测障碍物，规划清扫路线，能自动在房间内完成地板清理工作，为我们节省做家务的时间。它们正逐渐融入普通人的生活，成为人类的朋友，为我们的生活美增添了一抹亮色。

智能机器人（图10-15）有着一些与人或生物相似的能力，如感知能力、规划能力、动作能力和协同能力，它可以辅助甚至替代人类完成危险、繁重、复杂的工作，提高工作效率质量，服务人类生活，扩大延伸人的活动及能力范围。

智能化时代，许多科技产品做到了与美学结合，将功能性和审美性做到了高度的统一，这也是物质和精神的统一，它们又何尝不是一件件优秀的艺术品呢？

科技的创造取决于人类的创新精神，坚定的决心和持之以恒的毅力。不论是过往科技

图10-14 扫地机器人

图10-15 智能机器人

发展历程中的浑天仪、蒸汽机、内燃机汽车、电子管计算机……还是如今的3D打印、人工智能、VR技术、载人航天、纳米技术……当任何一项科技研究成果在创作过程中展示出十分巧妙、完美的细节，并且最终能给使用者带来便利时，人们不仅能从视觉和情感上获得美的启迪和享受，在精神上也会获得成就感、喜悦感等美感体验，这些美感体验也正是科技美的重要因素。

美感体验

许映龙：随风而动 筑牢气象防灾减灾的第一道防线

2023年7月，台风“杜苏芮”在菲律宾以东洋面生成，许映龙带领台风预报研究团队开始密切关注“杜苏芮”的走向。

目前，我国已基本构建起了由技术装备、数据获取、数据处理和运行保障组成的新型气象观测业务体系。然而，天有不测风云，在台风生成初期，就预报出来它未来的走向，这始终是国内外预报的技术难点。在季风、高压、气流种种因素影响下，很多台风不走寻常路，路线飘忽不定，即使借助世界领先的风云气象卫星和强大的气象超算系统，也不能完全模拟计算出台风未来较长时间的准确走向。

云图上的毫厘之差，陆地上的实际登陆点就可能偏离两个省。最初，超级计算机模拟“杜苏芮”将向偏北方向移动。而经验丰富的许映龙发现，计算机忽视了副热带高压发生的细微变化。随后，许映龙果断调整了预报方向。2023年7月24日10时，距台风登陆前96小时，中央气象台发布台风预报，台风“杜苏芮”将在福建南部沿海地区登陆。

48小时后，中央气象台发布2023年内首个台风红色预警。

应急管理部即刻调派消防救援、工程抢险、航空救援、排涝等应急力量，做好了各项防汛防台风准备。国家防汛抗旱总指挥部的七个工作组也先后奔赴重点地区协助做好防汛防台风工作。

7月28日9时55分，正如许映龙判断，“杜苏芮”登陆福建晋江沿海，成为2023年登陆我国的最强台风。此时，福建全省463个景区景点已关闭，11624个施工工地已停工，89条客渡运航线已停航，41.68万人被安全转移。

对于单个登陆台风而言，24小时路径预报误差每减少一公里，就会减少近一亿元的直接经济损失。为了一公里一公里地逼近台风，许映龙与团队收集了1970年以来国内外重大影响台风或飓风各地的观测数据和相关资料，分析国内外台风数值预报模式的表现和差异，主持研发出台风路径集合预报订正方法，使我国的24小时台风路径预报误差首次低于了100公里，到2023年下降到62公里。就这样，一个又一个和台风周旋的夜晚，许映龙带领团队与风雨竞速、与时间赛跑，他们的准确预判筑牢了气象防灾减灾的第一道防线（图10–16）。

至今，许映龙先后主持或参与国家科技支撑计划、国家重点研发计划、自然科学基金、行业专项、风云三号/四号卫星地面应用系统及中国气象局核心业务专项等多项国家级或省部级项目研发，在台风监测客观定量分析应用和台风客观预报技术方法等方面取得多项业务应用成果，获北京市科学技术奖三等奖1次，共发表论文60余篇，合作专著3部。组织参与若干重大台风的成功预报服务、重大台风或疑难台风过程的技术复盘总结以及业务流程和服务规范改进等工作，与台风预报研究团队共同努力，使我国的台风24小时路径预报准确率达到国际先进水平，2023年较日本和美国分别高8.2%和8.4%，为保障人民群众生命财产安全和经济社会发展做出突出贡献。

图10-16 许映龙在工作中

课堂讨论

1. 面对台风预报中的技术难点，许映龙和团队如何通过创新的方法解决这些问题？

2. 请讨论工匠精神如何通过实际工作对社会产生积极影响，以及个人的专业精神如何转化为对社会的贡献。

自我检测

一、填空题

1. ________存在于人类创造性的科学发明和发现活动中，如工学、农学、医学、天文学等领域。

2. 1983年，查克·赫尔发明了________，当时也被叫作立体平版印刷。

二、简答题

1. 试分析科技的发展如何改变我们对美的理解和定义。

2. AI如何帮助我们更好地理解和体验不同文化和风格的美？

主题三
永葆仁心——医学的人文关怀

医学对美的追求，源远流长，早在中国春秋前后和西方古希腊时期就已有之。例如，中医“取类比象”的形象诊断思维，宋代王惟一的针灸铜人所彰显的形式美等，以及古希腊的毕达哥拉斯学派将“黄金分割律”用于认识人体美，解剖学家、画家达·芬奇所揭示人体各部分的“神圣的比例”，都无不体现了医学对美的竭诚追求。

医学美是一种科技美，更是自然美、艺术美和社会美的结合。

西方医学之父希波克拉底认为医学是一门充满美的艺术。医学在现实生活中的美感有多种形式。医学的主要对象——人体的生命，其正常形态本身包含着许多美的因素。如显微镜下健康生命的细胞图所展现的色彩与形式美（图10-17），健康生命的肢体及外部器官之间的对称与比例美，健康生命在社会活动中表现的真和善的行为（图10-18）及社会活动的价值感，健康生命所具有的智慧、风度、意志等特征，都可以使人们得到美的享受。医学正是为了维护和增进生命的健康美而产生和发展的。

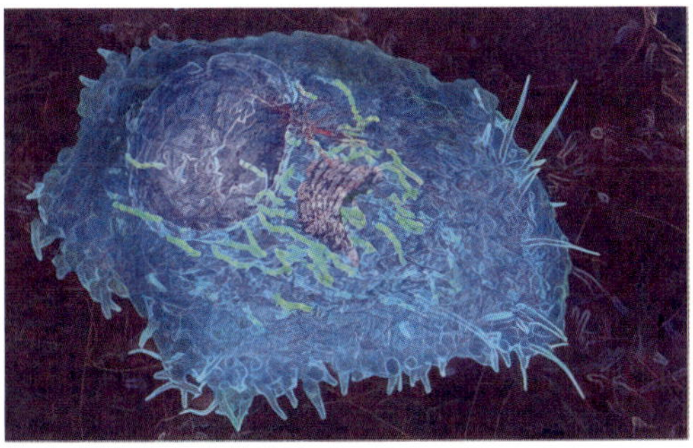

图10-17 细胞的色彩与形式美

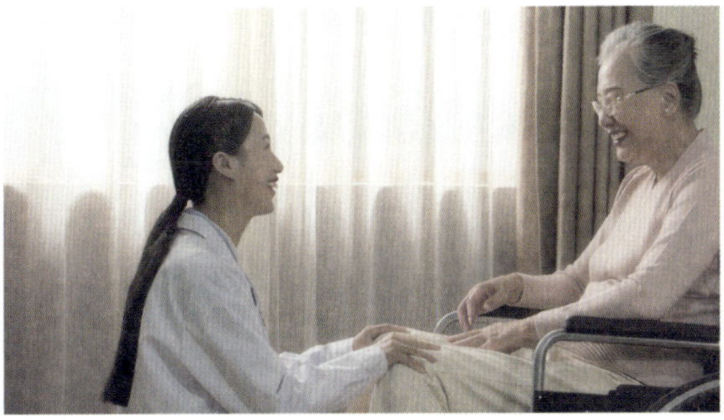

图10-18 健康生命的真和善

一、医学里的“真善美”

医学美是体现在医学主客体相统一的“真善美”的境界上，这是医学工作者追求的价值理想和神圣使命。

1. 医学之真

医学之真，是指医学科学存在和发展的真实情况，获得医学科学所需要的真理，以及透过医学科学所体现的社会境况——真诚。医学科学的实践活动需要追求医学的真相，需要掌握客观规律，需要医患之间真诚相待，构筑人与人之间信任、融洽、友谊与互助关系。

2. 医学之善

晋代杨泉在《物理论》中写道："夫医者，非仁爱之士，不可托也；非聪明达理，不可任也；非廉洁淳良，不可信也。"医学之善属于价值范畴，它是与恶相对应的。医学的善有层次和高低之分。它不仅指个体行为道德上的善，更重要的是对社会、群体、他人的行为是否有益，是否符合他人利益。

3. 医学之美

正是医学工作者把使生命健美作为自己的神圣职责，并以自己能有幸探索和研究且改变因患病而产生的不美而感自豪，才能生发出愉悦感和崇高美的感受。医学工作者以这种愉悦感为动因，激励自己不断地去探索。也就是在这一过程中，才使医患双方感悟到真正的美的感受，达到了理智满足、精神愉悦的境界。

二、医学的智能化时代

一代人有一代人的使命，一代人有一代人的奋斗。智能化时代的医学科技正在打破医疗行业的限制壁垒，更为有效地为人体生命保驾护航。这些新科技包括AI技术、纳米技术、3D打印和机器人辅助手术等。现简单介绍其中两项。

1. AI技术在医学领域

当前，AI技术在医学领域中落地的应用场景主要有医学影像、智能诊疗、智能导诊、新药研发等，其中在医学影像中的应用最为广泛。AI技术可以通过图像映射技术，将采集的少量信号恢复出与全采样图像同样质量的图像。AI技术还可以实现智能辅助诊断疾病、智能勾画靶区、智能判断病理切片等应用。

2. 纳米技术在医学领域

纳米技术在医学领域是一个快速发展的领域，这项技术以1至100纳米的极微小单位控制单个原子和分子。其范畴主要包括两个方面：

①应用纳米科学技术发展更加灵敏和快速的医学诊断技术和更加有效的治疗方法；

②利用纳米技术在更微观的层面上理解生命活动的过程和机理。

目前，纳米技术在生物医药学、再生医学、外科手术辅助等医学领域取得了卓越效果。

在这些医学新科技里，饱含着科技工作者坚定的"探索求真"精神，使人们的获得感、幸福感、安全感得以提升。然而胚胎细胞基因工程（图10-19）、克隆技术（图10-20）等一些医学科技也向生命伦理发起了挑战，唯有追求"真善美"的统一，才能获得永恒的医学美。

图10-19 胚胎细胞基因工程

图10-20 克隆技术（克隆羊多莉）

美感体验

魏达友——2022年全国五一劳动奖章获得者

1．勤奋练就一双“慧眼”，不负使命与初心

1996年魏达友从北京大学肿瘤医院进修回来，开展了胃肠超声诊断新项目，开始胃癌、肠癌的诊断治疗。当时有些外科医生对超声诊断出的结论有些怀疑。魏达友拿着检查报告，从专业的角度去解释，说服。最后手术的结果证实了超声诊断出的正确结论。

2．心系山区，“为山区百姓提供更好的服务”

魏达友及其团队在脑卒中筛查方面做了大量的工作。脑卒中筛查与防治的第一关就是颈动脉斑块的超声筛查，他带领团队2013年筛查了2.3万多人次，2014年筛查了3.1万多人次，得到了国家卫健委脑卒中筛查与防治专家组及北京安贞医院专家组的充分肯定，为百姓的健康默默做出自己的贡献。

3．成立“魏达友创新工作室”，薪火传承造福百姓

2019年4月，为了更好地拓展业务，培养人才，开展科研，他还成立了“魏达友劳模和工匠人才创新工作室”，发挥“头雁”效应，引领学科发展。他身体力行，认真教授专业课，将自己摸索出来的成功经验倾囊相授，一如30年前老师对他那样。“魏主任俯首甘为孺子牛，在超声医学领域勤勤恳恳耕耘了30年。他更是我们的领路人，给我们指明了方向。他是我们学习的榜样。”工作室的成员说道。2019年“魏达友创新工作室”被广东省茂名市总工会授予“茂名市劳模和工匠人才创新工作室”称号。

功夫不负有心人，魏达友及其团队的科研水平再上新台阶。2019年，《新型超声诊断模式在致脑卒中的颈动脉斑块诊治的创新研究与应用》荣膺广东省优秀科技成果奖，该成果的技术已在全国30多家医院进行推广应用，已为40多万例高风险人群作了规范筛查，并成功实施了1300余例支架手术和500余例CEA手术，对颈动脉斑块的诊断准确度从75%提高至96%以上。

课堂讨论

1. 魏达友凭借其专业知识和经验为患者提供精准诊断，并在面对质疑时坚守自己的判断。请讨论他如何通过职业精神和责任感来维护患者的权益和提高医疗质量。

2. 请分析医务工作者如何通过人文关怀表现其职业使命感，并在日常工作中保持初心和热情。

自我检测

一、填空题

1. ________是一种科技美，是自然美、艺术美和社会美的结合。
2. 西方医学之父________认为医学是一门充满美的艺术。

二、简答题

1. 试举例说明在医学领域中，“真”是如何体现的。
2. 你认为医学中的“美”与卫生健康的需求有何区别和联系？

美的实践

主题
规划未来——描绘美好职业愿景

实践名称	开展生涯幻游活动
实践目标	帮助参与者清晰地界定自己的职业目标和愿景，通过自我评估和反馈，深入了解自身的优势和改进点
实践内容	生涯幻游活动是结合音乐，通过带领者引导参与者去他想象中的未来空间，从而通过幻游空间帮助幻游者了解自身的期待与价值观以及自身渴望的未来
实践步骤	（1）（注意：语速要缓慢而柔和，最好结合温柔的音乐，在标注需要停顿的地方要有停顿。） 现在，请尽可能地放松你的身心，在你的位置上调整到你觉得最舒服的姿势，闭上眼睛，放松（停顿）、再放松（停顿）。慢慢调整你的呼吸，呼气（停顿）、吸气（停顿）、呼气（停顿）、吸气（停顿）。保持这种平静的状态，接下来，继续放松身体每一部分肌肉，放松（停顿）、放松（停顿）、再放松（停顿） 下面，跟着我说的想。现在你已经乘坐上一架时空穿梭机，来到了五年后的早上。你躺在床上刚刚醒来，此时你是睡到自然醒还是被闹钟吵醒？现在是几点钟？你在哪儿？观察一下四周，你看到了什么？有没有闻到什么或者听到了什么？（停顿）现在，你已经起床了，起床后你要做的第一件事情是什么？（停顿）洗漱完后你是否在家中吃早饭？早饭吃的是什么？（停顿）有没有人和你一起吃呢？（停顿）吃完饭后马上就要准备去上班了，你正在考虑要穿什么衣服，你最后决定穿的是什么衣服？（停顿）此刻，你正站在镜子面前打扮自己，当你想到今天的工作时你心情如何？是平静、兴奋、厌倦，还是其他？（停顿）现在你准备去上班，出门后回头看看你住的房子，它是什么样子的（停顿） 好，现在去上班了。你用什么交通工具去的单位？有没有人和你一起呢？如果有的话是谁呢？当你走时留心观察周围的一切。（停顿）单位远不远？（停顿）到达单位了，想象一下：单位是什么样子的？它在哪里？看起来怎么样？（停顿）走进你工作的地方，你看到那里都有些什么人？（停顿）他们在做什么？单位的人都是怎么称呼你的？（停顿）你的办公室是什么样子的？接下来你要做什么？（停顿）就这样，你可以想象一下：你一上午的工作都做了些什么？在这一上午中，你是在做一些专业度很强的工作，还是做一些简单的事务性工作？你跟别人一起工作，还是独自工作？是在户外，还是室内工作（停顿） 现在，上午的工作结束了，该吃午饭了，在哪里吃的饭呢？一起吃饭的还有其他什么人吗？你们都说了些什么呢？（停顿）饭后到工作期间，你做了些什么呢？下午回到工作中来，想象一下下午的工作与上午的工作有什么不同。（停顿）很快，下午的工作也结束了，这一天的工作让你感觉到满足还是沮丧？为什么？（停顿）今天你还想去别的地方吗？（停顿）在这一天当中，你还有没有其他想做的呢（停顿） 现在，你回家了，有人欢迎你吗？（停顿）回家的感觉怎么样？（停顿）你有没有与家人分享这一天所做的事呢？（停顿）你准备去睡了。回想这一天，你感觉如何？（停顿）你希望明天也是如此吗？（停顿）你喜欢今天的这种生活吗（多停顿一会） 好了，请睁开眼睛，现在你回来了……看看周围的一切，欢迎你旅游归来。喜欢你幻游的生活吗？有没有同学可以分享一下你的幻游经历

续表

实践名称	开展生涯幻游活动
实践步骤	（2）如果参与者不想分享幻游的话可以花些时间思考下列问题： 我五年后典型的一天描述： ①我五年后从事的工作的描述 工作是________________________________ 工作内容是______________________________ 工作场所在______________________________ 工作场所周围的环境________________________ 工作场所周边的人群________________________ ②我五年后的生活形态的描述 婚姻状况：□已婚　□未婚　□其他 家中成员有子女____人 居住场所在______________________________ 居住场所周围环境__________________________ 居住场所周围的人群________________________ ③请说明下列问题 在进行幻游过程中，印象最深刻的画面是____________ 在进行幻游后，对比现在环境最大的不同点是__________ 在进行幻游后，最深的感受是____________________ ④在进行幻游后，觉得未来的生涯发展会是怎样的 我认为我未来会从事______职业。 ⑤我的未来是否与幻游过程相关 □是　□不是　□其他
注意事项	（1）设计真实且具有挑战性的职业场景，使参与者能够更准确地体验未来职业的实际情况 （2）在活动过程中提供足够的支持和引导，帮助参与者充分理解和应对模拟中的挑战 （3）合理安排活动时间，确保每个环节都有足够的时间进行深入的体验和讨论
实践评价	（1）职业愿景是否明确、具体且具有实现的可能性 （2）目标是否具体、可测量、可实现，是否有明确的时间框架 （3）参与者是否感到活动对其职业规划有帮助，是否积极参与
实践心得	

模块十一 不忘理想初心：人生之美

模块导言

爱默生说："世界上唯一有价值的东西，就是一个人充满活力的灵魂。"人的思想建设、灵魂建设，就是价值观维度的确立。个体除了要掌握知识和技能，还要了解生存的意义与人生的根本，从而确立价值观维度。

中国近代思想家王国维在德、智、体三维之外开辟第四维度，即"美育"之维。王国维认为，人只有当他具备审美能力时，才是"完全的人"，而教育就是要培育出"完全的人"。

学习目标

- 知识目标
  1. 了解不同种类的人生美。
  2. 了解人生美的不同内涵。
- 能力目标
  1. 能够理解人生美的内涵及表现形式。
  2. 能够体会人生不同阶段美的内在情感。
- 素质目标
  1. 培养对美好人生的向往和追求。
  2. 树立正确的审美观和人生观。

美的探寻

主题
人生之美——拥抱灿烂的明天

蔡元培在《美育与人生》中说："一个完整强健人格的养成，并不源于知识的灌输，而在于感情的陶养。这种陶养就在于美育。"它能协调我们的感性和理性，让我们成为人格完整、精神自由、人生幸福的人。"人格完整""精神自由""人生幸福"，不正是我们终身的追求吗？天地悠悠，人生如白驹过隙，虽百年亦短暂。但从时间的长度来看，人生的美就蕴藏在我们成长的不同阶段。幼时有真，少年有志，成年有责，中年有味，老年有悟，每一个阶段都会绽放出生命的耀眼光芒。

人生之美——拥抱灿烂的明天

一、言笑晏晏总角美

梁启超在《论幼学》中有云："春秋万法托于始，几何万象起于点。人生百年，立于幼学。"任何人的美好一生都是立足于幼年所受的教育，所以教育最首要的是传递给受教者真善美的信念。一个在美好、善良、和谐的环境下成长起来的人，其内心也一定是光明的，懂得善待自己，善待别人。"总角之宴，言笑晏晏。"成长的过程不可能总是一帆风顺，但真善美的立根之培，总能让我们在懵懂困惑中求得一种真知，在困顿艰难中坚守一份善意，在纷繁芜杂中找到一幅幅美丽的图画，从而感受世界的真善美，拥有更加完整的自我。

二、少年心事当拏云

自古英雄出少年。大量事实告诉我们，那些在事业上取得伟大成就、对人类做出卓越贡献的人，都是在青年时期就立下了鸿鹄之志，并为之坚持不懈、努力奋斗的人。北宋文学家苏轼，少年立志"发愤识遍天下字，立志读尽人间书"，这种对知识的渴望和对学习的执着，奠定了他成为"唐宋八大家之一"的基础。他不仅在文学上取得了辉煌成就，还在书法、绘画等方面均有卓越贡献。苏轼的成功，离不开他少年时期那份执着的理想和不懈的奋斗精神。中国近代史上的伟大人物周恩来，在中学时期便立下了"为中华崛起而读书"的伟大志向。周恩来的这一理想，不仅在他的学术生涯中得到了实践，也成为他一生致力于国家建设和发展的动力源泉。李四光、钱学森、邓稼先等老一辈知识分子，少年时期就立志用自己的聪明才智报效祖国。所以，少年有志是美丽人生的开端，我们一定要“少年心事当拏云”，不可“幽寒坐呜呃”。

三、许国不复为身谋

马克思（1818—1883年）（图11-1）说过：“作为确定的人，现实的人，你就有规定，就有使命，就有任务，至于你是否意识到这点，那是无所谓的。”这就是责任。

图11-1 卡尔·马克思

当顾炎武在400年前，大声喊出“天下兴亡，匹夫有责”时，“责任”这个词，让每一个成年人听起来都“沉甸甸”的，甚至让人感到痛苦与压力，何来美感可言？但它的美正在于这份艰难与坚强。柳宗元“少时陈力希公侯，许国不复为身谋”的青春抱负，岳飞“待从头、收拾旧山河，朝天阙”的报国之情，林则徐“苟利国家生死以，岂因祸福避趋之”的忧国之心，詹天佑“一定要造出中国自己的铁路”的壮丽誓言，为后世树起了一座座不朽的历史丰碑。因此，责任的坚守，终将带来收获，让人生散发出金子般耀眼的光芒。

四、放眼青山梦未休

王国维曾言：“为学有三重境界。”其实人生又何尝不是这样？由少年立志，到成年有责，经中年求索，至老年明悟。中年阶段，最是关键。

中年心境淡于秋，放眼青山梦未休。人处中年，惟其艰辛，尤显勇毅；惟其不易，更需奋斗。激情掀巨浪，从容挽狂澜。有凌云之志，有笃定之行，才能走好人生最宝贵的这一段路程，迈向更高远的境界，拥抱更充实的人生。

五、人生有味是清欢

“一任流年似水东。（叶嘉莹）”在历史的长河中，人生是短暂的，与生活交手，与日月流年，可谓“弹指一挥间”。苏轼一生坎坷波折，仕途起落，宦海沉浮，他在命运的洪流中浮沉，人生五味都尝遍，才品出“清欢”是最真的滋味。它不同于李白的“人生在世不称意，明朝散发弄扁舟”那样的自我放逐；也不同于杜甫的“人生不相见，动如参与商”那种无奈的感叹。它是“也无风雨也无晴”，是苏轼历经沧海后平静内心的写照。只有经历过酸甜苦辣，才懂得人生的真味。

白发何必悲花落，青云无须羡鸟飞！人到老年，才了悟高处不胜寒、无力挽狂澜的沧桑与无奈，才会选择淡定心态、活成超凡的精神境界。

对于生命，席慕蓉说：“每一朵花，只能开一次，只能享受一个季节的热烈的或者温柔的生命。我们又何尝不一样？我们只能来一次，只能有一个名字。”生命对于我们每一个人都是一条单程线，我们无法决定起点，更无法预知终点。但人生中的那些美好，却蕴藏在这条单程线的每个点中，只有自己去经历，才能真正过出与众不同、不可复制的美好人生。让我们敬畏生命，热爱生命，去拥抱灿烂的明天！

美感体验

《念奴娇·赤壁怀古》

［宋］苏轼

大江东去，浪淘尽，千古风流人物。
故垒西边，人道是，三国周郎赤壁。
乱石穿空，惊涛拍岸，卷起千堆雪。
江山如画，一时多少豪杰。
遥想公瑾当年，小乔初嫁了，雄姿英发。
羽扇纶巾，谈笑间，樯橹灰飞烟灭。
故国神游，多情应笑我，早生华发。
人生如梦，一尊还酹江月。

苏轼（图11-2）的词，突出表现出高远的襟怀，自我的胸襟和抱负，苏轼以自我之口吻，抒自我之情，在词中充分表现了自己的个性。苏轼的词记录了他的感情经历和心理历程，其词与其诗一样，呈现出士大夫的气质性格。

图11-2 苏轼像

苏轼的这首《念奴娇·赤壁怀古》是在他因“乌台诗案”被贬黄州时写下的。

宋神宗元丰二年（1079年），在这一年，宋朝爆发了著名的“乌台诗案”。苏轼在遭受政治上的挫败以后，在黄州，俯览江山美景，缅怀千古英雄人物，反思自己的一生，有一种怀才不遇的心境。

苏轼在追求现实处境的超越的同时，有对残酷官僚暗斗的鄙弃，有对仕途生涯的厌倦，有摆脱名利枷锁的强烈愿望，有对忧患心情的自我消解，对心灵创伤的抚慰，还有对精神解脱的向往，思想感情是十分复杂的。

课堂讨论

1. 分析“浪淘尽，千古风流人物”这一句的深层含义。苏轼如何通过这句话表达对历史人物的评价和对历史的感慨？这种感慨对我们个人的人生观有什么启示？

2. 根据《念奴娇·赤壁怀古》的风格，创作一首描写现代社会或个人生活的词作，表达你对当下时代的思考和感悟。

自我检测

一、填空题

1. 梁启超________中有云，“春秋万法托于始，几何万象起于点。人生百年，立于幼学。”任何人的美好一生都是立足于幼年所受的教育。

2. 苏轼的诗词《念奴娇·赤壁怀古》是他因“________”被贬黄州时写下的。

二、简答题

1. 在现代社会中，如何通过言谈举止展现出“言笑晏晏”的风范？

2. “许国不复为身谋”这一理念如何体现了自我牺牲精神？如何理解个人利益与国家利益的关系？

美的赏析

主题一
寻觅美好——日常生活的美学

在我们的日常生活中，到处有美学现象。我们曾遥想三国人物，追慕魏晋风度，梦回盛唐，依据《清明上河图》去体察当年汴京开封的都市风情。我们也习惯于欣赏生活中的美言美行，美情美景，美色美味。俄国的车尔尼雪夫斯基在他著的《艺术与现实的审美关系》中，提出了“美就是生活”的著名论断。我国著名美学家蔡元培，在其美学著作中也涉及了不少生活中的美学问题。

一、日常生活中的美学问题

人们的日常生活中存在着大量的美学问题，主要包括室内外装饰、衣着打扮、饮食、爱情和家庭生活等。

室内外装饰美学与建筑美学分不开。建筑是一种实用与审美相结合的艺术。不同的建筑实用功能与审美功能是不同的，不同的建筑其内或外的装饰也应有所不同。住宅是人们生活、休息、娱乐的最重要的场所，其实用功能是主要的。人们希望自己居住的环境，不但住起来方便、舒适，而且能得到美的享受。通常来说，人们对居室的要求应当是整洁、宽敞、光线充足、空气新鲜，布置适度的家具和花草虫鱼，以及绘画和工艺美术品，等等。室内装饰，要掌握两个原则：一是适宜的原则，也就是分寸感；二是统一的原则，也就是一致性的原则。室外装饰要与环境、建筑风格和式样相结合。通过室内外装饰可以看到一个人的审美趣味。

衣着打扮体现一个人的文化修养和审美趣味。服饰首先满足遮体、御寒的实用要求，在此基础上才可能有审美要求。服装美学要求把实用和审美结合起来。服装美以色彩、款式、质料为条件，也与多样化相关联。就每个人来讲，要穿适合自己的服装，从色彩、条纹、高矮、肥瘦都应有自己的选择。人们从长期的经验中总结出了许多服装美的要求。例如，人们戴一些装饰品是有必要的，这有助于体现服装美和人体美。

饮食美学主要指对饮食的审美处理。饮食首先要满足生理需要，在调制烹制过程中要考虑人对水、糖、脂肪、蛋白质等营养的需要。在此基础上要考虑饮食的色、嗅、味、形（图11-3）。对饮食的审美处理，既提高了饮食者的食欲，又满足了饮食者的审美享受。

图11-3 中式菜肴

图11-4 中式餐具

审美处理的对象也包括餐桌、餐具。清洁幽雅的环境，华贵精美的餐具（图11-4），使人在用餐时享受到乐趣。

爱情和家庭生活是社会生活的一部分。爱情生活是人类独有的一种现象，是两性间无比美妙的感情。没有爱情的人生是不完美的人生，这是爱情美的根本价值。一般说来，人在恋爱阶段表现出纯洁无瑕之美和忠贞专一之美，在婚姻阶段表现出的是同甘共苦之美。

二、感知日常生活之美

1. 欣赏天地自然美

天地自然有大美。桃花开了，微风吹来，卷落一地花瓣；夕阳落了，云卷云舒，晚霞浸染整个天空。热闹的浅海里，珊瑚层叠之处（图11-5），鳐鱼、海龟在自由徜徉；荒凉的戈壁中，风沙肆虐之时，沙鸡、野兔在顽强生存。繁忙之余投入自然的怀抱，感受它的独特魅力，总能让我们享受沉静、奇妙且舒适的快感。自然之美广博而浩瀚，无时无刻不陪伴在人类的左右。以一颗审美之心对待宇宙万物，会发现万物皆有盎然之趣，进而引发无限遐想；以一颗有爱之心共情世间众生，会发现众生皆有可叹之处，进而与之共喜同悲。

图11-5 海底珊瑚

一位禅师讲到自己修佛悟道的历程时说："老僧三十年前未参禅时，见山是山，见水是水。及至后来，亲见知识，有个入处，见山不是山，见水不是水。而今得个休歇处，依前见山只是山，见水只是水。"可见在人生的不同阶段，对自然事物的欣赏能力各有不同，只有加强修养、不断提升人生境界，才能更好地欣赏天地自然之美。

2. 体悟社会生活美

社会生活中处处有美的存在，小巧精致的工艺品、高大雄伟的建筑物，运动场上挥汗如雨的身影、自习室里奋笔疾书的青年……人既是社会生活的主体，也是感受美、创造美的主体。

一方面，社会生活美体现在人在社会生活中所呈现出来的美感，包括语言美、行为美、健康美等。真诚礼貌的语言、文明友爱的行为、健康匀称的身体等都是人在社会生活中所展现出的美的典范。另一方面，社会生活美体现在人通过劳动创造出来的一切美的事物，如精致的服饰器皿、可口的佳肴美馔、悦耳的音乐诗歌、动人的影视舞蹈，乃至先进的设施、便捷的交通（图11-6）、舒适的环境等，这些事物既给人们带来舒适的生活体验，又给人们带来愉悦的精神享受。

图11-6 动车组高速行驶

生活中并不缺少美，而是缺乏发现美的眼睛。用诗意、审美的态度去生活，为人类的伟大创造力而骄傲，进而有意识地通过实践改造世界，一代又一代人的努力终让社会更加宜居、让生活更加美好。

3. 品味人生内涵美

人生内涵美主要是指人的内在精神之美，包括高尚的品德情操、正确的价值观念、美好的理想信念、丰富的学识修养等。高尚的品德情操充分展示人性的真善美，正确的价值观念意味着持有正确的人生态度、理解人生的目的和意义，美好的理想信念和丰富的学识修养将有助于一个人更大程度地成为自由、完满的人。

拥有内在精神之美意味着一个人拥有丰盈的精神世界，拥有活跃的生命力和敏锐的感悟力，他既能把自己的身心充分地交给大自然，尽情享受江上清风与山间明月；同时也对生活充满深深的爱与眷恋，能随时随地发现个中趣味。在品味人生内涵美的过程中，他会不断地拓宽自己的胸襟、涵养自己的气质、提升人生的意义和价值，最终能够以笑纳一切的达观心态，从容、平和地面对整个世界，进而达到最高的人生境界，即审美的境界。

美的确存在于我们生活的每一个角落，无论是在自然风光、艺术作品，还是在日常生活中的细微之处。山川的壮丽、花朵的绚烂、人的笑容、简单的日出日落，这些都蕴含着美的元素。生活中的美不受时间、地点、形式的限制，它是无处不在的，只要我们愿意去发现。

美感体验

客家民居的代表——福建围龙屋

围龙屋，又称客家围拢屋，是一种极具岭南特色的典型客家民居建筑，也是客家建筑文化的集中体现（图11-7）。围龙屋的整体布局呈现近圆形，屋前半月形池塘和屋后半月

图11-7 福建围龙屋

形房屋建筑，两个半圆相合，围绕着方正的堂屋，寓意“天圆地方”，将整座屋宇喻为一个小宇宙，体现“天人合一”的哲学思想。

围龙屋从建筑风格到民风民俗处处展示着客家的人文历史，是客家文化的重要象征，被众多国内外专家誉为“民居建筑奇葩”和“内蕴丰富的百科全书”。

课堂讨论

1. 探讨围龙屋作为客家文化的重要象征，它在现代社会中的文化传承价值是什么。

2. 围龙屋的半月形池塘和环形布局与自然环境相融合，体现了客家人对自然的尊重。请分析围龙屋如何通过建筑与自然环境的结合来创造和谐的居住环境。

自我检测

一、填空题

1. ________是人们生活、休息、娱乐的最重要的场所，其实用功能是主要的。

2. ________是一种极具岭南特色的典型客家民居建筑。

二、简答题

1. 在选择日常用品时，我们如何考虑其美学价值？举例说明某件日常用品的美学特性。

2. 在日常生活中，我们如何通过可持续的生活方式来体现美学和道德的作用？

主题二

憧憬梦想——理想的崇高之美

崇高的理想，是人类精神的追求，是超越现实生活，追求更高层次的目标和境界。这种理想鼓舞人们努力向上，不断追求卓越。感受崇高美好的理想不仅是对生活的一种态度，也是对精神世界的一种探索。

一、感悟崇高美好的理想

理想是指人们对美好事物的追求，是指人们有可能实现的奋斗目标。理想是多种多样的，其中主要有生活理想、职业理想、道德理想和社会理想四种。前三种理想相对于后一种理想来说，又可合称为个人理想。就一个人来说，既应有个人理想，也应有社会理想。

什么是崇高美好的社会理想呢？简单说来，只有那种能体现真善美有机统一的社会理想才是崇高美好的社会理想。所谓体现“真”的社会理想，就是指社会理想要符合历史前进的方向，符合社会发展的规律性；所谓体现“善”的社会理想，就是指社会理想要符合人民的利益，符合祖国的利益；所谓体现“美”的社会理想，就是指社会理想要在想象中呈现出未来社会的美好形象，并且在这种美好形象中渗透着个人或阶级的情感，闪耀着人的本质力量的光芒。正因如此，它给人以巨大的鼓舞和激励，还给人带来无比的幸福和欢乐。

社会理想决定了一个社会的存在境界。冯友兰提出了“人生境界说”：“人对于世界有所觉悟，世界对其呈现出意义，世界的意义又构成其存在境界；不同的人对于世界有不同的觉悟，因此便生存于不同的境界，即自然境界、功利境界、道德境界、天地境界。在类似的意义上，社会理想实际上代表了一个社会对于世界的觉悟。秉持高远理想的社会，无疑是超乎自然境界与功利境界的：它不是无知无觉的，也不会只为了一国之私利而公然鼓吹本国利益至上。

契合时代精神的社会理想是高远的，但同时也是可遇可求的，从而能够为社会的发展提供巨大的精神动力。它是可遇的，也就是说，它是值得追求的，因为它合乎人的本性，发乎人们对美好生活的向往；它是可求的，也就是说，它是能够追求的，因为它出自社会经济发展的内在要求，基于历史演化的客观规律，代表着一种现实的可能性。这样的社会理想容易被社会成员共同接受，从而内化为社会成员共享的高远的人生理想。对于社会成员个体而言，人生理想既是目的因又是动力因，而高远的人生理想将为个体提供巨大的心理驱动力，推动人们在精神生活、道德践履、日常活动和社会实践等诸种实践过程中发挥能动性，创造高品质生活，创造更加美好的世界。

二、实现崇高美好的理想

崇高的理想是美好的，它会给人类带来进步和繁荣、光明和幸福。但是，如果我们是一个懦夫，那么，理想再崇高、再美好也是实现不了的。要实现崇高美好的理想必须去行动、去实践。《道德经》中有云："合抱之木，生于毫末；九层之台，起于累土；千里之行，始于足下。"实现崇高美好的理想也需要这样。也就是说，实现理想需要人们从点滴做起，从我做起，从现在做起，而且在做的过程中，要有坚强的毅力，甚至要含辛茹苦、奋斗献身。

古今中外，凡是有崇高美好的理想而又为人民做出贡献的人，都是意志坚强的人，都是从点滴做起的人，都是具有忘我献身精神的人。

马克思写《资本论》，花了约四十年的时间，为了全人类的幸福，他耗尽了毕生的心血。

达尔文写《物种起源》，花了约三十年的时间，为了揭开生物进化的奥秘，他过大海，越重洋，不怕任何危险。

司马迁写《史记》，花了约十三年的时间，为了给后人留下精神财富，他把自己的一切都置之度外。

理想本身只是一种抽象的精神形式，只有用物质的力量才能去改造，这就决定了理想的实现必须有实践的行动。另外，如果我们的理想仅仅是停留在脑海中而不付诸行动，即不加以"对象化"，那么它就不能在感性行动中显现，它就无法使人观照到人本身的创造力量，它就无法使人感到愉悦，崇高的美感也就无从产生。因此，我们说，理想的审美价值是在于它的实践性、行动性。在行动和实践中，不仅美好的理想能得以实现，而且人自身的美也能得以显现。

一个人要有理想、有抱负，坚定理想信念，就会发现世界如此开阔，心中便有一条明路，有如"山重水复疑无路，柳暗花明又一村"的喜悦感。因此，为了我们的梦，为了心中的中国梦，树立理想信念，坚定理想信念。

美感体验

李时珍的理想之光

在历史长河中，李时珍以其卓越的医学成就和高尚的人格魅力，成了后世敬仰的典范。他的一生，是追求理想、践行仁心、勇于探索、坚持真理的生动写照。

李时珍的理想之光，源自对医学的无限热爱与对苍生疾苦的深切同情。在那个医学知识尚不完善的年代，他立志重修本草，纠正谬误，为世人提供一部准确可靠的医学巨著。这份理想，如同夜空中最亮的星，指引着他不断前行。

他深知医者父母心的道理，对待患者如同亲人，细心诊治，耐心解答。他的医术与医德，赢得了广泛的赞誉与尊敬，成了后世医者的楷模。

为了实现理想，李时珍付出了常人难以想象的艰辛。他遍访名山大川，深入民间，采集草药，验证药性，历经数十年寒暑，终于完成了《本草纲目》这部不朽巨著。这份苦志著书的精神，展现了人类对于知识追求的执着与坚韧不拔。

在编纂过程中，李时珍始终坚持科学求真的原则。他不迷信古人，不盲从权威，而是亲自实践，反复验证，力求每一味药的记载都准确无误。这种科学精神，不仅推动了医学的进步，也为我们树立了科学求知的榜样。他的著作不仅蕴含着丰富的医学知识，还融入了他对人生的深刻感悟与人文情怀。

《本草纲目》不仅在中国医学史上占有重要地位，而且对世界医学也产生了深远的影响。它为后世提供了宝贵的医学资源与研究线索，推动了医药学的发展。同时，李时珍的崇高理想与高尚品质也激励着无数后来者。

李时珍的理想之美，在于它超越了个人利益的局限，将个人追求与社会的需要紧密结合。他的理想之光照亮了医学的道路，也温暖了无数患者的心灵。这种理想之美，是人性中最光辉的一面。

李时珍的故事给予我们美学启示：人生之美不仅在于外在的成就与荣耀，更在于内心的坚持与追求。只有拥有崇高理想、勇于探索、坚持真理、关爱他人的人，才能展现出真正的人生之美。

课堂讨论

1. 李时珍的理想之光——为世人提供准确可靠的医学巨著，是如何成为他人生不懈追求的动力源泉的？

2. 请探讨个人理想在塑造人生价值、激发潜能方面的作用，并思考在当今社会，如何确立并坚持自己的理想，以实现更有意义的人生。

自我检测

一、填空题

1. ________是指人们对美好事物的追求，是指人们有实现可能的奋斗目标。

2. 李时珍写________，花了约三十年的时间，为了给后代留下一部正确的药典，他走千山，涉万水，不畏艰难。

二、简答题

1. 什么是理想的崇高之美？它在个人生活和社会文化中如何体现？
2. 如何理解“崇高之美”在理想追求中的作用？它如何激励个人和影响社会？

主题三

探索价值——领悟人生的真谛

人的生命过程不同于其他动物的生命过程，它不仅是一个自然过程，还包含着极为丰富的社会内容。人不仅生活，还要生产、交往、创造，形成一定的人生价值目标，以一定的人生观指导自己的行为，赋予人生这样或那样的意义。成就什么样的人生，是事业有成还是庸碌无为；是崇高善良还是卑鄙邪恶；是彪炳史册还是遗臭万年，这在很大程度上取决于人们有什么样的人生观。

一、创造有价值的人生

人生的意义，需要从人生价值的角度进行审视和评价。人们只有找到了自己对生活意义的正确答案，才会自觉地朝着选定的目的努力，以全部的情感和把握评价人生价值的客观标准。

邹韬奋说过：“一个人光溜溜地到这个世界上来，最后光溜溜地离开这个世界而去。彻底想起来，名利都是身外物，只有尽一个人的心力，使社会上的人多得他工作的裨益，是人生最愉快的事情。青年大学生应该突破并走出功利境界，升华利己利他的情感情怀，与周边人友好、和谐共处。”

由此可见，人生价值内在地包括了人生的自我价值和社会价值两个方面。人生的自我价值，是个体的人生活动对自己的生存和发展所具有的价值，主要表现为对自身物质和精神需要的满足程度。人生的社会价值，是个体的人生活动对社会、他人所具有的价值。衡量人生的社会价值标准是个体对社会和他人所做的贡献。

对于人生价值的评价，要坚持四个统一：即坚持物质贡献与精神贡献相统一；坚持完善自身与贡献社会相统一；坚持动机与效果相统一；坚持能力有大小与贡献相统一。

人们根据自己的价值标准选择人生目的，在实践中努力实现自己的人生价值。但是人们的实践活动从来都不是随心所欲的，任何人都只能在一定条件下，运用恰当的方法去实现自己的人生价值。

“天行健，君子以自强不息。”当代学生，要想实现自己的人生价值，需要在学习和生活中树立正确端正的人生观和人生态度，深刻认识个人价值和社会价值的辩证关系，领悟人生真谛，创造人生价值！

二、塑造人格之美

人格之美是人高度的自我修养、良好的道德意识、出众的品格特质等体现出的具有感召力的精神力量，是人之美最高级的体现。

清末维新志士谭嗣同，一生致力于革除积弊，富国强兵，他领导戊戌变法，公开提出废科举、兴学校、开矿藏、修铁路、办工厂、改官制等变法维新的主张。但在清廷封建保守势力的反扑下，不仅变法最终失败，相关人员也被追捕，谭嗣同决心以死来殉变法事业，对劝他离开的人说："各国变法无不从流血而成，今日中国未闻有因变法而流血者，此国之所以不昌也。有之，请自嗣同始。"他留下"望门投止思张俭，忍死须臾待杜根。我自横刀向天笑，去留肝胆两昆仑"的绝命诗，从容被捕。在临刑之时，谭嗣同高喊："有心杀贼，无力回天，死得其所，快哉快哉！"随即慷慨就义。谭嗣同虽死，但其精神永存，并给后人带来强大的精神鼓舞力量。

在中华五千年历史中，谭嗣同绝非孤例：伯夷、叔齐不食周粟，饿死于首阳山下，用生命捍卫了自己的信念；苏武持节牧羊北海边，19年不改其志，在苦难中坚守自己的立场；万户亲身试验自己研制的航空器，在火药的爆炸中腾空而起，用生命践行了自己的理念……自古以来，无数中华儿女，以自己的实际行动，铸就了人格的丰碑，激励了一代又一代的中国人。

三、探索人生之美

人生之美并不局限于某一个特定的事物或时刻，它体现在生活的方方面面，需要我们去发现、去感受、去珍惜。

1. 表达真实情感

一切艺术都是有情感的，没有情感就没有艺术。艺术作品，特别是艺术典型，无不渗透着真挚的情感，这也正是艺术的生命力所在。

人非草木，孰能无情。一个人的愉快、崇敬、狂欢、痛苦、焦虑、悲哀等内心体验，个体情感的压抑或满足、敏锐或麻木、丰富或枯竭对其生存质量有着十分重要的影响：个体生存的完满不仅在于身体健康、智力正常，也不仅在于财富自由、荣誉满身，而且还在于拥有丰富的情感需要和敏锐的生存感受。用情是审美人生的前提，而表达情感也是创造审美人生的方式之一。我们不仅要用真情欣赏自然、社会和精神之美，更要用言行将真实的情感表达出来，一个情感麻木、枯竭或压抑的人，即使其他方面十分富足，他的生活也不会幸福，其人格也不会有全面的发展。

生活中的每一天都可能有各种各样的情感涤荡内心，或许是亲情的牵挂、爱情的悸动、友情的暖心，或许是自然的触动、艺术的感染，又或许是豪情万丈的时刻、惊鸿一瞥的瞬间，正是表达这些情感的时刻，让人生充满了诗意和浪漫情调。

2. 创作人生作品

对人生意义的思考是精神世界的活动，而要实现人生意义则需要现实的行动。每个人都在用实际行动书写着自己的人生价值，在学业、事业、生活等方面创作出属于自己的作品或成果。人生是一座资源丰富的矿山，只有努力挖掘和开采，才能获得相应的回报；人生是一粒充满希望的种子，只有用心呵护和浇灌，才能收获丰收的果实。年少求学时期，努力汲取知识的养分，提升学识、磨炼意志、锻炼品格；成年奋斗时期，充分发挥自己的能力和创造力，攀登一个又一个高峰，创作一个又一个作品，用才学和技能回馈社会，实现自己的人生理想与价值，谱写生命的华彩乐章。

图11-8 浙江绍兴王阳明雕塑

图11-9 王阳明故居的“知行合一”牌匾

王阳明（图11-8）是明代的著名思想家、文学家和哲学家，他不仅精通儒释道三家学说，而且文韬武略，出将入相，既具有卓越的军事才能，又拥有精深的文学造诣，在家乡兴学讲学，培养大批人才，促进当地的教育发展，因此被后世盛赞为“立德、立功、立言三不朽圣人”。他努力求知，积极探索，冲破了宋代理学的禁锢，创立了心学体系。“知是行之始，行是知之成”，以知促行、以行求知的“知行合一”理论是其重要的哲学思想之一（图11-9）。他的前半生艰难探求圣人之道，后半生则践行了他的理论，将其发扬光大。他的思想学说让圣人的形象不再是晦涩抽象、高高在上的模范，而是每个人都可以自行而得的宝贵资源。在人生的最后一刻，他留下“此心光明，亦复何言”的八字遗言，最终以崇高峻伟的人格、表里澄澈的心灵挺立于天地之间，而得其思想生命的永恒。

大文豪苏轼才华横溢，写文章，与韩愈、柳宗元等人并称“唐宋八大家”；写诗，跟黄庭坚并称“苏黄”；写词，与辛弃疾并称“苏辛”。此外他还懂书法、绘画、中医、美食，是一个举世难得的全才。

其中，《治平帖卷》（图11-10），行书，纵29.2厘米，横45.2厘米。卷末有赵孟頫、文徵明、王穉登题跋。此帖是苏轼书写的信札，内容主要是委托乡僧照管坟茔之事。根据帖后赵孟頫、文徵明、王穉登三人之跋可知，此帖当是苏轼于北宋熙宁年间在京师时所作，时年30余岁。该帖笔法精细，字体遒媚，与苏轼早年书法特征吻合，正如赵孟頫所称“字画风流韵胜”。

但最令人敬佩的不是他的才华，而是他在经受无数次磨难之后仍能有笑对人生、苦中寻乐的积极态度。他热爱自然、热爱生命。他的身上既有如李白一般超凡脱俗的潇洒，又有如杜甫一般忧国忧民的忠义；既有如白居易一般穷达通融的从容，也有如陶渊明一般怡然自得的悠然。正因如此，苏轼以审美的姿态度过了艺术化的诗意人生。

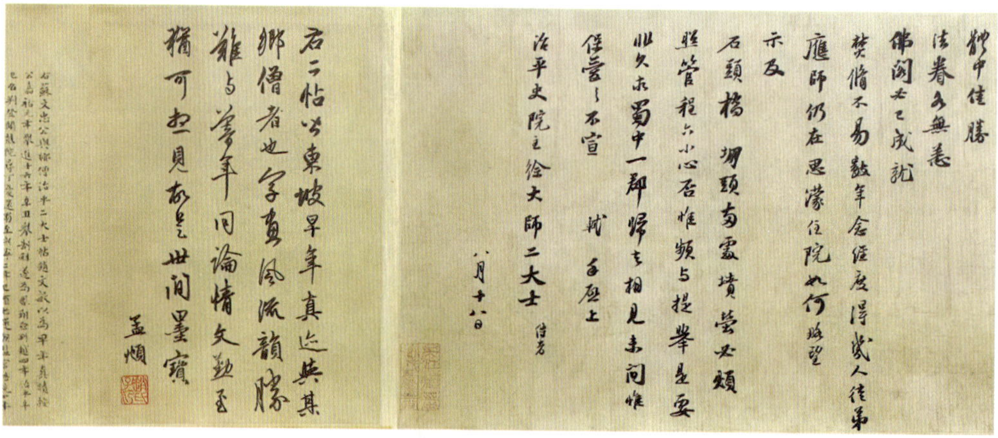

图11-10《治平帖卷》

课堂讨论

1. 苏轼的艺术创作体现了他对自然、历史和人性的深刻理解。讨论苏轼如何通过艺术化的表现手法，将个人的生活经历与诗意的情感融合在一起，从而塑造出独特的艺术风格。

2. 苏轼的艺术化诗意人生表现了他对生活的深刻洞察。请思考在现代社会中，我们如何通过审美和艺术的方式来提升个人生活的质量和深度。

自我检测

一、填空题

1. 人生价值内在地包括了人生的________和社会价值两个方面。

2. ________是明代的著名思想家、文学家和哲学家，被后世盛赞为“立德、立功、立言三不朽圣人”。

二、简答题

1. 个人的价值观是如何形成的？哪些因素对价值观的形成有重要影响？

2. 在面对生活中的挑战和困境时，如何保持对人生意义的清晰认知？

美的实践

主题
不忘初心——绽放美丽人生

实践名称	初心之旅——绽放美丽人生
实践目标	通过自我反思和对初心的重新审视，明确个人理想和目标，通过分享和交流，增强对理想和人生美好的认知
实践内容	组织一次分享会，让每位学生参与者分享自己的初心和目标，以及计划如何实现这些目标
实践步骤	（1）教师提前确定分享会地点和时间，确保学生能够积极参与分享与交流 （2）学生分享自己的职业规划目标，可以谈谈自己当初为何选择某个学科或领域，是什么激发了自己的兴趣；分享自己对未来的规划和目标，包括短期和长期目标等 （3）教师及其他学生给予积极的反馈和建议，帮助分享者明确自己的目标和方向 （4）学生分享自己的活动心得和人生思考，接受同学和教师的评价
注意事项	（1）合理安排每个阶段的时间，确保活动的每个步骤都能按时完成 （2）鼓励参与者积极沟通和合作，分享经验和挑战，增强团队的凝聚力 （3）设置反馈机制，让参与者能够及时提出问题和建议，以便进行调整和改进
实践评价	（1）观察参与者在活动中的积极性和投入程度，评估其参与程度和互动效果 （2）评价分享会和交流会的效果，参与者是否能够有效地表达和交流他们的经验和体会
实践心得	

参考文献

[1] 佘谦，张艳芳，汪艳．高职美育［M］．北京：高等教育出版社，2024.
[2] 庄维嘉，张春田．大学美育［M］．北京：人民邮电出版社，2023.
[3] 王柳灵，康月惠，张宁．大学美育［M］．北京：高等教育出版社，2024.
[4] 张建．大学美育［M］．北京：高等教育出版社，2023.
[5] 孙乐栋，刘君丽，梁文丽．医学美学［M］．北京：科学出版社，2023.
[6] 邱德华，董志国，胡莹．建筑艺术赏析［M］．苏州：苏州大学出版社，2019.
[7] 王一川．大学美育［M］．北京：北京师范大学出版社，2021.
[8] 谢金苗．大学美育［M］．西安：西安电子科技大学出版社，2022.
[9] 徐晓英，许大春．大学生美育教育［M］．昆明：云南美术出版社，2022.
[10] 萧烽．新编大学美育［M］．成都：电子科技大学出版社，2021.
[11] 张文光．大学美育［M］．北京：机械工业出版社，2020.
[12] 黄毅，梁洁．中国文化要论［M］．北京：清华大学出版社，2020.
[13] 陈晶，洪玲．艺术概论［M］．北京：清华大学出版社，2019.
[14] 黄高才．大学美育［M］．北京：北京大学出版社，2021.
[15] 申睿，倪晶晶．大学生美育［M］．北京：高等教育出版社，2020.
[16] 王德岩，王文革．大学美育讲义［M］．2版．北京：清华大学出版社，2017.
[17] 张建．大学美育［M］．北京：高等教育出版社，2017.
[18] 高荆梅，马蕾．大学美育［M］．西安：西北工业大学出版社，2017.
[19] 黄高才，中国文化概论［M］．2版．北京：北京大学出版社，2016.
[20] 张建．公共艺术［M］．北京：高等教育出版社，2015.
[21] 黄高才，余雪梅．中国文化教程［M］．西安：西安交通大学出版社，2015.
[22] 李泽厚．美的历程［M］．北京：生活·读书·新知三联书店，2014.
[23] 肖复兴．音乐欣赏十五讲［M］．北京：北京大学出版社，2012.
[24] 朱光潜．西方美学史［M］．北京：商务印书馆，2011.
[25] 李晖．音乐鉴赏［M］．郑州：郑州大学出版社，2018.